O MINOTAURO GLOBAL

A VERDADEIRA ORIGEM DA CRISE FINANCEIRA E O FUTURO DA ECONOMIA

2ª EDIÇÃO

EDITORA AUTONOMIA LITERÁRIA

YANIS VAROUFAKIS

O MINOTAURO GLOBAL

A VERDADEIRA ORIGEM DA CRISE FINANCEIRA E O FUTURO DA ECONOMIA

TRADUÇÃO DE MARCELA WERNECK
PREFÁCIO À EDIÇÃO BRASILEIRA POR LEDA PAULANI

2ª EDIÇÃO

EDITORA AUTONOMIA LITERÁRIA
2016

Esta obra foi publicada originalmente em inglês sob o título de The Global Minotaur, por Zed Books, Londres, 2015.
The Global Minotaur was published in 2015 by Zed Books Ltd., London, 2015.

A publicação deste livro contou com o apoio da Fundação Perseu Abramo, instituída pelo Diretório Nacional do Partido dos Trabalhadores em maio de 1996.

AUTONOMIA LITERÁRIA

Coordenação editorial: Cauê Seignemartin Ameni; Hugo Albuquerque; Manuela Beloni
Tradução: Marcela Werneck
Revisão de tradução e preparação: Cauê Ameni
Revisão ortográfica: Tadeu Breda
Revisão de termos econômicos: Renato Intakli & Rafael Leão.
Projeto gráfico: Fabrício Lima
Diagramação: Manuela Beloni

Desenho de Capa: Elaborado sobre a charge do artista Udo J. Keppler (1872-1956), publicada em 1901 com o nome "Wall Street Bubble".

Dados Internacionais de Catalogação na Publicação (CIP)
(eDOC BRASIL, Belo Horizonte/MG)

V324m

Varoufakis, Yanis.

O minotauro global: a verdadeira origem da crise financeira e o futuro da economia global / Yanis Varoufakis ; tradução Marcela Werneck ; prefácio Leda Paulani. – São Paulo (SP): Autonomia Literária, 2016.
304 p. : il. ; 16 x 23 cm

Título original: The global minotaur.
ISBN 978-85-69536-03-1

1. Bancos centrais - Legislação. 2. Capitalismo – Aspectos sociais. 3. Crise financeira global. 4. Economia. I. Werneck, Marcela. II. Paulani, Leda. III. Título.

CDD-330.9

EDITORA AUTONOMIA LITERÁRIA
Rua Conselheiro Ramalho, 945
01325-001 São Paulo-SP
autonomialiterária@gmail.com
www.autonomialiteraria.com.br

FUNDAÇÃO PERSEU ABRAMO
Rua Francisco Cruz, 234
04117-091 São Paulo-SP
www.fpabramo.org.br
F: (11) 5571 4299

SUMÁRIO

Glossário 7
Lista de abreviações 9
Prefácio à nova edição 13
Agradecimentos 17
Prefácio à edição brasileira 19

Capítulo 1 - INTRODUÇÃO 29
Capítulo 2 - LABORATÓRIOS DO FUTURO 57
Capítulo 3 - O PLANO GLOBAL 89
Capítulo 4 - O MINOTAURO GLOBAL 123
Capítulo 5 - OS SERVIÇAIS DA BESTA 147
Capítulo 6 - COLAPSO 181
Capítulo 7 - OS SERVIÇAIS CONTRA-ATACAM 205
Capítulo 8 - O LEGADO DO MINOTAURO GLOBAL: O SOL OFUSCADO, OS TIGRES FERIDOS UMA EUROPA VOLÚVEL E UM DRAGÃO ANSIOSO 223
Capítulo 9 - UM MUNDO SEM O MINOTAURO 259

Posfácio à nova edição - ATORES DA HISTÓRIA 285
Leitura recomendada 295
Selo ECONOMIA DO COMUM: ANTIAUSTERIDADE 297

Glossário

New Dealers: Aqueles que são inspirados ou partidários do chamado New Deal (termo inglês para "novo acordo" ou "novo trato"), o qual consistiu no grande conjunto de políticas instituído pelo presidente norte-americano Franklin Delano Rossevelt durante seu governo (1933-1945) em resposta à Grande Depressão (período de crise econômica e social posterior ao crash da Bolsa em 1929). Tais políticas tinham como diretrizes básicas a construção de uma economia capitalista com firme participação do Estado em seu planejamento e gestão – para compensar os descompassos da iniciativa privada –, garantia de direitos sociais mais gerais e direitos para os trabalhadores etc. Essa posição, de marco da política americana no século 20º, se torna minoritária com o avanço da financeirização e do neoliberalismo, o que corresponde ao nascimento do Minotauro, para usar aqui a alegoria central desta obra.
Financeirização: Processo de aumento do protagonismo do sistema financeiro, o que consiste basicamente no aumento do poder e da importância de bancos e instituições afins na gestão e geração de riqueza nas economias capitalistas. A partir daí a renda (em sentido estrito, isto é, o ganho sobre a escassez, a priori de dinheiro, mas também de imóveis, títulos etc) passa a preponderar sobre a forma de riqueza produzida a partir da exploração do Trabalho e da Produção (isto é, o lucro).
Spread: Palavra inglesa para "propagação", "aumento" ou "ampliação", cujo significado nas finanças, grosso modo, é a diferença entre a taxa de juros cobrada dos que tomam empréstimos e a que remunera aqueles que depositam no sistema financeiro – em bancos ou instituições financeiras que possam, legalmente, emprestar dinheiro (isto é, obter ganhos sobre a escassez da moeda). Quanto maior o spread, maior o ganho de, por exemplo, um banco.
Swap: Palavra inglesa para "troca" ou "permuta", cuja aplicação nas finanças dá conta da operação, mediada por uma instituição financeira, que, basicamente, consiste na troca de dívidas entre duas empresas ou investidores – de diferentes naturezas, seja em relação à moeda na qual elas estejam fixadas ou os tipos de taxa de juros – para que ambas fiquem mais protegidas das variações de mercado. Pode ser usado como um tipo de Hedge.
Subprime: Consiste em um crédito de risco para tomadores de empréstimos que, por seu turno, não têm condições econômicas para tomarem

empréstimos com taxas de juros e condições normais -- as quais seriam o "prime rate". No mercado americano, sua incidência ocorre sobretudo no setor imobiliário, no que diz respeito às hipotecas feitas para o pagamento de casas por parte de pessoas de baixa renda.

Hedge: Palavra inglesa para "cerca" ou "barreira", nas finanças denomina um amplo espectro de operações – nas quais pode se inserir o Swap – que servem para proteger um investidor dos riscos de sua operação. Os famosos derivativos, que ajudaram a provocar a atual crise econômica são formas de operação de Hedge, pois servem como seguros de dívidas que podem ser negociados no mercado. A propósito, no mercado americano, tais operações não precisam as quantias disponibilizadas nelas divulgadas publicamente, o que abre espaço para geração de variadas crises e abalos.

Lista de abreviações

AC Corrente Alternada, em inglês Alternating Current
AEC Complexo Aeronáutico-Eletrônico-Computacional
AIG American Insurance Group
ATM Caixa Eletrônico Virtual
BCE Banco Central Europeu
BEI Banco Europeu de Investimento
BIRD Banco Internacional de Reconstrução e Desenvolvimento
CDO Obrigação de Dívida Colateralizada, em inglês Collaterized Debt Obligation
CDS Credit Default Swap
CECA Comunidade Europeia de Carvão e Aço
CEO Chief Executive Officer
DC Corrente Direta, em inglês Direct Current
EMI Establishment Militar-Industrial
ERAB Conselho Consultivo de Recuperação Econômica, em inglês Economic Recovery Advisory Board
UE União Europeia
FEEF Fundo Europeu de Estabilidade Financeira
FDIC Federal Deposit Insurance Corporation
FMI Fundo Monetário Internacional
GM General Motors
HME Hipótese do Mercado Eficiente
HER Hipótese das Expectativas Racionais
ICU União Internacional de Compensações, em inglês International Currency Union
LTCM Long-Term Capital Management ou Fundo Hedge
MGRE Mecanismo Global de Reciclagem de Excedentes
METC Mecanismo Europeu de Taxas de Câmbio
NAFTA Acordo de Livre Comércio da América do Norte, em inglês North American Free Trade Agreement
NEP Nova Política Econômica

OTAN Organização do Tratado do Atlântico Norte
OCDE Organização para a Cooperação e Desenvolvimento Econômico
OCEE Organização para a Cooperação Econômica Europeia
OPEP Organização dos Países Exportadores de Petróleo
PIB Produto Interno Bruto
PME Pequenas e Médias Empresas
TMD Transações Monetárias Definitivas
TCRN Teoria dos Ciclos Reais de Negócio
RBS Royal Bank of Scotland
RMB Renminbi – Moeda Chinesa
SPE Sociedade de Propósitos Específicos
VPE Veículo de Propósito Específico
TARP Programa de Alívio para Ativos Problemáticos, em inglês Troubled Asset Relief Program

Para Danae Stratou,
minha parceira global

Prefácio à nova edição

Originalmente, este livro tinha por objetivo forjar uma metáfora que se mostrasse útil na tarefa de elucidar um mundo conturbado; um mundo que não podia mais ser corretamente compreendido por meio dos paradigmas que dominavam nosso pensamento antes da Crise de 2008. Seu propósito era atrair o leitor não especialista, a quem minha metáfora revelaria um relato simples, mas nunca simplista, de uma tragédia global extremamente complexa. A ideia não era descartar todas as outras explicações, mas oferecer uma plataforma que combinasse muitas delas, em uma abrangente análise do "arranjo" global que se desmantelou em 2008, deixando nosso mundo em um estado de desencantamento atordoante.

A metáfora do Minotauro Global foi surgindo em meus pensamentos em 2002, após inúmeras conversas com meu amigo, colega e coautor Joseph Halevi. Nossas discussões sobre o que influenciava o funcionamento do mundo após as crises econômicas dos anos 1970 produziram uma coerente, apesar de complexa, visão do sistema econômico global, em que o déficit norte-americano, Wall Street e o sempre decrescente valor real dos salários no país tiveram um papel decisivo e paradoxalmente hegemônico.

A essência do nosso argumento era que a característica principal da era pós-1971 consistia em uma reversão do fluxo comercial e dos excedentes de capital entre os Estados Unidos e o resto do mundo. Pela primeira vez na história mundial, o poder hegemônico se fortalecia aumentando deliberadamente seus déficits. O problema era descobrir *como* Washington conseguiu isso e a maneira trágica como seu sucesso deu origem à financeirização, reforçando o domínio dos Estados Unidos e, simultaneamente, implantando as sementes de sua queda. Parte do segredo foi utilizar a narrativa do Minotauro Global, que nasceu como uma tentativa de simplificar a complexidade do argumento (disponível em nosso artigo "The Global Minotaur", publicado na *Monthly Review* 55, junho-agosto de 2003, pp. 56-74).

Quando, cinco anos mais tarde, em 2008, o sistema financeiro implodiu, Danae Stratou, minha parceira em tudo, me estimulou a escrever este livro.

Ela havia percebido o potencial da metáfora para ajudar a contar a leitores leigos uma história complexa. Foi sua crença em minha habilidade que me deu a ideia e o ímpeto para tentar. Comecei a escrever o livro em Atenas, num momento em que as nuvens escuras sobre nosso país ainda eram esparsas e a maioria dos nossos amigos e familiares não acreditava que a Grécia estava prestes a entrar numa queda vertiginosa. Naquele contexto de resistência a maus presságios, e enquanto eu escrevia o primeiro rascunho do livro, eu estava começando a adquirir um grau de notoriedade na mídia grega e internacional como um pessimista que acreditava não somente que a bancarrota da Grécia era inevitável, mas também precursora do fracasso da zona euro. Foi somente neste momento que percebi a ironia de estar utilizando uma metáfora grega – a do Minotauro minoico – para explicar uma catástrofe internacional que teria a Grécia como pior vítima.

Entretanto, imerso em minha escrita, eu me recusei a atribuir excessiva proeminência à Grécia. Uma dicotomia logo surgiu em minha rotina diária: apesar de passar longas horas nos estúdios de rádio e televisão debatendo a constante deterioração da Grécia, regressava ao livro do Minotauro mais determinado que nunca a mantê-la fora de suas páginas. Caso meu diagnóstico sobre o infortúnio grego estivesse correto – não é que haja, de fato, uma crise grega: a Grécia é o sintoma de uma mudança mais ampla na história econômica global –, era imperativo que o livro refletisse esse diagnóstico. Assim, os Estados Unidos foram e continuam sendo, nesta edição revisada, o ponto central da análise.

Foi o meu compromisso com o contexto mais amplo da crise do euro que me deu a oportunidade de testar a capacidade do Minotauro Global para esclarecer as circunstâncias do pós-2008 e apresentar sugestões políticas. De fato, enquanto trabalhava na primeira edição deste livro, também gastei bastante energia escrevendo e reescrevendo, junto com Stuart Holland, nosso "A Modest Proposal for Resolving the Euro Crisis".[1] A campanha que eu e Stuart conduzimos de ponta a ponta na Europa para promover nossa "Modest Proposal" (levando-a inclusive à América do Norte e Austrália) foi uma grande surpresa, uma fonte de conhecimento,

[1] Nota da Tradutora: "Uma proposta modesta para a resolução da crise do euro", disponível em inglês em <https://varoufakis.files.wordpress.com/2013/07/a-modest-proposal-for-resolving-the-eurozone-crisis-version-4-0-final1.pdf>.

um teste para subsidiar as hipóteses do livro. Como sempre acontece com metáforas poderosas, havia o perigo de que minhas previsões e análises pudessem ter sido veladamente influenciadas pela força alegórica do Minotauro Global. Especialmente durante o término do livro, por volta de janeiro de 2011, no momento em que me senti forçado a declarar meu prognóstico para o futuro da economia mundial, intensificou-se o medo de que minhas conclusões pudessem ter sido tomadas por um irresistível ímpeto de me manter leal à metáfora. Teria eu me acomodado em um falso senso de segurança analítica, no confortável seio de uma alegoria criada por mim mesmo? O ritmo assustador em que a crise se modificava reforçou esta angústia e fez com que eu me sentisse excepcionalmente exposto aos imprevistos da história acelerada da nossa geração.

Nos meses entre a finalização do rascunho e a publicação, meus nervos tinham se acalmado consideravelmente: o mundo não parecia ter feito nada que pudesse comprometer a metáfora do livro. De fato, sua recepção calorosa em diferentes partes do mundo sugeriu que eu tinha entrado num terreno fértil. Ainda assim, quando, um ano mais tarde, meus editores propuseram que revisasse o livro com vistas a produzir uma edição atualizada, agarrei a oportunidade de realizar novas pesquisas com o objetivo de descobrir, principalmente para mim mesmo, se minha "Hipótese do Minotauro Global" tinha resistido ao teste do tempo em escala planetária. O resultado é um capítulo inteiramente novo (Capítulo 9), que começa afirmando quais fatos poderiam ter falseado minha narrativa antes de investigar os verdadeiros fatos escondidos nas estatísticas oficiais. Felizmente, agora podemos dizer, com certeza, que a "Hipótese do Minotauro Global" passou com nota máxima pela prova do empirismo.

Por último, a título pessoal, a nova edição foi finalizada nos Estados Unidos, onde Deane e eu moramos. É daqui que, não sem certa culpa, analiso as dificuldades do meu país, de vez em quando dando entrevistas para diferentes emissoras que fazem sempre as mesmas perguntas: O que a Grécia teria que fazer para se desvencilhar de sua Grande Depressão? Como Espanha e Itália deveriam reagir às exigências que, segundo a lógica, tornarão as coisas piores? A resposta que eu apresento com crescente monotonia é que não há nada que nossos orgulhosos países possam fazer além de dizer "não!" a políticas ineficazes cujo objetivo real é aprofundar a depressão por razões apócrifas que só um exame minucioso do legado do Minotauro Global pode revelar.

Estados Unidos, 2013

Agradecimentos

Já tendo citado Joseph Halevi, agora preciso voltar-me para Nicholas Theocarakis, meu grande amigo e colega na Universidade de Atenas. Nós três iniciamos a narrativa do Minotauro Global, que Joseph e eu discutimos pela primeira vez em nosso artigo para a *Monthly Review* em 2003, e a aprofundamos bastante em um extenso volume acadêmico intitulado *Modern Political Economics: Making Sense of the Post-modern World* (Routledge, 2011). Esta foi a base do livro que você agora tem em mãos. Além de agradecer a Joseph e Nicholas pela reflexão conjunta que originou as páginas a seguir, também preciso agradecer a Ken Barlow e ao resto da equipe da Zed Books por terem calorosa e eficientemente abraçado minha ideia, assim como às muitas pessoas ao redor do mundo que têm me convidado para falar sobre os livros, dando-me a chance de submetê-los à avaliação de pessoas sofisticadas, de diversas áreas e com opiniões bastante firmes, com distintas origens e experiências de vida. Por último, é preciso agradecer a Michael Abrash e Gabe Newell, que me ajudaram a iniciar o novo Capítulo 9 com uma interessante pergunta: já que o déficit comercial e orçamentário norte-americano recuperou-se depois de 2009, por que estou argumentando que o Minotauro Global perdeu sua capacidade, baseado nos *déficits gêmeos* americanos, de reciclar os excedentes do resto do mundo? Sem dúvida, o mundo seria um lugar bem melhor se mais perguntas fascinantes fossem feitas para cada resposta definitiva que é dada...

Prefácio à edição brasileira

Varoufakis e a Tragédia Global: à guisa de apresentação

*Por Leda Paulani**

A História é uma senhora caprichosa. O livro que o leitor tem em mãos, e que em boa hora a *Autonomia Literária* traz ao público brasileiro, foi escrito por um grego, traz um personagem da mitologia grega em seu título e surge num momento em que a Grécia está no olho do furacão dos desdobramentos do grande colapso econômico de 2008. Mas não é um livro sobre a Grécia ou a economia grega. É um livro sobre o mundo, o mundo global do capitalismo superlativo do pós-1970, seus fundamentos, suas *aporias* e seu destino.

Poderia ter sido escrito por um autor crítico de qualquer nacionalidade, fazendo uso, ou não, de qualquer figura mítica. Mas quis o capricho da História que ele fosse escrito por um heleno, e não um heleno qualquer, mas um que foi ministro da Fazenda na recente e conturbada experiência da ascensão ao governo grego de um partido de extrema-esquerda, e quis ainda o mesmo capricho que o Minotauro fosse de fato a figura que melhor representa a tese sobre o capitalismo atual que esse autor tão especial defende. A Grécia propriamente não está, claro, ausente do livro, mas aparece marginalmente, desfiando o rosário de angústias de quem está no lado perdedor do quiproquó europeu. Que o drama grego seja hoje, talvez, a figura mais emblemática da tragédia pós-*crash* que envolve a economia global e que é um dos principais objetos do livro, é o elemento final a compor a trama caprichada produzida pela distinta senhora.

Mas mesmo sem os caprichos da História, o livro seria, como é, repleto de méritos. Jamais abrindo mão de sua perspectiva crítica, sem ter para isso que explicitar o *approach* marxista que embasa suas reflexões, namorando as proposições sobre a financeirização da economia, sem, no entanto, abraçá-las completamente, fazendo inúmeras referências a Keynes, mas criticando ao fim e ao cabo o próprio keynesianismo, Yanis Varoufakis constrói uma tese sobre o estado das artes no capitalismo de hoje e de como se chegou a ele que, se não é completamente original, é absolutamente inovadora na perspectiva de sua abordagem e na forma de sua exposição, o que a torna muito sedutora.

Mas, para além da competência técnica que demonstra como economista, do amplo conhecimento histórico que apresenta e de uma grande habilidade para manter a visada do todo, mesmo analisando casos muito particulares, nosso autor possui também uma enorme capacidade, muito rara entre economistas, de manejar com maestria as palavras e de fazer um uso abusivo, mas nunca abusado, de todas as figuras de linguagem à disposição de quem enfrenta a página em branco. O resultado é um texto leve, apesar do tema árido, mas de ritmo vertiginoso, que se pode ler de uma sentada sem rigorosamente nenhum prejuízo em relação à densidade que a matéria exibe e à complexidade das questões que vão sendo colocadas.

Associado a essa capacidade ímpar de dominar as palavras e colocá-las a seu serviço está outro dos méritos do livro, qual seja, seu caráter absolutamente didático. São exemplos e mais exemplos, muito simples, de coisas complicadíssimas. Como ele tem também a preocupação de criticar impiedosamente o discurso econômico convencional, que a mídia reverbera sem qualquer pudor ou cuidado, tornando suas máximas "verdadeiras" pela força da repetição, este livro de Varoufakis presta também um enorme serviço à causa do desmascaramento da ortodoxia econômica, cujas principais teses ele chama de "teorias tóxicas". Como numa espécie de dicionário para leigos, ele vai explicando e exterminando uma a uma as principais estruturas da versão moderníssima das velhas ideias pró-mercado: a extravagante proposição dos mercados eficientes, a não menos aloucada hipótese das expectativas racionais, a Gaia teoria dos ciclos reais de negócios, a matreira tese do *supply side economics*, todas vão sendo dissecadas, deixando expostas suas entranhas venenosas.

Além de tóxicas, tais teorias são apresentadas no livro, junto com Wall Street, o sistema Walmart e a política de enriquecer mais os já muito ricos para supostamente beneficiar os mais pobres como um dos quatro "serviçais da besta". E com isso nos aproximamos dele, o Minotauro, a figura central da trama. Apresentados já os méritos do livro, resumo então o argumento principal, para dar um aperitivo ao leitor e para apresentar na sequência umas poucas críticas.

A tese principal de Varoufakis é que o capitalismo não pode funcionar de forma minimamente estável se não dispuser de um Mecanismo Geral de Reciclagem de Excedentes (*Global Surplus Recycling Mechanism*) – MGRE. Partindo da constatação, bastante razoável, de que em qualquer sistema econômico há sempre unidades propensas a gerar excedentes, enquanto outras têm maior tendência a reportar déficits, ele argumenta que, para dar conta desses desequilíbrios comerciais crônicos, o sistema precisa dispor de algum mecanismo capaz de reciclar (leia-se, aplicar de forma lucrativa) os excedentes "das áreas urbanas para as rurais, das mais desenvolvidas para as menos desenvolvidas".

Para cada economia nacional, a taxa de câmbio surge, garantidas algumas condições, como um mecanismo natural de reciclagem, pois a desvalorização cambial que normalmente se segue ao acúmulo de déficits correntes induz à sua própria redução, estimula as exportações e desestimula as importações de bens e serviços, além da capacidade de atrair capitais excedentes, graças ao preço mais baixo dos ativos e às taxas de juros naturalmente mais elevadas do que nos países que estão na situação oposta. Quando esse mecanismo não existe, como ocorre nos países da região do euro, torna-se muito grande a possibilidade de ocorrência de situações dramáticas e insolúveis, como a que a Grécia hoje experimenta. A diferença entre este tipo de união monetária e aquela existente, por exemplo, entre os 50 estados norte-americanos, é, segundo nosso autor, que ali há um único Estado e o *Federal Reserve*, ao contrário do Banco Central Europeu, não trata os estados mais pobres e/ou mais afetados pelas crises como terra estrangeira, de quem se exige a realização de tarefas impossíveis. Além disso há também, na união monetária americana, mecanismos institucionais de reciclagem de excedentes, por meio do sistema de seguridade e dos sistemas de saúde sustentados por tributos federais, além de acordos políticos que exigem dos fornecedores dos grandes contratos com o governo americano, investimentos nas áreas menos aquinhoadas.

É a partir desse princípio, da necessidade permanente de um mecanismo de reciclagem – que tem de ser um mecanismo global ou MGRE se estamos falando da economia mundial – que Varoufakis explica o que aconteceu na economia do pós-segunda guerra, como esse arranjo abriu falência e foi substituído por outro (o Minotauro), como chegamos à Crise de 2008 e o que ela significa, bem como as perspectivas agora colocadas.

Por razões também associadas a esse princípio básico, mas que não há espaço para reproduzir aqui, Varoufakis entende que a crise dos anos 1930 só foi de fato resolvida com a carnificina da Segunda Guerra Mundial, a despeito do auxílio prestado, no caso da economia americana, pela política rooseveltiana do New Deal. A partir de então surgiu uma "oportunidade notável", em suas palavras, de dotar o capitalismo de um MGRE que funcionasse automaticamente para impedir a eclosão de grandes crises, um mecanismo institucional e politicamente constituído, acordado entre os vários países. Essa oportunidade, presente na proposta feita por Keynes na reunião de *Bretton Woods* em julho de 1944, passava pela criação de uma União Internacional de Divisas, um Banco Central Internacional e uma moeda única para efeitos das transações comerciais entre as nações (que Keynes batizou de *bancor*). Esses instrumentos combinados impediriam a formação de superávits sistemáticos em alguns países e déficits crônicos em outros, situações que agem como o movimento de placas tectônicas permanentemente ameaçando a estabilidade global.

Mas a oportunidade notável foi perdida pela insistência dos Estados Unidos que, cegos pelo seu novo status de superpotência moderna, quiseram fazer sozinhos a gestão dos excedentes. Segundo Varoufakis, eles não souberam reconhecer a sabedoria da estratégia de Ulysses de amarrar-se voluntariamente a algum mastro e não conseguiram, por isso, exercer o papel de esclarecida hegemonia a que se atribuíam. Assim, o Plano Global, como ele chama o arranjo que surgiu no pós-guerra e que foi o maior responsável pela chamada *idade de ouro do capitalismo*, nasceu limitado e condenado ao fracasso. Em outras palavras, o MGRE que esse plano continha, centrado no dólar americano desempenhando o papel de moeda reserva, era menos eficiente e menos durável do que aquele implícito na audaciosa proposta de Keynes.

No início do plano Global, o MGRE funcionou porque os grandes superávits comerciais que os Estados Unidos continuaram a acumular no pós-guerra se transformaram em exportações de capital para que os países sob sua proteção continuassem a comprar os produtos norte-americanos (o Plano Marshall foi o capítulo mais importante dessa estratégia). Ao mesmo tempo, o desenvolvimento tanto do Japão quanto da própria Alemanha foi estimulado, visando a criação de duas moedas fortes adicionais capazes de amortecer o impacto global de eventuais crises na economia americana. Mas os arquitetos do Plano Global não previram que os Estados Unidos pudessem se tonar deficitários. E foi o que aconteceu, decretando o fim do Plano e levando à crise dos anos 1970.

Segundo Varoufakis, depois do rompimento unilateral do acordo de *Bretton Woods*, com a quebra da relação fixa ouro/dólar e a desvalorização acentuada da moeda americana, os Estados Unidos agiram rápido para inverter o jogo e não perder a posição privilegiada que até então detinham. Começa aí a criação do Minotauro, o MGRE às avessas que vai funcionar por algumas décadas, até ser ferido mortalmente em 2008. De acordo com nosso autor, o recado dos Estados Unidos para seus atônitos parceiros logo após esse rompimento foi simples e direto: "a moeda é nossa, mas o problema é seu". E o problema era de fato enorme, pois a depreciação do dólar tirara o chão das exportações de japoneses e europeus, mas, gostando ou não, estavam todos dentro do mesmo barco do dólar americano, que continuava a funcionar como dinheiro mundial.

A inversão do jogo em 1970 consistiria em conseguir a permanência da hegemonia dos Estados Unidos no arranjo, mas agora não mais por conta de seus superávits e sim por conta de seus déficits. Em outras palavras, era preciso convencer o resto do mundo que financiar os déficits norte-americanos, tanto comercial quanto fiscal (os chamados *déficits gêmeos*), era uma condição *sine qua non* para o restabelecimento do equilíbrio na economia mundial e a retomada do crescimento. Para tanto, dois pré-requisitos tinham de ser atendidos: aumentar a competitividade das empresas americanas em relação às alemãs e japonesas e elevar a taxa de juros dos títulos norte-americanos. O aumento da competitividade foi conseguido por uma drástica redução dos custos do trabalho e pela eclosão da crise do petróleo, que, estimulada pelo próprio governo norte-americano, elevou globalmente os custos dos combustíveis, mas prejudicou muito mais Alemanha e Japão, praticamente sem produção própria de petróleo, do que os Estados Unidos. As taxas de juros começaram a ser elevadas e tiveram um empurrão definitivo com a chegada de Paul Volcker ao comando do *Federal Reserve* em agosto de 1979.

Assim, os dois pré-requisitos para a inversão do jogo estavam atendidos antes mesmo de Ronald Reagan chegar à Casa Branca. E com ele estava concluída a construção do Minotauro. Segundo Varoufakis, o arranjo funciona assim: os sistemáticos déficits comerciais norte-americanos induzem a produção alhures, enquanto os déficits orçamentários vão transformando os superávits comerciais alheios em títulos norte-americanos (OIUS), que o mundo vai acumulando, enquanto o capital flui para o mercado financeiro nos Estados Unidos. Para nosso autor, a analogia desse arranjo com o Minotauro de Creta é completa. Vejamos.

O Minotauro é o ser metade homem metade animal, produto da relação entre a mulher de Minos, rei de Creta, e um touro. A singular relação foi uma vingança dos deuses contra Minos que, encantado com a beleza desse animal, que havia recebido como um sinal da aprovação divina de seu reinado, resolveu ficar com ele ao invés de imolá-lo aos deuses, como havia sido prometido. Quando o Minotauro cresceu e tornou-se uma besta incontrolável, foi construído um labirinto para abrigá-lo, sendo que para alimentá-lo eram necessárias vidas de seres humanos jovens. Minos obrigou Egeu, rei de Atenas, acusado de matar o filho de Minos, a pagar anualmente esse tributo. E com isso foi estabelecida a *Pax Cretana*, para além das terras e dos mares, através de uma tributação estrangeira regular que mantinha o Minotauro bem alimentado.

Varoufakis recorda que, para além do mito, historiadores sugerem que o Minotauro de Creta significava a hegemonia política e econômica da região do Mar Egeu. Cidades-estados mais fracas, como Atenas, tinham que pagar impostos a Creta regularmente como um sinal de subjugação. A essas alturas, já deve estar claro ao leitor, o porquê da associação direta que faz nosso autor entre o arranjo pós-Plano Global e essa figura mítica.

Construído o Minotauro moderno, os Estados Unidos "começaram a importar como nunca e seu governo a esbanjar, sem temer o déficit crescente". Para Varoufakis, os *déficits gêmeos* da economia americana operaram por décadas absorvendo o excedente de bens e o excedente de capital de outros países. Embora esse arranjo fosse a materialização de um enorme desequilíbrio, ele acabou por produzir uma espécie de equilíbrio global, um *desequilíbrio equilibrado*, capaz de criar uma aparência de estabilidade e crescimento constantes.

Assim, tal como Creta, a grande nação norte-americana cobrou do mundo, por décadas, um pesado tributo. Através desse estranho MGRE funcionando ao revés, os Estados Unidos atuaram o tempo todo como "gastadores de primeira instância" e reforçaram sua hegemonia aumentando seus déficits. Mas, ao contrário do Minotauro de Creta, os pagamentos ao Minotauro Global foram voluntários. A pergunta é: por que? A resposta que Varoufakis dá reside naquilo que ele chama de "os carismas do Minotauro", dentre eles, o fato de o dólar continuar a manter o estatuto de moeda de reserva mundial, e o poder militar e geopolítico norte-americano.

O arranjo sustentado pelo Minotauro fez água graças às estripulias de um de seus serviçais, na verdade o mais destacado deles, Wall Street. Os volumosos excedentes de capital sistematicamente absorvidos pelos EUA[2], alimentaram as aventuras financeiras mais fantasiosas. Os anos 1990 e 2000 assistiram a uma formidável febre de fusões e aquisições, com a criação de enormes quantidades de valor fictício. A euforia com a assim chamada *Nova Economia*[3] e os feitiços propiciados pelos derivativos produziram outros tantos milagres. A caudalosa concessão de hipotecas e crédito pessoal para as classes média e trabalhadora derramou para o *subprime* e foi produzindo ao longo de todas essas operações, nada mais nada menos do que montanhas de dinheiro privado. O mundo foi inundado por essa "moeda modernosa", e tóxica, sem que os sacerdotes do rígido controle fiscal e monetário tivessem qualquer preocupação com ela.

Para Varoufakis, quando a farra acabou e o dinheiro privado evaporou, com o colapso do sistema bancário, a besta estava ferida de morte. Assim, até 2008, enquanto os desequilíbrios no comércio internacional cresciam sem parar, o Minotauro Global, auxiliado pelo dinheiro tóxico de Wall Street, atraiu bastante capital de todo o mundo para reciclar os excedentes dos outros e manter sua rematerialização, permitindo um aumento constante dos superávits e a continuidade, em esferas cada vez mais elevadas, do mesmo movimento. Tratava-se, por certo, de um arranjo instável e, no limite, insustentável, mas que funcionou enquanto durou. Mas essa

[2] Logo antes da crise, no início dos anos 2000, os EUA eram o destino de mais de 70% das saídas globais de capital.

[3] *Nova Economia* é o nome que se convencionou dar aos negócios relacionados às novas tecnologias de informação e comunicação.

capacidade equilibrista do Minotauro já não existe mais. Com a economia norte-americana funcionando abaixo de sua capacidade plena e a consequente redução na demanda por bens, serviços e imóveis e com Wall Street sem poder gerar, como no passado, o dinheiro necessário para detonar os *Booms* de Consumo e Investimento que produzia, não há fonte suficiente de demanda no mundo para pavimentar uma rota de crescimento sustentável para Europa, Japão e China. A economia mundial foi atingida pelo passamento do Minotauro.

Esse é, resumidamente, o enredo desenvolvido no livro, em seus pontos mais importantes. Mas há muito mais nele, principalmente sobre o grande nó europeu, a China e o Sudeste Asiático e o pós-2008, momento a partir do qual, segundo Varoufakis, estamos sendo essencialmente governados pelos serviçais do Minotauro, com destaque para Wall Street e sua *bancarrotocracia* (o termo é dele), sem nos beneficiarmos das influências estabilizadoras da besta. O equilíbrio instável e insustentável por ela produzido teria sido substituído, portanto, por um período cheio de tensões, que ameaçam as gerações futuras. Mas deixo ao leitor essas tramas adicionais, riquíssimas como todo o livro, em informações e sugestivas reflexões.

A análise feita por Varoufakis não está distante do que a literatura crítica, marxista ou não, tem produzido de melhor sobre o estado das artes do capitalismo mundial. Em muitos momentos a análise lembra Chesnais, Dumènil, Levy, Wray e mesmo David Harvey, para citar uns poucos nomes. O que faz diferença é o conjunto, a forma de articular as várias ideias. Nesse sentido, tenho concordância e endosso quase tudo que aqui está dito. Julgo, porém, que há duas lacunas, decorrentes da ênfase pronunciada que Varoufakis coloca na necessidade de um mecanismo de reciclagem de excedentes. Esse argumento está correto e é importantíssimo. Mas ele teria de vir associado a uma análise mais demorada sobre a importância do dinheiro mundial nessa trama e sobre o estupendo crescimento da riqueza financeira perante a riqueza real desde o início dos anos 1970.

Tanto no período pós-segunda guerra, quanto no período do vigoroso Minotauro, o que fez toda a diferença para a forma de funcionamento do capitalismo foi o fato de o dinheiro mundial ser encarnado pelo dólar americano. Evidentemente Varoufakis não se esquiva desse tema, até porque isso seria impossível, considerando que boa parte de sua argumentação passa pela contenda entre Keynes e Dexter White na conferência de *Bretton Woods*, e de como os norte-americanos conseguiram rifar as ousadas ideias do primeiro (que implicavam a criação de uma moeda internacional sem uniforme nacional e, portanto, clara perda de poder para os Estados Unidos). Mas manter o dólar nessa posição foi mais importante no período pós-colapso de *Bretton Woods* do que antes dele e o Tio Sam lutou com unhas e dentes para isso. Nesse sentido, causa estranheza que, em meio a tantos e tão detalhados relatos sobre as entranhas onde se resolve a macroeconomia mundial, não haja no livro nenhuma menção sobre uma reunião do FMI em 1979 (quando a instituição ainda não funcionava como mera porta voz dos interesses norte-americanos), na qual se discutia as alternativas para substituir o então desacreditado dólar americano no papel de moeda internacional. Dentre essas alternativas, estava na mesa a criação de uma moeda internacional baseada nos *Special Drawing Rights* (SDR) do próprio FMI. Os Estados Unidos simplesmente abandonaram a reunião sem maiores explicações[4] e logo na sequência o mundo assistiu espantado ao brutal aumento das taxas de juros americanas anunciado pelo FED sob a batuta de Paul Volcker, movimento, é preciso que se diga, que calou a boca dos oponentes do dólar e nunca mais se voltou a tocar no assunto.

A explicação dada por nosso autor a essa manobra radical na política monetária americana é a mesma dada pela literatura convencional e pelo próprio governo americano, a saber, que a decisão do FED se deveu à necessidade de controlar a inflação. Ora, nem no Brasil de Henrique Meirelles ou Joaquim Levy para se conseguir justificar um aumento de 10 pontos percentuais na taxa básica de juros por conta de uma inflação que transitava da esfera dos 8 para a esfera dos 11% anuais. Se Varoufakis associasse mais fortemente essa questão da manutenção do dólar nessa posição privilegiada (que ele próprio reconhece como sendo um dos "carismas da besta") à sua análise sobre o MGRE, sua argumentação ganharia ainda mais força.

Por fim resta também assinalar a ausência no livro do movimento assimétrico de crescimento das riquezas financeira e real no mundo a partir dos anos 1970. Essa história não está desconectada da questão da posição privilegiada do dólar, antes o inverso. Os dois elementos em conjunto obrigariam Varoufakis a abraçar mais explicitamente as teses da financei-

[4] Ver a esse respeito *A Roleta Global*, de Peter Gowan (Record, 2003)

rização, que vêm sendo advogadas, há mais de duas décadas, nas mais variadas nuances, pelo pensamento crítico. Elas não se contrapõem ao argumento principal defendido no livro e que justificam a analogia com a figura mítica que constitui seu título; ao contrário, se associam a ele. Se nosso autor tivesse feito essa opção, este livro interessantíssimo tornar-se-ia ainda mais convincente. Mas ele não deixa, por isso, de ser uma enorme e bem-vinda contribuição para a compreensão do que se passa hoje no quebra-cabeças do processo mundial de acumulação de capital e para o pensamento crítico sobre ele.

São Paulo, Fevereiro, 2016

**Leda Maria Paulani* (1954) é economista e professora titular da Faculdade de Economia, Administração e Contabilidade da Universidade de São Paulo - FEA/USP, na qual leciona desde 1988. Na Prefeitura de São Paulo, foi assessora chefe da Secretaria de Finanças entre 2001 e 2003 e, mais tarde, Secretária de Planejamento, Orçamento e Gestão entre 2013 e 2015. É autora de livros como "A Nova Contabilidade Social: uma introdução à macroeconomia" (Saraiva, 2000, junto com Márcio Bobik Braga),

1

INTRODUÇÃO

O momento de 2008

Nada nos humaniza como a *aporia*[5] – aquele estado de intensa perplexidade em que nos encontramos quando nossas certezas caem por terra, quando de repente somos pegos em um impasse, sem palavras para explicar o que nossos olhos estão vendo, nossos dedos estão tocando, nossos ouvidos estão ouvindo. Nestes raros momentos, enquanto nossa razão luta bravamente para compreender o que os sentidos nos estão transmitindo, a *aporia* nos derrota e prepara nossa mente para verdades anteriormente insuportáveis. E quando a *aporia* lança uma rede com um alcance tão amplo, envolvendo toda a humanidade, sabemos que nos encontramos num momento muito especial da história. Setembro de 2008 foi um momento assim.

O mundo não ficava assombrado desta maneira desde 1929. As certezas fortalecidas por décadas de condicionamento de repente desapareceram, junto com cerca de US$ 40 trilhões de patrimônios global, US$ 14 trilhões de riquezas das famílias somente nos Estados Unidos, 700.000 empregos norte-americanos mensais e incontáveis casas retomadas em toda parte... A lista é quase tão longa quanto os valores, incomensuráveis. A *aporia* coletiva foi intensificada pela resposta dos governos, que tinham até então se agarrado tenazmente ao conservadorismo fiscal, como sendo talvez a última ideologia de massa sobrevivente do século XX: eles começaram a injetar trilhões de dólares, euros, ienes etc. num sistema financeiro que tinha sido, até uns meses antes, um grande sucesso, acumulando lucros fabulosos e professando, provocativamente, ter encontrado o pote de ouro no fim de algum arco-íris globalizado. Quando aquela resposta revelou sua fragilidade, nossos presidentes e primeiros-ministros, homens e mulheres com impecáveis credenciais neoliberais e antiestatistas, embarcaram numa

[5] Nota do Editor: *Aporia*, que em grego significa "caminho inexpugnável, sem saída", é definida como uma dificuldade, impasse, paradoxo, incerteza ou dúvida racional decorrente da impossibilidade objetiva de obter resposta ou conclusão para uma determinada indagação filosófica.

farra de nacionalização de bancos, companhias de seguro e fábricas de carros que faria inveja às façanhas de Lenin após a Revolução de 1917.

Diferentemente das crises anteriores – como a crise da bolha das empresas pontocom, em 2001,[6] a recessão de 1991, a Segunda-Feira Negra[7], o fracasso latino-americano dos anos 1980, a entrada do Terceiro Mundo numa perversa armadilha de endividamento, ou mesmo a devastadora depressão na Grã-Bretanha e em parte dos Estados Unidos no início da década de 80 –, esta crise não se limitou a uma geografia específica, a uma determinada classe social ou a certos setores da economia. Todas as crises anteriores a 2008 foram, de certo modo, localizadas. As vítimas de longo prazo nunca foram de grande importância para os poderes estabelecidos, e quando os prejuízos atingiram pessoas mais poderosas – como no caso da Segunda-Feira Negra, o fiasco do fundo de investimentos Long-Term Capital Management (LTCM) em 1998 ou o estouro da bolha pontocom dois anos depois –, as autoridades acharam meios de socorrê-las de forma rápida e eficiente.

Em contraste, a Crise de 2008 teve efeitos devastadores tanto em nível global quanto no reduto neoliberal. Além disso, seus efeitos permanecerão nos acompanhando por muito tempo. Na Grã-Bretanha, provavelmente não há registro anterior de outra crise que tenha realmente atingido as regiões mais ricas do sul do país. Nos Estados Unidos, embora tenha começado em regiões mais empobrecidas, a crise do *subprime* espalhou-se pelos recantos das privilegiadas classes médias, em seus condomínios fechados, seus subúrbios arborizados e nas universidades da Ivy League onde os ricos se reúnem, fazendo fila para alcançar as melhores posições socioeconômicas. Na Europa, o continente todo reverbera com uma crise

---

[6] N. do E.: A crise das empresas pontocom foi uma bolha especulativa criada no final da década de 1990, caracterizada por uma forte alta das ações das novas empresas de tecnologia da informação e comunicação baseadas na internet. Essas empresas eram também chamadas pontocom (ou *dotcom*, em inglês), devido ao domínio ".com" que caracteriza os endereços de internet. No auge da especulação, o índice da bolsa eletrônica de Nova York, a Nasdaq, chegou a alcançar mais de 5.000 pontos, despencando pouco tempo depois. Considera-se que o auge da bolha tenha ocorrido em 10 de março de 2000. Ao longo de 2000, ela se esvaziou rapidamente e já no início de 2001 muitas empresas pontocom estavam em processo de venda, fusão, redução ou simplesmente quebraram e desapareceram.

[7] Segunda-feira, 19 de outubro de 1987, quando as bolsas de valores do mundo sofreram a pior queda num único dia em sua história.

que se recusa a ir embora e que ameaça as ilusões europeias que haviam permanecido incólumes por seis décadas. Fluxos migratórios foram revertidos, com trabalhadores poloneses e irlandeses abandonando Dublin e Londres por Varsóvia e Melbourne. Até a China, que reconhecidamente escapou da recessão com uma taxa de crescimento saudável em uma época de encolhimento global, encontra-se em dificuldades devido à queda da porcentagem de rendimento global dedicada ao consumo e sua grande dependência de projetos de investimento estatais que estão alimentando uma preocupante bolha – dois presságios que não trazem boas perspectivas numa época em que se questiona a capacidade do resto do mundo para absorver os excedentes comerciais no longo prazo.

Unindo-se à *aporia* geral, os ricos e poderosos deixaram transparecer que eles também estavam perdidos diante das novas reviravoltas. Em outubro de 2008, Alan Greenspan, o ex-presidente do Banco Central dos Estados Unidos (Federal Reserve ou FED), visto como o feiticeiro Merlin dos tempos modernos, admitiu "uma falha no modelo que considerava ser a estrutura que define como o mundo funciona".[8] Dois meses depois, Larry Summers, ex-secretário de Tesouro do presidente Bill Clinton e na época principal conselheiro econômico do presidente Barack Obama, disse que "nesta crise, fazer de menos representa uma ameaça maior do que fazer demais". Quando o grande feiticeiro admite ter baseado toda a sua magia em um modelo de mundo defeituoso, e o rei dos conselheiros econômicos presidenciais propõe deixar a cautela de lado, o público compreende a situação: nosso navio está navegando em águas desconhecidas e traiçoeiras, sua tripulação está perdida e o capitão está apavorado.

Assim, entramos num estado de *aporia* tangível e compartilhada. Uma ansiosa descrença tomou o lugar da indolência intelectual. As autoridades pareciam desprovidas de autoridade. As políticas estavam evidentemente sendo formuladas sem planejamento. Quase imediatamente, um público perplexo passou a apontar suas antenas para todas as direções possíveis, procurando desesperadamente explicações para as causas e a origem do que o tinha atingido. Provando que a oferta não precisa de estímulo quando a demanda é alta, as gráficas começaram a rodar. Um após o outro, livros,

---

[8] Greenspan falava na Comissão Parlamentar de Supervisão e Reforma do Governo, em 23 de outubro de 2008, presidida pelo senador democrata Henry Waxman, da Califórnia.

artigos, longos ensaios e até filmes apareceram em profusão, criando um mar de possíveis explicações para o que tinha dado errado. Mas, apesar de um mundo em choque estar sempre impregnado de teorias, o excesso de explicações não garante a dissolução da *aporia*.

Seis explicações sobre o ocorrido

1. *"Principalmente uma falha da imaginação coletiva de muitas mentes brilhantes em compreender os riscos do sistema como um todo"*

Esta foi a essência da carta enviada à rainha Elizabeth II pela British Academy em 22 de julho de 2009, em resposta a uma pergunta que ela havia feito a um grupo de encabulados professores da London School of Economics: "Como vocês não viram que isso iria acontecer?" Em sua carta, 35 dos principais economistas basicamente responderam: "Ups! Confundimos uma Grande Bolha com um Admirável Mundo Novo".[9] A essência da resposta foi que, enquanto acompanhavam a situação e monitoravam as informações, cometeram dois erros correlacionados de diagnóstico: o erro de extrapolação e o erro (bem mais preocupante) de se tornarem vítimas de sua própria retórica.

Todo mundo podia ver que os números estavam descontrolados. Nos Estados Unidos, a dívida do setor financeiro tinha aumentado dos já consideráveis 22% do Produto Interno Bruto (PIB) em 1981 para 117% no verão de 2008. Nesse meio tempo, os cidadãos norte-americanos viram sua dívida aumentar de 66% em 1997 para 100% dez anos depois. Como um todo, a dívida agregada dos Estados Unidos em 2008 excedeu 350% do PIB, quando em 1980 já se situava em inflados 160%. Já na Grã-Bretanha, a City de Londres (setor financeiro no qual a sociedade britânica tinha depositado a maioria dos seus ovos após a rápida desindustrialização do início dos anos 1980) apresentava uma dívida coletiva quase duas vezes e meia maior que o valor do PIB britânico, enquanto que, por outro lado, as famílias britânicas deviam uma quantia maior que o PIB anual.

Então, já que um acúmulo desordenado de dívidas provocava mais risco do que o mundo poderia suportar, como é que ninguém previu o colapso

[9] N. da T.: Admirável Mundo Novo, a sociedade falsamente harmônica do romance de Aldous Huxley.

da crise? Esta era, afinal, a razoável pergunta da rainha. Em resposta, a British Academy admitiu, a contragosto, a combinação pecaminosa de uma retórica presunçosa e uma extrapolação linear. Juntos, estes pecados alimentaram a convicção autocomplacente de que uma mudança de paradigmas tinha ocorrido, permitindo ao mundo das finanças criar uma dívida ilimitada, benigna e sem risco.

O primeiro pecado, que tomou a forma de uma retórica matematizada, levou autoridades e acadêmicos à falsa crença de que a inovação financeira tinha eliminado o risco do sistema, de que os novos instrumentos permitiam uma nova forma de dívida com as propriedades do mercúrio. Uma vez gerados, os empréstimos eram fatiados em pequenos pedaços, misturados em pacotes que apresentavam diferentes graus de risco,[10] e vendidos por todo o planeta. Por conseguinte, ao dispersar o risco financeiro, segundo afirmavam, nenhum agente por si só teria que encarar o perigo de se prejudicar se alguns devedores falissem. Tratava-se de uma fé esotérica do setor financeiro em criar um "risco livre de risco", que culminou na crença de que o planeta poderia sustentar dívidas (e apostas feitas em cima destas dívidas) que eram muitas vezes maiores que o valor da renda global real.

Um empirismo vulgar fortaleceu tais misticismos: em 2001, quando a dita "nova economia" desabou, destruindo boa parte da riqueza monetária produzida pela bolha das empresas pontocom e por fraudes como a da corporação energética texana Enron, o sistema se segurou. A nova bolha da economia de 2001 era, na verdade, pior que a das hipotecas de alto risco que estourou seis anos mais tarde. E mesmo assim seus efeitos nocivos foram eficientemente contidos pelas autoridades – apesar do emprego não ter se recuperado até 2005. Se um choque tão grande pôde ter sido absorvido tão prontamente, é certo que o sistema poderia suportar choques menores, como as perdas *subprime* de US$ 500 bilhões entre 2007 e 2008.

De acordo com a explicação da British Academy (amplamente compartilhada, é preciso notar), a Crise de 2008 aconteceu porque na época – e sem o conhecimento do exército de homens e mulheres hiperinteligentes cuja tarefa era evitar este tipo de erro – os riscos que foram tidos como "livres de risco" tinham se tornado tudo menos isto. Bancos como o Royal

[10] Estes pacotes atendiam pelo místico nome de Obrigações de Dívida Colateralizada, ou CDO (em inglês Collaterized Debt Obligation).

Bank of Scotland, que empregava 4.000 "gerentes de risco", acabou consumido por um buraco negro de "riscos fracassados". O mundo, sob esta perspectiva, pagou o preço por acreditar em sua própria retórica e por presumir que o futuro não seria diferente do passado recente. Achando que tinha dispersado o risco com sucesso, o mundo financeirizado criou tanto risco, que foi consumido por ele.

2. Captura regulatória

Mercados determinam o preço dos limões. E eles o fazem com um mínimo de informação institucional, já que os compradores sabem reconhecer um bom limão quando estão negociando. O mesmo não pode ser dito de obrigações, ou, pior ainda, de instrumentos financeiros sintéticos. Os compradores não podem provar o gosto do "produto", espremê-lo para ver se está maduro ou sentir seu aroma. Eles se fiam em informações externas, institucionais e em regras bem definidas que são construídas e fiscalizadas por autoridades imparciais e incorruptíveis. Este era supostamente o papel das agências de classificação de risco e dos organismos reguladores do Estado. Indubitavelmente, estes dois tipos de instituição foram não só ineficientes, mas também culpadas.

Quando, por exemplo, uma obrigação de dívida garantida (CDO)[11] – um ativo de papel que combina uma grande série de dívidas diferentes – obtinha uma classificação Triplo-A e oferecia retorno de 1% acima dos títulos do Tesouro americano[12], a importância era dupla: o comprador podia confiar que a aquisição não era uma furada e, se o comprador fosse um banco, poderia tratar aquele pedaço de papel como indistinguível do dinheiro real com que tinha sido comprado – e nem um tiquinho mais arriscado. Esta simulação ajudou os bancos a alcançarem lucros exorbitantes por duas razões:

---

[11] Eu me concentro nas CDOs porque elas eram a forma mais comum dos chamados veículos financeiros estruturados. Havia, é claro, muitas outras variedades de papéis tóxicos.
[12] Títulos do Tesouro americano são IOU (siglas da frase em inglês "I owe you", Eu devo a você) emitidos pelo Tesouro dos Estados Unidos. São amplamente considerados a forma mais segura de dívida, por serem garantidos pelo governo norte-americano. Por esta razão, tendem a pagar algumas das taxas de juros mais baixas no mercado.

1. Se eles mantivessem sua recém-adquirida CDO – e lembrem-se, as autoridades aceitavam que uma CDO avaliada como Triplo-A era tão válida quanto as notas de dólar de mesmo valor nominal – os bancos nem mesmo tinham que incluí-la em seus cálculos de capitalização.[13] Isto queria dizer que eles poderiam impunemente utilizar os depósitos de seus clientes para comprar as CDO Triplo-A sem comprometer sua capacidade de fazer novos empréstimos a outros clientes e outros bancos – contanto que eles pudessem cobrar taxas de juros mais altas do que eles pagavam. Ou seja, a compra das CDO Triplo-A aumentava a rentabilidade dos bancos sem limitar sua capacidade de tomada de empréstimo. As CDO eram, na realidade, instrumentos para burlar as mesmas regras desenvolvidas para salvar o sistema bancário de si mesmo.

2. Uma alternativa à manutenção das CDOs nos cofres dos bancos era empurrá-las para um banco central (por exemplo, o FED) como garantia de empréstimos. Os bancos, então, poderiam utilizá-las como quisessem: emprestando a clientes ou a outros bancos, ou até mesmo para comprar mais CDOs. O detalhe crucial aqui é que os empréstimos assegurados pelo banco central pela penhora das CDO Triplo-A vinham com as ridículas taxas de juros cobradas pelo mesmo banco central. Então, quando as CDOs maturavam a uma taxa de juros 1% acima do que o banco central estava cobrando, os bancos ficavam com a diferença.

A combinação destes dois fatores significava que os emissores das CDO tinham bons motivos para:

a) emitir tantas CDOs quantas eles fisicamente pudessem;

b) tomar emprestado o máximo de dinheiro possível para comprar CDO de outros emissores;

c) manter vastas quantidades de tais ativos de papel em suas carteiras.[14]

---

[13] Por lei, os bancos são obrigados a restringir sua oferta de empréstimo abaixo de uma determinada porcentagem de seus depósitos, de modo que haja capital o suficiente em seus cofres caso alguns empréstimos não sejam pagos, ou mais do que a proporção habitual dos depositantes queira seu dinheiro de volta. Mas, se os bancos usassem o dinheiro dos depositantes para comprar CDOs, o dinheiro era tratado como se tivesse sido mantido no banco; como se, em outras palavras, as CDOs nunca tivessem sido compradas.

[14] Isso explica por que, naquele dia fatídico em setembro de 2008, o Lehman Brothers foi pego de surpresa com montanhas de CDOs em seus balanços.

Infelizmente, este era um convite para se imprimir o próprio dinheiro. Não é surpresa que o megainvestidor Warren Buffet deu uma olhada nas famosas CDOs e as descreveu como ADMs (armas de destruição em massa). Os incentivos eram incendiários: quanto mais as instituições pegavam emprestado com o intuito de comprar as CDOs Triplo-A, mais dinheiro eles ganhavam. O sonho de ter um caixa eletrônico na sua sala de estar tinha virado realidade, pelo menos para as instituições financeiras privadas e seus dirigentes.

Com estes fatos diante de nós, não é difícil chegar à conclusão de que a Crise de 2008 foi o resultado inevitável de terem colocado a raposa para tomar conta do galinheiro. Seu poder era descarado e sua imagem de magos pós-modernos criando novas riquezas e novos paradigmas era incontestável. Os banqueiros pagavam agências de classificação de risco para estender a classificação Triplo-A às CDOs que eles tinham emitido; as autoridades regulatórias (incluindo o banco central) aceitavam estas classificações como legítimas; e os promissores jovens, que tinham se agarrado a um emprego mal remunerado com uma das autoridades regulatórias, logo começaram a planejar uma promissora carreira no Lehman Brothers ou na Moody's. Eram supervisionados por um grande número de secretários do tesouro e ministros de Finanças que ou já tinham trabalhado por anos na Goldman Sachs, Bear Stearns etc. ou estavam querendo entrar naquele grupinho mágico restrito depois de deixarem a política.

Em um ambiente que reverberava com o som do estouro das rolhas de champanhe e dos motores de reluzentes Porsches e Ferraris; num cenário onde enxurradas de bônus bancários encharcavam áreas já ricas (impulsionando mais o *boom* imobiliário e criando novas bolhas, desde Long Island e o East End londrino até os subúrbios de Sydney e os arranha-céus de Xangai); naquela ecologia de riqueza de papel que aparentemente se propagava, seria preciso uma heroica – ou imprudente – disposição para disparar os alarmes, para fazer as perguntas embaraçosas, para lançar dúvida sobre a pretensão de que as CDOs Triplo-A apresentavam risco zero. Mesmo se algum regulador, operador ou banqueiro sênior incorrigivelmente romântico decidisse dar o alerta, ele seria certamente derrotado, acabando como uma trágica figura esmagada na sarjeta da história.

Os irmãos Grimm tinham uma história envolvendo um pote mágico que incorporava os antigos sonhos da industrialização – de cornucópias automatizadas que realizavam todos os nossos desejos sem parar. Era também um conto sombrio e admonitório que demonstrava como aqueles sonhos industriais poderiam se transformar num pesadelo. Isso porque, mais para o fim da história, o maravilhoso pote enlouquece e acaba inundando o vilarejo com mingau. Era a tecnologia virando vilã, do mesmo modo que a própria criatura do habilidoso Dr. Frankenstein de Mary Shelley virou-se cruelmente contra ele. De modo semelhante, os caixas-eletrônicos virtuais (ATMs) magicamente criados por Wall Street, as agências reguladoras e de classificação de risco, que foram coniventes com eles, inundaram o sistema financeiro com um mingau dos tempos modernos, que acabou sufocando o planeta inteiro. E quando, no outono de 2008, os caixas eletrônicos quebraram, um mundo viciado no mingau sintetizado ficou engasgado e de repente parou de funcionar.

3. Cobiça irreprimível

"É a natureza da besta", diz a terceira explicação. Humanos são criaturas gananciosas que somente fingem civilidade. Dada qualquer oportunidade, eles irão roubar, saquear e intimidar. Esta obscura visão da nossa humanidade não deixa nem mesmo espaço para um pouquinho de esperança de que opressores inteligentes concordarão com regras que proíbem a opressão. Porque mesmo que eles o façam, quem é que vai aplicá-las? Para manter os opressores receosos é preciso algum Leviatã com poder extraordinário. No entanto, quem é que vai ficar de olho no Leviatã?

Estas são as engrenagens da mente neoliberal, criando a conclusão que crises podem ser um mal necessário e que nenhum projeto humano pode evitar colapsos econômicos. Por algumas décadas, começando no pós-1932 com as tentativas do presidente Franklin Delano Roosevelt de regular os bancos, a solução do Leviatã tornou-se amplamente aceita: o Estado poderia e deveria fazer seu papel hobbesiano de regular a ambição e equilibrá-la com propriedade. A Lei Glass-Steagall de 1933 é possivelmente o exemplo mais citado daquele esforço regulatório.[15]

Entretanto, nos anos 1970 vimos um gradual afastamento desta estrutura regulatória e uma reaproximação da visão fatalista de que a natureza humana sempre vai achar maneiras de derrotar suas melhores intenções. Este "recuo ao fatalismo" coincidiu com o período em que o neoliberalismo e a financeirização estavam dando o desagradável ar de sua graça. Isto trouxe um novo significado para o velho fatalismo: o poder esmagador do Leviatã, embora necessário para controlar os abusadores, estava estancando o crescimento, reprimindo a inovação, colocando freios nas finanças criadoras e, portanto, segurando o mundo em uma marcha lenta justo quando as inovações tecnológicas ofereciam o potencial para lançar-nos a planos mais altos de desenvolvimento e prosperidade.

Em 1987, o presidente Ronald Reagan decidiu substituir Paul Volcker (uma indicação da administração Jimmy Carter) como presidente do FED. Sua escolha foi Alan Greenspan. Alguns meses mais tarde, os mercados tiveram o seu pior dia da história: o infame episódio da Segunda-Feira Negra. A habilidade com que Greenspan lidou com as consequências deu a ele a reputação de saber reverter bem a situação após colapsos no sistema financeiro.[16] Ele repetiu o mesmo "milagre" muitas e muitas vezes até sua aposentadoria em 2006.[17]

Greenspan tinha sido escolhido pelos fiéis neoliberais de Reagan não *apesar*, mas *por causa* da sua profunda convicção de que os méritos e as capacidades de regulação eram sobrestimados. Greenspan questionava se-

---

[15] Em uma tentativa de evitar outro 1929, a lei Glass-Steagall forçou uma separação entre (a) os bancos normais, que aceitavam depósitos de homens e mulheres comuns, e (b) os bancos de investimento, que foram autorizados a apostar em ações, índices futuros, *commodities* etc., mas foram proibidos de aceitar depósitos. Bancos normais eram assim impedidos de apostar com o dinheiro de outras pessoas, enquanto bancos de investimento poderiam afundar ou nadar em um oceano de alto risco.

[16] Levou dois meses para que os mercados se recuperassem totalmente de um choque tão grande que fez com que muitos temessem uma nova Grande Depressão.

[17] Em 1991, após a crise do mercado imobiliário; no final de 1990, após uma série de crises (por exemplo, o colapso da LTCM após a crise da Rússia, a crise asiática); em 2001, quando a bolha "pontocom" estourou; e, por último, a corrida ao mercado de ações logo após a tragédia de 9 de setembro desse mesmo ano.

riamente se alguma instituição estatal, incluindo o FED, poderia colocar rédeas na natureza humana e efetivamente conter ambições sem ao mesmo tempo aniquilar a criatividade, a inovação e, em última instância, o crescimento. Esta sua crença levou-o a adotar uma receita simples, que modelou o mundo por longos dezenove anos: já que nada disciplina tão bem a cobiça humana como a implacável lei da oferta e procura, deixemos os mercados funcionarem como quiserem, mas com o Estado pronto para entrar em cena para limpar a sujeira quando o inevitável desastre acontecer. Como um pai permissivo que deixa suas crianças aprontarem todo tipo de travessura, ele esperava ter problemas, mas achava melhor, mesmo assim, manter-se à margem, sempre pronto para entrar em cena e arrumar a casa depois de uma festa de arromba, ou cuidar dos ferimentos e membros quebrados.

A cada redução da atividade econômica ocorrida sob sua supervisão, Greenspan continuou fiel a esta receita e a este subjacente modelo de mundo. Durante os momentos de crescimento, ele ficava quase inerte, apenas de vez em quando proferia um discurso otimista. Então, quando alguma bolha estourava, ele entrava em cena, reduzia as taxas de juros agressivamente, inundava os mercados de dinheiro e geralmente fazia qualquer coisa que fosse necessária para trazer o barco que afundava de volta à superfície. A receita parecia funcionar bem – pelo menos até 2008, um ano e meio depois de sua dourada aposentadoria. Então, ela parou de funcionar.

Greenspan tem o mérito de ter confessado sua má compreensão sobre o capitalismo. Ainda que somente pela *mea culpa*, a história deveria poupá-lo, pois há poucos e valiosos exemplos de homens poderosos dispostos e capazes de revelar a verdade – especialmente quando as pessoas que costumavam ser seus subordinados mantêm uma atitude de negação. De fato, o modelo de mundo de Greenspan, ao qual ele próprio renunciou, ainda está bem vivo e arquitetando sua volta. Auxiliada e instigada por uma Wall Street ressurgente e determinada a frustrar qualquer tentativa séria de regulação do seu comportamento pós-2008, está de volta a visão de que a natureza humana não pode ser moderada sem simultaneamente comprometer nossa liberdade e nossa prosperidade de longo prazo. Como um médico criminalmente negligente, cujo paciente sobreviveu graças à sorte, o *establishment* do período pré-2008 insiste em ser absolvido com base na ideia de que o capitalismo, no fim das contas, sobreviveu. E, se muitos de nós continuam a insistir em achar culpados para a Crise de 2008, por que não censurar a natureza humana? Certamente uma introspecção honesta revelaria que cada um de nós possui um lado obscuro passível de culpa. O único pecado que Wall Street confessou foi ter projetado este lado obscuro em uma tela maior.

4. Origens culturais

Em setembro de 2008, os europeus olhavam presunçosamente para o outro lado do Atlântico, balançando suas cabeças com a convicção egoísta de que os anglo-celtas finalmente estavam tendo o castigo que mereciam. Após anos e anos tendo que ouvir falar da superioridade do modelo anglo-celta, das vantagens dos mercados de trabalho flexíveis, do quanto era idiota pensar que a Europa podia manter uma rede de seguridade social generosa na era da globalização, das maravilhas de uma cultura empresarial agressivamente empreendedora, da magia de Wall Street e do brilhantismo da City londrina pós-Big Bang, as notícias da Crise, seus sons e visões na medida em que eram irradiados para o mundo inteiro, encheram o coração europeu com uma ambígua mistura de medo e *Schadenfreude,*[18] uma sombria alegria diante do sofrimento ou fracasso do outro.

É claro que não demorou muito para que a crise migrasse à Europa, metamorfoseando-se em algo muito pior e mais ameaçador do que os europeus tivessem alguma vez imaginado. Entretanto, a maioria deles continua convencida das raízes culturais anglo-celtas da Crise. Culpam o fascínio dos povos ingleses com a ideia de serem donos de sua própria casa a qualquer preço. Eles têm dificuldade em compreender um modelo econômico que produz preços imobiliários ridículos, estigmatizando não-proprietários que pagam aluguel (por serem escravos dos senhorios) enquanto admira proprietários de mentira (que estão ainda mais endividados que os banqueiros).

Europeus e asiáticos perceberam de maneira análoga o obsceno tamanho relativo do setor financeiro anglo-celta, que vinha crescendo há décadas às custas da indústria, e convenceram-se que o capitalismo global tinha sido

[18] N. do E.: *Schadenfreude* é um empréstimo linguístico da língua alemã também usado em outras línguas do Ocidente para designar o sentimento de alegria ou satisfação perante o dano ou infortúnio de um terceiro.

dominado por lunáticos. Então, quando o colapso começou precisamente nestes locais (Estados Unidos, Grã-Bretanha, Irlanda, o mercado imobiliário e Wall Street), eles não puderam evitar o sentimento de que a justiça tinha sido feita. Esta sensação, para os europeus, foi logo golpeada pela subsequente crise do euro, mas os asiáticos ainda conseguem ter direito a uma larga dose de presunção. De fato, em muitas partes da Ásia, a Crise de 2008 e suas consequências são chamadas de "Crise do Atlântico Norte".

5. Teoria Tóxica

Em 1997, o Prêmio Nobel de Economia foi para Robert Merton e Myron Scholes pelo desenvolvimento de "uma fórmula pioneira para a avaliação de ações". Sua "metodologia", alardeou o comunicado do comitê de premiação, "pavimentou o caminho para a avaliação econômica em muitas áreas. Ela também criou novos tipos de instrumentos financeiros e permitiu uma administração de riscos mais eficiente na sociedade". Quem dera o infeliz comitê do Nobel tivesse imaginado que, em alguns poucos meses, a elogiada "fórmula pioneira" causaria um desastre multibilionário espetacular, o colapso de um dos principais fundos de *hedge* (o infame LTCM, no qual Merton e Scholes tinham investido toda a sua reputação) e, naturalmente, o resgate patrocinado pelos infalíveis e prestativos contribuintes norte-americanos.

A causa verdadeira da falência do LTCM, que foi um mero ensaio para a crise muito maior de 2008, foi extremamente simples: enormes investimentos que se baseavam na improvável hipótese de que alguém pode avaliar a probabilidade dos acontecimentos que o seu próprio modelo assume não só como improváveis, mas, de fato, como impossíveis de serem teorizados. Construir uma teoria com base em uma suposição logicamente incoerente já é ruim o suficiente. Mas jogar o destino do capitalismo mundial baseando-se em tal suposição é quase criminoso. Então, como os economistas saíram impunes? Como eles convenceram o mundo, e o comitê Nobel, de que eles poderiam calcular a probabilidade dos acontecimentos (tais como inadimplência em cadeia) que seus próprios modelos consideravam incalculáveis?

A resposta se encontra mais no campo da psicologia de massa do que propriamente na economia: os economistas criaram um novo sentido para a *ignorância* e venderam-na eficientemente como uma *forma de conheci-*

mento provisório. Os financistas então construíram novas formas de dívida sobre esta nova ignorância e ergueram pirâmides sobre a presunção de que o risco havia sido removido. Quanto mais os investidores eram convencidos, mais dinheiro ganhava quem estava envolvido e mais força os economistas adquiriam para silenciar qualquer um que ousasse duvidar de suas suposições ocultas. Desta maneira, finanças tóxicas e teorização econômica tóxica tornaram-se dois processos que se retroalimentavam.

Enquanto os Mertons do sistema financeiro estavam arrebatando prêmios Nobel e simultaneamente acumulando lucros fabulosos, seus homólogos que tinham ficado nos grandes departamentos econômicos das Universidades estavam mudando o "paradigma" da teoria econômica. Se, tradicionalmente, os economistas mais importantes se dedicavam a buscar explicações, a nova tendência era a busca de novos rótulos. Copiando a estratégia dos financistas – de disfarçar a ignorância como conhecimento provisório e a incerteza como um risco sem risco –, os economistas reinterpretaram uma inexplicável falta de oferta de trabalho (por exemplo, uma taxa observada de 5% que se recusava a baixar) como *a taxa natural de desemprego*. A beleza da nova classificação era que, de repente, o desemprego parecia natural. Portanto, não havia mais necessidade de explicá-lo.

Vale a pena examinarmos um pouco mais a fundo o elaborado golpe dos economistas: todas as vezes que eles não conseguiam explicar por que o comportamento humano se desviava de suas previsões, eles (a) rotulavam tais comportamentos como "fora de equilíbrio", e então (b) presumiam que era obra do acaso e que deveria ser modelado como tal. Desde que os "desvios" fossem controlados, os modelos funcionavam e os financistas lucravam. Mas quando o pânico se instalou, e a corrida no sistema financeiro começou, os "desvios" se mostraram tudo menos aleatórios. Naturalmente os modelos ruíram, junto com os mercados que eles tinham ajudado a criar.

Qualquer um que investigue honestamente este episódio deve, como muitos acreditam, concluir que as teorias econômicas que dominaram o pensamento de pessoas influentes – no setor bancário, nos fundos de investimento, no FED, no Banco Central Europeu (BCE), em toda parte – não eram mais que formas levemente dissimuladas de fraude intelectual, as quais forneceram as "folhas da figueira" atrás da qual, tal como no Gênesis, Wall Street tentou esconder a verdade sobre suas "inovações financeiras". Vinham com nomes impressionantes, como a Hipótese do Mercado Eficiente (HME), a Hipótese das Expectativas Racionais (HER) e a Teoria dos Ciclos Reais de Negócios (TCRN). Na verdade, não eram mais do que teorias impressionantemente bem promovidas, cuja fragilidade foi escondida por sua complexidade matemática durante um tempo demasiadamente longo.

Três teorias tóxicas subjacentes ao pensamento pré-2008

HME: Ninguém pode sistematicamente fazer dinheiro tentando antecipar o mercado. Por quê? Porque os mercados financeiros armam esquemas para garantir que os preços correntes revelem toda a informação privada que existe. Alguns operadores do mercado reagem exageradamente às novas informações, outros têm a atitude contrária. Então, mesmo quando todo mundo erra, o Mercado "acerta". Uma legítima teoria panglossiana.[19]

HER: Ninguém deveria esperar que alguma teoria humana faça previsões precisas a longo prazo se a teoria pressupõe que os humanos sistematicamente não a compreendam ou ignoram-na totalmente. Por exemplo, imagine que um brilhante matemático desenvolvesse uma teoria sobre o blefe no pôquer e treinasse você para usá-la. O único modo dela trazer-lhe vantagem seria se seus adversários ou não tivessem acesso a ela ou não a compreendessem. Porque, se os seus oponentes também conhecessem a teoria, eles poderiam usá-la para descobrir quando você estivesse blefando, estragando então o propósito do blefe. No fim das contas, você iria abandoná-la e eles também. A HER presume que tais teorias não podem prever bem o comportamento porque as pessoas irão desvendá-las e acabar por violar seus preceitos e previsões. Sem dúvida isto soa radicalmente antipaternalista. Supõe que a sociedade não pode ser explicada com base no trabalho de

[19] N. do E.: Referência ao Dr. Pangloss, personagem da conhecida sátira "Cândido, ou o Otimismo" de Voltaire, datada de 1759. Na trama, Pangloss é o mestre do personagem que dá nome a obra, lhe ensinando a filosofia por um viés absolutamente otimista (e pretensamente fundamentada em Leibniz), até que as tragédias do seu tempo e da trama levam Cândido à desilusão. Pangloss é a caricatura que Voltaire faz de um certo tipo de pensador, muito recorrente na cena europeia no período, que com um otimismo cínico racionaliza toda sorte de coisas, explicando as tragédias e opressões como parte de um grande plano tendente ao bem geral, o que o torna, propositalmente ou não, um perfeito servo da tirania. Hipóteses panglossianas remetem a tal prática.

teóricos que acham que a compreendem melhor do que o cidadão comum. Mas vejam o final problemático: para que a HER funcione, deve ser verdade que os erros das pessoas (quando elas preveem alguma variação econômica, como a inflação, o preço do trigo, o preço de algum derivativo ou ações) devem ser sempre aleatórios (isto é, sem padrão definido, sem correlações, sem possibilidade de ser teorizado). Basta um pequeno exame para ver que a adoção da HER, especialmente junto com a HME, equivale a nunca esperar recessões, muito menos crises. Por quê? Porque recessões são, por definição, eventos sistemáticos, padronizados. Apesar de inesperadas ao surgirem, elas se desdobram de modo padronizado, com cada fase fortemente correlacionada à precedente. Então, como alguém que acredita na HME-HER reage quando seus olhos e ouvidos gritam ao cérebro: "recessão, crise, colapso"? A resposta é procurando uma explicação reconfortante na TCRN.

TCRN: Tomando a HME e a HER como seu ponto de partida, esta teoria retrata o capitalismo como uma eficiente Gaia[20]: por sua conta, ele vai permanecer em harmonia e nunca entrará em convulsão, como aquela de 2008. No entanto, ele pode ser "atacado" por algum choque "externo" (vindo de uma interferência governamental, um FED birrento, sindicatos odiosos, produtores de petróleo árabes, estrangeiros etc.) ao qual deve reagir e se adaptar. Como uma Gaia benevolente, absorvendo o impacto de um meteoro, o capitalismo responde eficientemente a choques externos. Pode demorar um pouco para que o choque seja absorvido, e pode haver muitas vítimas no processo, mas, não obstante, a melhor maneira de contornar a crise é deixar que o capitalismo lide com ela, sem sujeitá-lo a novos choques administrados por funcionários do governo e seus cama-

---

[20] N do E.: No panteão grego, Gaia (ou Gea) nasceu diretamente do Caos junto com Tártaro, Érebo, Nix e Éros (embora algumas narrativas considerem a geração do último como posterior) e representa a Mãe Terra, tendo gerado por si, com Tártaro ou alguns de seus filhos uma série de outras divindades além de ser a matriarca da vida. Não à toa, o cientista britânico James Lovelock batizou como "hipótese Gaia" sua proposta de que o nosso planeta seria um imenso ser vivo, o que faria dos fenômenos ambientais, mesmo os destrutivos aos olhos da humanidade, parte do funcionamento metabólico ou imunológico terrestre. A afirmação do autor se aproxima mais do segundo sentido, uma vez que ele afirma que tal teoria econômica racionaliza as inconstâncias e crises do capitalismo como parte de seu funcionamento "natural".

radas de outros países – que fingem defender o bem comum, enquanto defendem suas próprias agendas.

Para resumir, os *derivativos tóxicos* eram sustentados por *teorias econômicas tóxicas*, as quais, por sua vez, não passavam de ilusões motivadas em busca de justificativa teórica: ideias fundamentalistas que admitiam os fatos somente quando poderiam ser ajustados às exigências da fé lucrativa. Apesar de terem aparência técnica e classificações altamente impressionantes, estes modelos econômicos eram meramente versões matematizadas da comovente superstição de que os mercados sabem o que é melhor, tanto nos períodos de tranquilidade quanto de tumulto.

6. Falha sistêmica

E se nem a natureza humana nem a teoria econômica forem culpadas pela Crise? E se a Crise aconteceu não porque os bancos foram gananciosos (mesmo que a maioria o seja) ou porque fizeram uso de teorias tóxicas (ainda que indubitavelmente eles o tenham feito), mas porque o capitalismo caiu em sua própria armadilha? E se o capitalismo não for um sistema "natural", mas ao contrário, um sistema determinado com propensão a falhas sistêmicas?

A esquerda, com Karl Marx, seu primeiro profeta, sempre nos avisou que, como sistema, o capitalismo se empenha em transformar-nos em autômatos e nossa economia de mercado, em uma distopia ao estilo *Matrix*. Mas, quanto mais se aproxima de seu objetivo, mais perto ele chega de seu momento de ruína, de modo muito similar ao mítico Ícaro[21]. Então, logo após a Crise, e diferentemente de Ícaro, ele se levanta, sacode a poeira e recomeça sua jornada.

---

[21] N do E.: Na mitologia grega, Ícaro é filho de Dédalo, construtor do Labirinto do Minotauro. Ambos foram aprisionados no próprio Labirinto por ordem do Rei Minos, em retaliação à ajuda prestada a Ariadne e Teseu na destruição do monstro. Na tentativa de fuga desesperada do cativeiro, se usando de asas de cera inventadas por Dédalo, Ícaro sofreu um acidente fatal no Mar Egeu, o qual se deveu ao fato dele ter ignorado os conselhos paternos de não voar alto demais para não se aproximar do Sol (e assim, consequentemente, derreter as asas). A figura de Ícaro é frequentemente usada para simbolizar a ambição humana ou as situações paradoxais nas quais a proximidade da glória antecede a derrocada, sentido este que se encaixa na referência de Varoufakis.

É como se as sociedades capitalistas fossem desenhadas para gerar crises periódicas, que vão piorando na medida em que retiram o trabalho humano do processo de produção e o pensamento crítico do debate público. Àqueles que culpam a avareza, a ambição e o egoísmo humanos, Marx responde que estão seguindo um bom instinto, mas procurando no lugar errado; que o segredo do capitalismo é sua inclinação à contradição – sua capacidade de produzir ao mesmo tempo uma enorme riqueza e uma pobreza insuportável, magníficas formas de liberdades e as piores modalidades de escravidão, reluzentes escravos mecânicos e depravada mão de obra humana.

O desejo humano, nesta perspectiva, pode ser sombrio e misterioso, mas, na Era do Capital, tornou-se mais um derivado do que o motor principal. Porque é o capital que assumiu o papel de principal força de configuração do nosso mundo, inclusive da nossa vontade. O impulso do capital debocha igualmente da vontade humana, do empresário e do trabalhador. Apesar de inanimado e cego, o capital – abreviação para máquinas, dinheiro, derivativos e todas as formas de riqueza cristalizada – rapidamente se desenvolve como se estivesse no mercado por si só, usando atores humanos (banqueiros, patrões e funcionários) como peões em seu próprio jogo. Assim como nosso inconsciente, o capital também incute ilusões em nossa mente – acima de tudo a ilusão de que, ao servir-lhe, nós nos tornamos valorosos, excepcionais, potentes. Nós nos orgulhamos de nossa relação com ele (seja como financistas que "criam" milhões em um único dia, ou como empregadores de quem uma multidão de famílias operárias depende, ou como trabalhadores que têm o privilégio de ter acesso a máquinas reluzentes ou a míseros serviços negados a imigrantes ilegais), fechando os olhos para o trágico fato de que é o capital que, na realidade, comanda a todos e a quem servimos.

O filósofo alemão Arthur Schopenhauer criticou os humanos modernos por nos iludirmos acreditando que nossas crenças e ações estão sujeitas à nossa consciência. Friedrich Nietzsche concordou, sugerindo que todas as coisas em que acreditamos, em qualquer situação, refletem não a verdade, mas o poder de alguém sobre nós. Marx trouxe a economia para dentro deste quadro, nos repreendendo por ignorarmos a realidade de que nossos pensamentos foram sequestrados pelo capital e seu apetite pela acumulação. Naturalmente, apesar de seguir sua própria lógica férrea, o capital se expande irrefletidamente. Ninguém projetou o capitalismo e ninguém pode civilizá-lo agora que está se expandindo a toda velocidade.

Tendo simplesmente se desenvolvido, sem o consentimento de ninguém, ele rapidamente nos libertou de formas mais primitivas de organização econômica e social. Ele criou máquinas e instrumentos (materiais e financeiros) que nos permitiram dominar o planeta. Ele nos deu permissão para imaginarmos um futuro sem pobreza, onde nossas vidas não estão mais à mercê de uma *natureza* hostil. Também, ao mesmo tempo, assim como a natureza produziu Mozart e o vírus da AIDS usando o mesmo mecanismo indiscriminado, o capital também produziu forças catastróficas com uma tendência a provocar discórdia, desigualdade, guerra em escala industrial, degradação ambiental e, claro, colapsos financeiros. Com um só golpe, ele gerou – sem lógica ou explicação – riquezas e crises, desenvolvimento e escassez, progresso e atraso.

Poderia a Crise de 2008, então, não ser nada além da chance periódica de nos darmos conta de quanto permitimos que a nossa *vontade* seja subjugada pelo capital? Seria uma sacudida que deveria nos despertar para a realidade de que o capital se tornou "uma força à qual devemos nos submeter", um poder que desenvolveu "uma energia universal, cosmopolita, que rompe todos os limites e todos os laços e que se apresenta como a única política, a única universalidade, o único limite e o único vínculo"?[22]

O desafio do efeito paralaxe

Uma vara mergulhada em um rio parece torta. À medida que alguém se move em torno dela, o ângulo muda e cada posição produz uma perspectiva diferente. Se, além disso, a corrente do rio movê-la delicadamente, tanto a "realidade" da vara "torta" como a nossa compreensão da mesma estarão em constante fluxo. Os físicos se referem a este fenômeno como *paralaxe*. Eu o cito aqui para argumentar de maneira simples que muitas diferentes observações sobre a Crise de 2008 podem ser igualmente precisas e equivocadas.

Isto não é negar a realidade objetiva, seja da vara (por exemplo, de que não seja de modo algum torta) ou da Crise e suas consequências. É sim-

[22] Estas palavras foram escritas por Karl Marx em 1844 em seu livro *Manuscritos Econômico Filosóficos.*

plesmente para perceber que diferentes pontos de vista podem todos gerar observações "verdadeiras", e ainda serem incapazes de revelar a *verdade* básica sobre o fenômeno observado. Precisamos de algo que vá além de uma variedade de potenciais explicações através das quais compreendemos a realidade da vara. Nós precisamos de um salto teórico, como aquele que o físico dá, que permitirá superar as incomensuráveis observações antes de pousarmos em um lugar conceitual onde tudo faça sentido. Chamamos esse "salto" como desafio da paralaxe.

Aprender a lidar com a Crise de 2008 é como encarar o desafio do efeito paralaxe em sua forma mais complexa. Quem poderia plausivelmente negar que economistas e gestores de riscos calcularam muito mal o risco sistêmico? Há alguma dúvida de que Wall Street e o setor financeiro realmente enriqueceram às custas de uma voracidade ardilosa, práticas quase criminosas e produtos financeiros que qualquer sociedade decente deveria ter banido? As agências de classificação de risco não foram casos clássicos de conflito de interesses? A ambição não foi aclamada como o novo bem? Os reguladores não falharam espetacularmente em resistir à tentação de serem aliados dos banqueiros? As sociedades anglo-celtas não estavam mais suscetíveis que outras à astúcia do neoliberalismo cultural, a partir da qual se espalhava a ideia para o resto do mundo de que "escrúpulos" não significavam nada e o interesse próprio era o único caminho e o único motivo? Não é verdade que a Crise de 2008 afetou o mundo desenvolvido mais agudamente do que as ditas economias emergentes? Alguém consegue refutar a simples proposição de que o capitalismo, como um sistema, tem uma inquietante capacidade de minar a si mesmo?

Assim como em uma simples paralaxe ótica, onde todas as perspectivas são igualmente plausíveis dependendo do ponto de vista, aqui, também, cada explicação listada acima ilumina aspectos importantes do que aconteceu em 2008. E mesmo assim elas nos deixam insatisfeitos, com uma incômoda sensação de que estamos deixando de lado algo importante; que, apesar de termos vislumbrado muitas manifestações cruciais da Crise, sua quintessência ainda nos escapa. Por que ela *realmente* aconteceu? Como podem legiões de observadores do mercado, ultraespecializados tecnicamente, altamente motivados, não tê-la notado? Se não foram cobiça, desregramento, moral frouxa e regulações mais fracas que causaram o colapso e a subsequente Crise, o que foi? Se a expectativa marxista de que as contradições internas do capitalismo sempre vão contra-atacar é uma explicação simples demais para os acontecimentos que levaram a 2008, qual é o elo perdido?

Minha resposta figurativa é: a Crise de 2008 foi o que aconteceu quando uma besta, que chamo de Minotauro Global, foi gravemente ferida. Enquanto ela comandava o planeta, seu punho de ferro era impiedoso, seu reinado, insensível. No entanto, enquanto conservou uma saúde vigorosa, manteve a economia global em um estado de *desequilíbrio equilibrado*. Oferecia certo grau de estabilidade. Mas, em 2008, quando se tornou presa do inevitável, entrando em um estado de coma, mergulhou o mundo em uma crise latente. Até que encontremos maneiras de viver sem a besta, uma incerteza radical, uma prolongada estagnação e o reestabelecimento de uma elevada insegurança serão o prato do dia.

O Minotauro Global: um primeiro olhar

O colapso do comunismo em 1991 testemunhou a conclusão de uma tragédia de conotações clássicas, uma inversão fatal (uma *peripécia*, como Aristóteles a teria chamado) que começou quando as nobres intenções dos revolucionários socialistas foram primeiramente usurpadas por fanáticos sedentos por poder, antes de ceder a um feudalismo industrial insustentável contendo apenas vítimas e vilões. Em contrapartida, a Crise de 2008 exalava o ar de uma pré-clássica, mais mitológica e, portanto, mais cruel sequência de eventos. É por esta razão que este livro adota um título que alude a um período anterior à invenção da tragédia.

Eu poderia ter dado a este livro o nome de *O aspirador de pó global*, termo que captura com bastante eficiência a característica principal da segunda fase do pós-guerra, que começou em 1971 com uma decisão estratégica e audaciosa das autoridades norte-americanas: em vez de reduzir os *déficits gêmeos* que vinham se acumulando ao final da década de 1960 (o déficit orçamentário do governo americano e o déficit comercial da economia americana), os principais estrategistas políticos optaram por aumentar intencionalmente ambos os déficits. E quem pagaria pela dívida? Simples: o resto do mundo. Como? Graças a um tsunami permanente de capital que atravessava incessantemente os dois grandes oceanos para financiar os *déficits gêmeos* dos Estados Unidos.

Os *déficits gêmeos* da economia norte-americana operaram por décadas como um aspirador de pó gigante, absorvendo o excedente de bens e capital dos outros. Embora esse "arranjo" fosse a materialização do pior desequilíbrio imaginável em escala planetária, e demandasse o que Paul Volcker descreveu explicitamente como "uma desintegração controlada da economia mundial", ele, ainda assim, deu origem a algo parecido com um "equilíbrio global": um sistema internacional de fluxos financeiros e comerciais assimétricos que aceleravam rapidamente, capazes de criar uma aparência de estabilidade e crescimento constante.

Turbinadas pelos *déficits gêmeos* americanos, as duas maiores economias superavitárias mundiais (por exemplo, Alemanha, Japão e, depois, China) continuaram a produzir em larga escala mercadorias que os norte-americanos devoravam. Quase 70% dos lucros obtidos globalmente por estes países eram então transferidos de volta para os Estados Unidos na forma de fluxos de capital para Wall Street. E o que Wall Street fazia com eles? Transformava instantaneamente estes influxos de capital em investimentos diretos, ações, novos instrumentos financeiros, novas e velhas formas de empréstimo e, por último, mas não menos importante, num "bom rendimento" para eles próprios, os banqueiros. Sob este prisma, tudo (o aumento da financeirização, o triunfo da ambição, o recuo dos reguladores e o domínio do modelo de crescimento anglo-celta) parece fazer mais sentido. Todos estes fenômenos que tipificavam aquela época de repente apareceram como meros subprodutos dos enormes fluxos de capital necessários para alimentar os *déficits gêmeos* dos Estados Unidos.

Claramente, "o aspirador de pó global" teria sido uma precisa metáfora do tema deste livro. Suas humildes origens no mundo dos eletrodomésticos poderiam ser uma desvantagem em termos de marketing, mas não uma desqualificação *per se*. Entretanto, em um nível mais simbólico, ela teria falhado em se conectar com os dramáticos, quase mitológicos, aspectos do arranjo internacional sob o qual todos nós trabalhávamos antes do fatídico 2008 – um arranjo instável demais para sobreviver indefinidamente, mas, ao mesmo tempo, que ajudou a manter a tranquilidade global por décadas, baseada num fluxo constante de tributos da periferia para o centro imperial, tributos que sustentavam o reforço mútuo entre os *déficits gêmeos* americanos e a demanda geral pelos produtos e serviços das nações superavitárias.

Estes eram os contornos da besta global que rugiu dos anos 1970 até bem pouco tempo atrás. Eles se encaixam, eu acredito, de forma muito mais perfeita à metáfora do Minotauro do que àquela referente aos afazeres domésticos.

Quadro 1.1

O Minotauro de Creta

O Minotauro é uma figura mitológica trágica. Sua história é cheia de ambição, retribuição divina, vingança e muito sofrimento. É também símbolo de uma forma específica de equilíbrio econômico e político que alcança terras distantes e vastamente diferentes; um equilíbrio geopolítico precário que desabou com o abate da besta, dando assim origem a uma nova era.

De acordo com a principal versão do mito, o rei Minos, de Creta, o mais poderoso monarca de sua época, pediu a Poseidon um touro como sinal de aprovação divina, com a promessa de sacrificá-lo em homenagem a deus. Depois de ser atentido por Poseidon, Minos imprudentemente decidiu poupar o animal, encantado com sua beleza e elegância. Os deuses, que nunca desperdiçavam uma boa desculpa para uma vingança horrível, escolheram uma punição interessante para Minos: usando os dons especiais de Afrodite, fizeram com que a esposa de Minos, a rainha Pasífae, caísse em tentações pelo touro. Usando vários artefatos construídos por Dédalo, o lendário engenheiro, ela conseguiu engravidar. O resultado daquele breve encontro foi o Minotauro: uma criatura metade humana, metade touro. A tradução de Minotauro corresponde a "Touro de Minos", do grego *taurus*, touro.

Quando o Minotauro cresceu e se tornou incontrolável, o rei Minos instruiu Dédalo a construir um enorme labirinto subterrâneo onde ele ficaria preso. Incapaz de se alimentar com a comida normal dos humanos, a besta deleitava-se com carne humana. Esta se mostrou uma excelente oportunidade para Minos vingar-se dos atenienses, cujo rei,

Egeu, um péssimo perdedor, tinha mandado matar o filho de Minos depois que o jovem venceu todas as corridas e competições nos jogos panatenienses. Após uma curta guerra com Atenas, Egeu foi forçado a mandar sete meninos e sete meninas solteiras para serem devorados pelo Minotauro todo ano – ou a cada nove anos, de acordo com outra versão. Então, segundo o mito, uma Pax Cretana foi estabelecida para além das terras e dos mares através de uma tributação estrangeira regular que mantinha o Minotauro bem alimentado.

Para além do mito, historiadores sugerem que o Minotauro de Creta era a hegemonia política e econômica da região do Mar Egeu. Cidades-Estado mais fracas, como Atenas, tinham que pagar impostos a Creta regularmente como um sinal de subjugação. Isto pode inclusive ter incluído o envio de adolescentes a serem sacrificados por sacerdotes vestindo máscaras de touro.

Retornando à esfera do mito, o abate do Minotauro por Teseu, filho do rei ateniense, marcou a emancipação de Atenas e o início de uma nova era.

Egeu relutou em dar permissão para que seu filho partisse para Creta naquela perigosa missão. Pediu a Teseu que, antes de navegar de volta a Piraeus, substituísse as enlutadas velas negras originais de seu navio por outras brancas, como sinal de que a missão havia sido bem-sucedida e que Teseu estava retornando vitorioso. Infelizmente, consumido pela alegria de ter aniquilado o Minotauro, Teseu se esqueceu de levantar as velas brancas. Ao avistar, à distância, as velas negras da embarcação, e pensando que seu filho havia morrido nas garras do Minotauro, Egeu mergulhou para a morte no mar, dando assim seu nome ao Mar Egeu.

Uma rápida leitura do antigo mito (veja o Quadro 1.1) confirma sua adequação como lenda de um poder não equilibrado, estabilizado e sustentado por impostos unilaterais; de um poder hegemônico projetando sua autoridade através dos mares, e agindo como guardião da paz e do comércio internacional, em troca do tributo regular que mantinha a besta nutrida.

No mundo nebuloso do mito de Creta, a besta era uma triste, mal-amada e perversa criatura, e o tributo eram jovens, cujo sacrifício preservava uma paz duramente conquistada. Para encerrar seu reinado, um valente príncipe, Teseu, teve que encarar o desafio de assassinar o Minotauro e inaugurar uma nova era pós-Creta. Nosso mundo mais complicado não necessitou de tais heróis. O papel da besta foi desempenhado pelos *déficits gêmeos* americanos, e o tributo tomou a forma de mercadoria e capital. Nosso Minotauro Global encontrou seu fim de repente, sem sofrer ataques intencionais de nenhum agente físico. A ferida potencialmente fatal foi causada pelo covarde e espontâneo colapso do sistema bancário. Embora o golpe tenha sido igualmente dramático, levando ao fim inequívoco da segunda fase do capitalismo global no pós-guerra em termos bem definidos, a nova era está teimosamente se recusando a revelar a luz no fim do túnel. Até que o faça, provavelmente ficaremos todos no estado de *aporia* provocado em 2008.

LABORATÓRIOS DO FUTURO

Nossos dois grandes saltos adiante

A humanidade deve seu primeiro grande salto adiante a uma crise. É fato notório que a revolução agrária foi causada por graves períodos de escassez de alimentos, disparados quando o tamanho da população cresceu acima do nível que a natureza poderia sustentar.[23] Apesar de tendermos a identificar progresso com artefatos e maquinários diversos, nenhuma de nossas orgulhosas conquistas industriais pode ser comparada à ousadia daqueles caçadores-coletores pré-históricos que cultivavam sua própria comida em face à diminuição da capacidade da natureza em satisfazer sua fome. Nenhuma inovação por trás das nossas reluzentes tecnologias é igual ao insolente gênio de um destes seres humanos primitivos, há muito desaparecidos, que tentavam domesticar mamíferos (geralmente maiores e mais fortes que eles próprios) para que pudessem beber seu leite toda manhã.

Portanto, crises alimentícias de proporções catastróficas desencadearam intervenções brilhantes na natureza há cerca de 12.000 anos, levando-nos ao caminho da *produção agrícola socializada*. E foi este trabalho socializado com solo, sementes e água que deu origem aos *excedentes* – isto é, à produção de uma quantidade de comida, roupas e outros materiais que, ao longo de uma estação, era mais que necessária para repor a comida, as roupas e os outros materiais consumidos ou esgotados durante aquela mesma estação. Por sua vez, os excedentes que se seguiram fundaram a "civilização" e a espinha dorsal da história da qual se tem registro.

Sem dúvida, os excedentes originaram burocracias e religiões organizadas (dando a uma minoria o privilégio de escapar sistematicamente à produção de alimentos), a palavra escrita (cujo primeiro propósito era auxiliar na contabilidade necessária para supervisionar quem produzia o quê dentro dos clãs e famílias), as sofisticadas ferramentas de metal (para arar a terra, cuidar das vacas e, por fim, armar os guardiões dos excedentes), as armas biológicas de destruição em massa (à medida que novas formas de bactérias letais se desenvolviam na presença de tanta biomassa) e os

[23] Ver Jared Diamond (2006) *Guns, Germs and Steel*, New York: Norton.

diferentes níveis de imunidade que transformaram as sociedades agrícolas em invencíveis colonizadoras de vales, ilhas e continentes não cultiváveis (lembremos do terrível encontro entre americanos nativos e aborígenes australianos com as bactérias dos colonizadores europeus).

O segundo salto adiante de nossa espécie trouxe a industrialização. Também foi um caótico e desagradável episódio ocasionado por uma crise – em que, desta vez, a natureza não teve participação. Suas raízes são profundas e penetram até o século XV, senão antes. Naquela época, os avanços na navegação e na engenharia naval tornaram possível o estabelecimento das primeiras redes comerciais verdadeiramente globais. Espanhóis, holandeses, britânicos e portugueses começaram a trocar lã inglesa por seda chinesa, seda por espadas japonesas, espadas por especiarias indianas, e especiarias por muito mais lã do que eles tinham no início. Portanto, estes bens se configuravam como *commodities*, e finalmente como *moedas globais*.

Diferentemente dos aristocratas, cuja riqueza era expropriada do campesinato ou pilhada dos vizinhos que haviam derrotado, a emergente classe comerciante desfrutava de uma arbitragem longínqua: transportava *commodities* que eram subvalorizadas em um mercado e vendiam-nas por um alto preço em algum mercado distante. Tragicamente, o comércio de *commodities* seria logo potencializado por outro tipo de comércio – o comércio de escravos, cujo doloroso trabalho sem remuneração geraria mais *commodities* globais (por exemplo, o algodão nas Américas). A um certo ponto, os donos de terras na Inglaterra se juntaram a essa lucrativa rede de comércio global da única maneira que podiam: eles produziam lã, a *commodity* global que as ilhas britânicas podiam fornecer na época. Para tal, entretanto, expulsaram a maior parte dos camponeses de suas terras ancestrais, dando lugar aos carneiros, e construíram grandes cercas para evitar que voltassem – os cercamentos.[24]

---

[24] N. do E.: Os cercamentos (*the enclosure*, em inglês) foram um fenômeno ocorrido na Inglaterra de Guilherme de Orange a partir do século XVII. No modo de produção feudal, a terra era um bem comum para a produção camponesa. A partir da transição para o modo de produção capitalista, uma parte dos senhores feudais ingleses – a *gentry* (nobreza rural mais progressista, aburguesada) e os *yeomen* (camada mais rica dos pequenos e médios proprietários) – passaram a cercar as suas terras para a criação de ovelhas, expulsando os camponeses.

De um só golpe, terra e trabalho haviam se tornado *commodities*: cada acre adquiria um preço de aluguel que dependia do preço global da lã que um acre poderia gerar em uma temporada. E, em relação ao trabalho, seu preço era o valor insignificante que os despossuídos ex-camponeses conseguiam receber por pequenos serviços. A fusão da riqueza dos comerciantes (que estava se acumulando na City de Londres, procurando outras maneiras de gerar mais dinheiro), uma potencial classe trabalhadora (os ex-camponeses que haviam sido expulsos implorando para trabalhar em troca de um pedaço de pão), incomparáveis quantidades de carvão próximas da superfície e alguns hábeis avanços tecnológicos que surgiram das oportunidades do comércio estimulado pela contínua globalização (a máquina a vapor, o tear mecânico etc.) acabaram por levar à invenção de um novo lócus de produção – a fábrica. Um frenesi de industrialização veio a seguir.

Se a história tivesse sido democrática em seus caminhos, não haveria surgido a agricultura nem a revolução industrial. Ambos os saltos para o futuro foram ocasionados por crises insuportavelmente angustiantes que faziam a maioria das pessoas desejar poder voltar ao passado. Agora, durante nossa própria Crise, talvez seja reconfortante relembrar como as crises agiram sobre a história como laboratórios do futuro.

O segredo de Condorcet na Era do Capital

Se a crise é o laboratório da história, o consentimento é sua maior força propulsora. Embora a violência nunca estivesse muito afastada, é notável a presença do consentimento na resolução de grandes tensões, pelo menos após o segundo salto para o futuro que culminou nas atuais sociedades de mercado. Apesar dos massacres organizados (também conhecidos como guerras), as famosas revoluções e a escravização de populações inteiras, a força bruta tem sido usada só ocasionalmente (embora com efeitos devastadores) e por governantes cujo poder estava em declínio.

Sem dúvida, a privatização de uma grande parte do excedente produzido coletivamente e a autoridade para determinar o curso da ação coletiva não são formas de poder que podem ser mantidas por muito tempo com base na força bruta. O pensador francês Marquês de Condorcet apresentou habilmente esta ideia à época de outra grande convulsão da história, em 1794, quando a Revolução Francesa estava se preparando para dar lugar a um novo despotismo. Condorcet sugeriu que "a força não pode, como a opinião, durar por muito tempo, a menos que os tiranos estendam seus impérios longe o suficiente para se esconderem do povo, o qual ele divide e governa, o segredo de que o poder real não reside nos opressores, mas sim nos oprimidos". As "algemas forjadas pela mente", como chamou William Blake, são tão reais como as cunhadas à mão.

O "segredo de Condorcet", como gosto de chamar este discernimento notável, esclarece muito do que move as sociedades. Das férteis terras agrícolas que garantiam o reino dos faraós até as surpreendentes cidades financiadas pela produção excedente nos Andes; dos magníficos jardins da Babilônia até a era dourada de Atenas; do esplendor de Roma às economias feudais que ergueram as grandes catedrais – em tudo que é agora descrito como "civilização", o controle dos governantes sobre o excedente e seus usos baseava-se na combinação de sua capacidade para fazer a obediência parecer inevitável no âmbito individual (atraente, sem dúvida), engenhosas táticas de dividir-para-conquistar, entusiasmo moral para a manutenção do *status quo* (especialmente entre os menos favorecidos) e a promessa de um papel proeminente em alguma vida após a morte. Só muito raramente era baseado na força bruta.

Todas as dinâmicas da sociedade fundaram seu sucesso em dois processos de produção que se desdobraram em paralelo: a produção do excedente e a produção do consentimento (em relação à sua distribuição). No entanto, a retroalimentação entre os dois processos atingiu novas proporções na Era do Capital. O aumento da *commoditização*, que também levou ao desenvolvimento das finanças, coincidiu com uma mais sutil e poderosa forma de consentimento. E aqui encontramos um delicioso paradoxo: quanto mais financeirizada era a vida econômica, mais poderoso o consentimento se tornava. E à medida que as finanças cresciam em importância, mais propensas a crises econômicas foram ficando nossas sociedades. Daí a interessante observação de que as sociedades modernas tendem a produzir igualmente mais consentimento e mais crises violentas.

Por que isso? Sob o feudalismo, a produção excedente e a sua distribuição eram uma questão bastante transparente. Após haverem guardado a quantidade de milho que *eles* tinham produzido, os camponeses viam o xerife partir com a cota do senhor, que não participara da produção. Simplificando, a distribuição acontecia *depois* da colheita realizada. A parte que cabia a cada um dependia da força visível e dos costumes que todos compreendiam muito bem. Mas quando o mercado estendeu seu reinado para os campos e as oficinas, as coisas mudaram drasticamente. Um véu obscuro desceu sobre as sociedades comerciais emergentes, resultando igualmente em novas formas de consentimento e crises – infortúnios de natureza puramente econômica.

O que marcou exatamente essa diferença? Por que as sociedades de mercado eram mais propensas a colapsos econômicos? A principal diferença aconteceu quando, alguns séculos antes, a terra e o trabalho deixaram de ser meros insumos de produção. Eram, em vez disso, transformados em *commodities* e comercializadas em mercados especializados a preços flutuantes. Neste ponto, uma grande inversão ocorreu: a distribuição não vinha mais *depois* da produção. Cada vez mais, ela a precedia. Em suma, os trabalhadores recebiam salários antes da colheita. De quem? De seus "empregadores", é claro. De pessoas que não mais comandavam o trabalho, mas o contratavam. Por pessoas que, a partir do século XIX passaram a ser conhecidas como "capitalistas".

O que é fascinante é que muitos dos primeiros capitalistas não tinham optado por se tornar capitalistas. Assim como durante o primeiro grande salto da humanidade os caçadores-coletores não escolheram se tornar agricultores, mas foram levados à agricultura pela fome, também um grande número de ex-camponeses ou artesãos não tiveram alternativa (especialmente após os cercamentos) a não ser alugar a terra dos senhorios – e fazê-la render. Para isto, eles pegavam empréstimos com agiotas para pagar o aluguel, as sementes e, é claro, os salários. Os agiotas se transformaram em banqueiros, e uma enorme panóplia de instrumentos financeiros se tornou uma importante parte do negócio de produção e distribuição do excedente. Portanto, as *finanças* assumiram um novo papel mítico como "pilar da indústria", um lubrificante da atividade econômica e um contribuidor para a produção de excedentes pela sociedade.

Ao contrário da aristocracia rural, os novos empregadores capitalistas, não sendo todos ricos, deitavam-se à noite e acordavam todos os dias com uma onipresente ansiedade: será que a colheita os permitirá pagar suas dívidas com o senhorio e o banqueiro? Alguma coisa sobraria para suas próprias famílias depois que a produção fosse vendida? O clima seria favorável? Os clientes comprariam seus produtos? Resumindo, eles se arriscavam. E estes riscos ofuscavam a visão de todos sobre o papel do poder social na determinação da distribuição do excedente entre o empregador, o dono da terra, o banqueiro e o trabalhador.

Enquanto o senhor feudal compreendia que estava *extraindo* parte de um excedente produzido por outros, graças a seu poder político e militar, o ansioso capitalista naturalmente sentia que suas noites em claro eram sua preocupação genuína para criação de excedente, e que qualquer lucro seria sua justa recompensa para toda aquela angústia e a maneira através da qual ele orquestrava a produção. O agiota também se gabava da sua contribuição ao milagre econômico que estava sendo construído a partir da linha de crédito que disponibilizava ao capitalista. Ao menos no início, como ilustra o *Mercador de Veneza* de Shakespeare, emprestar dinheiro não era uma atividade sem riscos. A tragédia do personagem Shylock foi emblemática sobre os riscos que alguém tem de correr para ser o financiador dos empreendimentos de outras pessoas. Mas, com o progresso da Era do Capital, as *finanças* se enraizaram tanto na prática quanto na ideologia estabelecida.

Enquanto isso, os trabalhadores estavam experimentando uma liberdade formal pela primeira vez na história, ainda que lutando para compreender a relação entre sua recém-descoberta liberdade e uma outra nova liberdade – a liberdade para uma morte muito particular, causada pela fome. Aqueles que conseguiam encontrar emprego (e não eram de modo algum a maioria) viam seu trabalho ser desviado das fazendas para as oficinas e fábricas. Lá, separados do campo de seus ancestrais pelos altos muros dos barulhentos, enfumaçados e cinzentos prédios industriais, seu esforço humano se misturava ao trabalho mecânico de maravilhas tecnológicas tais como o motor a vapor e o tear mecânico. Eles se tornaram participantes nos processos de produção sobre os quais não tinham nenhum controle, e que os tratava como pequenas engrenagens numa vasta máquina que produzia uma variedade de produtos, muitos dos quais eles nunca possuiriam.

Neste mundo brilhantemente desafiador, que engloba tanto a cidade industrial inglesa de Manchester do século XIX quanto o polo tecnológico chinês de Shenzhen do século XXI, o segredo de Condorcet se coloca como um enigma indecifrável. O exercício do poder social se esconde atrás de múltiplas camadas em que nenhum pensamento racional consegue penetrar facilmente. Empregador e trabalhador, agiota e artesão, camponês destituído e abastados herdeiros locais – estão todos atordoados pelo ritmo da mudança. Cada um deles se sente como um peão impotente num jogo de forças que supera seu controle ou compreensão.

A Crise de 2008 também deixou nosso mundo nadando em uma poça de desorientação. Suas raízes podem ser encontradas no nascimento das sociedades industriais e de mercado. A nossa atual *aporia* é uma variante do espanto engendrado pela simultânea progressão de mercantilização, financeirização e crises que estes processos inevitavelmente ocasionam.

O paradoxo do sucesso e das crises redentoras

A dinâmica das crises foi compreendida bem antes dos mercados começarem a dominar e a produzir crises puramente econômicas. Observadores atentos da natureza percebem que, quando a caça é abundante, o número de predadores cresce, colocando, portanto, a população de presas sob pressão. A partir do momento em que o número de presas começa a diminuir, a população de predadores também encolhe. Mas não por muito tempo. Quando o declínio se torna uma crise, então o número de presas se recupera e todo o processo cíclico recomeça.

O sábio Ibn Khaldun (1332-1406) foi provavelmente o primeiro a projetar a dinâmica presa-predador sobre a sociedade política. Baseado em seu detalhado estudo da história dos estados árabes da Espanha e da África do Norte, ele contou uma história de ascensão e queda de regimes em que os governantes assumem o papel de predador e algo chamado *asabiyyah* faz o papel da presa.[25] A *asabiyyah* se define como uma forma de solidariedade, sentimento de grupo ou coesão que emerge dentro de pequenos grupos como resultado do imperativo de cooperar na luta contra a necessidade e o perigo. A *asabiyyah*, portanto, confere poder e sucesso aos grupos em que penetra. Estes grupos sobem ao poder nos grandes centros urbanos e fundam grandes cidades-Estado. Mas, assim como no caso dos predadores, o sucesso vem impregnado das sementes de sua destruição.

---

[25] Ibn Khaldun (1967) *The Muqaddimah: An introduction to history*, trans. Franz Rosenthal, Bollingen Series XLIII, Princeton, J: Princeton University Press.

Em pouco tempo, afirmou Ibn Khaldun, os governantes perdem contato com seus súditos e a *asabiyyah* começa a se retrair. Os rituais de poder, a arrogância da autoridade absoluta e a satisfação proporcionada pelas riquezas acumuladas conspiram para enfraquecer o vigor dos governantes. Deste modo, a *asabiyyah* se extingue e, em algum momento, os governantes descobrem que sua autoridade e poder se enfraqueceram. Conflito e anarquia se sucedem, a esperança diminui e o otimismo encolhe. Então, algum outro grupo que tenha desenvolvido a *asabiyyah* em outro lugar assume o poder e o ciclo continua.

A sociedade comercial não está de modo algum imune à dinâmica presa-predador. Joseph Schumpeter (1883-1950), o decano dos economistas liberais, apesar de paradoxalmente ter sido muito influenciado pela economia de Marx, alertou que é da natureza do capitalismo a tendência de periodicamente produzir crises violentas. A razão? A tendência do capital para se amalgamar em grandes corporações com significativo poder de monopólio. Corporações bem-sucedidas crescem de tamanho; se tornam mais complacentes (de maneiras que Ibn Khaldun teria reconhecido); são usurpadas por empresas novatas, famintas e inovadoras; e, posteriormente, fracassam. Ainda que suas mortes causem muita dor, a extinção dos dinossauros dá lugar a novas "espécies" mais vibrantes de empresa. Neste sentido, a crise tem um papel crucial e redentor na história do desenvolvimento capitalista.

Curiosamente, este enredo dinâmico se origina na crítica de Marx ao capitalismo como sendo um sistema gerador de crises. Richard Goodwin (1913-1996) foi um economista de Cambridge que resumiu a visão de Marx da seguinte maneira:

- O capitalismo é governado por duas dinâmicas paralelas.
- A *primeira* dinâmica determina a parcela salarial: quando a oferta de emprego cresce acima de um certo limiar, digamos *E*, o trabalho se torna escasso, o poder de barganha dos trabalhadores cresce, e consequentemente também a parcela dos salários.
- A *segunda* dinâmica determina o crescimento da oferta de emprego: quando a parcela salarial ultrapassa outro limiar (*W*), a oferta de emprego começa a piorar.

Para ver como a combinação destas duas dinâmicas produz um ciclo regular (de uma expansão a uma contração a outra expansão: *boom*-colpaso-*boom*), imagine que a economia está crescendo e a oferta de emprego aumentando. De acordo com a primeira dinâmica, uma vez que o emprego exceda o limiar de nível *E*, os salários aumentam. Mas, quando os salários aumentam acima do nível *W*, a segunda dinâmica entra em cena, reduzindo a oferta de emprego. Em determinado momento, o emprego cai abaixo de *E* e, como resultado, a primeira dinâmica opera em reverso, forçando a queda dos salários. O ciclo, neste ponto, atinge seu estado mais deprimido – os salários caem e o desemprego é recorde. No entanto, com os salários abaixo de *W*, é a vez da segunda dinâmica entrar em reversão, impulsionando o emprego de novo. Ao alcançar *E* novamente, os salários aumentam. A economia está em modo de recuperação, apesar de ser uma recuperação prenha da próxima crise.

Perceba que este ciclo foi "produzido" sem mencionar nada sobre dinheiro e finanças. Quando as finanças são adicionadas à equação, o círculo se torna mais volátil e um novo e sem precedentes risco sistêmico aparece no horizonte: o risco de uma queda catastrófica (em oposição a um gradual declínio recessivo) seguida de uma teimosa e longa depressão.

Aumentando as apostas: quedas, crises e o papel das finanças

O paradoxo do sucesso é baseado na tendência ao enfraquecimento de algum bem, traço ou obrigação comum. A inevitável crise representa, portanto, um papel *redentor*, que provoca o renascimento da situação cuja morte colocou o sistema de joelhos e causou a crise. Das flutuações no tamanho relativo das populações de caça e caçador na natureza, passando pelo poder político nas cidades-Estado árabes, até as dinâmicas de salário e desemprego nas nossas sociedades de mercado, a crise gera igualmente retribuição e redenção. A fome entre os predadores ajuda a reestabelecer a população de presas, a desagregação política reacende a solidariedade perdida, o desemprego leva a novos empregos graças ao arrocho nos salários, e assim por diante. A Nêmesis, deusa da vingança, torna-se assim a nova fonte da arrogância e a crise, um pré-requisito da próxima volta por cima para a revitalização de toda uma "ecologia" de poder, riqueza e dominação. Neste sentido, crises periódicas, mais do que acidentes evitáveis, constituem mergulhos "naturais" em algum abismo e ajudam a história a seguir seu curso.

Sem dúvida, tanto a natureza como a história estão repletas destes ciclos. Mas nem todas as crises podem ser compreendidas como a fase transitória de um ciclo regular. De tempos em tempos, uma Crise com C maiúsculo ataca. E então o ciclo termina, pelo menos em sua forma existente. Tome, por exemplo, a civilização da Ilha de Páscoa. Arqueólogos nos dizem que ela passou por muitas crises cíclicas na história. Mas, infelizmente, uma enorme, colossal Crise arrasou-a: no momento em que seus habitantes cortaram sua última árvore, o ciclo ecológico transformado em econômico aos quais suas atividades vinham sendo submetidas chegou a um trágico fim. Tudo o que restou foi a imponência das suas magníficas estátuas como um permanente símbolo do destrutivo e disruptivo poder das Crises.

O que torna, então, uma Crise diferente das crises habituais? A resposta é: uma incapacidade radical de agir como seu próprio remédio. Ou, colocado de forma ligeiramente diferente: a falta de qualquer aspecto redentor. Em resumo, enquanto crises são fases de algum ciclo, co-conspiradores em sua perpetuação, a Crise anuncia o fim do ciclo atual. O ano de 1929 foi um exemplo desta descontinuidade. Este livro foi escrito sob a convicção de que 2008 foi outra descontinuidade. Se for assim, o mundo pós-2008 não será uma nova recapitulação do reinado do Minotauro Global, mas o prenúncio de uma nova era, a qual só podemos vislumbrar vagamente através das névoas do presente. Mas antes que qualquer coisa possa ser apropriadamente discernida, nós precisamos trazer as finanças para a narrativa.

A discussão anterior sobre a Era do Capital já abordou a maneira como a mercantilização da terra e do trabalho gerou a financeirização. Vejamos agora como o novo papel fundamental das finanças causou as Crises econômicas com C maiúsculo. A chave para isto é a imensa capacidade das finanças de inflar riscos. Uma coisa é apostar o salário de um dia em um cavalo, mas outra bem diferente é ter acesso a instrumentos financeiros que permitam a alguém apostar as economias de uma vida inteira neste mesmo cavalo. Uma alavancagem deste tipo possibilita ganhos fabulosos e perdas calamitosas. John Maynard Keynes (1883-1946) expressou a mesma ideia mais elegantemente em seu livro de 1936 conhecido como a *Teoria Geral*, inspirado na Grande Depressão:

Especuladores são inofensivos como bolhas em uma corrente regular de empreendimentos. Mas a posição é grave quando o empreendimento se torna uma bolha em um redemoinho de especulação. Quando o desenvolvimento de um país torna-se um subproduto das atividades de um cassino, o trabalho está propenso a ser mal feito.

Palavras proféticas, sem dúvida.

Nos anos 1970, Hyman Minsky (1919-1996) levou a ideia de Keynes um pouco adiante, misturando-a com a narrativa cíclica que surge do nosso paradoxo do sucesso. A sugestão de Minsky era que períodos de estabilidade financeira e crescimento causam uma queda na taxa de inadimplência e, por esta razão, fazem os bancos terem confiança que os empréstimos serão pagos. As taxas de juros, então, caem. Isto encoraja os investidores a correrem riscos maiores, a fim de melhorarem seus lucros. O aumento dos riscos gera uma bolha. Quando a bolha estoura, há efeitos desagradáveis no resto da economia. A taxa de juros cresce rapidamente, mercados financeiros tornam-se insanamente avessos aos riscos, os preços dos ativos despencam e um estado de estabilidade deprimida, ou estagnação, se instala. Entretanto, nesta narrativa, a crise desempenha seu habitual papel redentor: uma vez que a aversão ao risco esteja instalada, somente "bons" projetos de investimento procuram financiamento. Isto acalma os nervos dos financistas, a confiança é restaurada e começa um novo ciclo.

No entanto, de vez em quando, a bolha financeira infla de tal modo que, quando estoura, leva o ciclo todo ao colapso – basicamente do mesmo modo como a frágil atividade econômica dos habitantes da Ilha de Páscoa se viu encerrada quando a última árvore foi derrubada. Quando a poeira abaixa, a economia inteira está em ruínas, normalmente incapaz de se levantar, se sacudir e iniciar a reconstrução.[26] Uma metáfora bastante usada ilustra bem a situação. Pense no que acontece quando os carros ficam mais seguros: temos a tendência de correr mais. Enquanto pequenos acidentes nos fazem mais cautelosos por algum tempo, cada melhoramento nos dispositivos de segurança ativa (condução, freios) e passiva (*airbags*)

---

[26] Para um bom relato de tais calamidades, consulte Carmen Reinhart and Kenneth Rogoff (2009) *This Time Is Different: Eight centuries of financial folly*, Princeton, nJ: Princeton University Press.

aumenta a nossa média de velocidade. Embora os acidentes fiquem mais raros, quando um grande acontece nossas chances de sobreviver são pequenas. Isto é precisamente o que causou, pelo menos parcialmente, as Crises de 1929 e 2008: novos instrumentos financeiros tinham turbinado um crescimento desenfreado e feito investimentos loucos parecerem mais seguros que nunca. Até chegar o acidente que tinha que acontecer.

A Crise de 1929

Num dia frio de janeiro de 1903, uma multidão de nova-iorquinos se reuniu no Luna Park, em Coney Island. Eles não tinham ido passear ou comer pipoca, mas testemunhar uma cena grotesca: Topsy, um elefante que não tinha se adaptado docilmente ao cativeiro, seria eletrocutado por Thomas Edison, o grande inventor. Por que um homem tão brilhante haveria de matar um elefante em público?

Edison personificava o novo empreendedor no centro de uma novíssima fase do desenvolvimento das sociedades de mercado: um inventor que inovava de modo a criar um poder monopolista para si – não tanto para as riquezas que ele propiciava, mas para seu próprio bem, pela pura glória e o poder de tudo aquilo. Ele era um empreendedor que provocava, em igual medida, uma lealdade inacreditável em sua equipe sobrecarregada de trabalho e a aversão de seus adversários. Ele era amigo de Henry Ford, que também teve papel de destaque na introdução de máquinas na vida das pessoas comuns, enquanto que, ao mesmo tempo, transformava os trabalhadores no mais próximo que um ser humano pode chegar de uma máquina.

A execução de Topsy foi uma jogada em uma imensa partida de xadrez entre dois gigantes industriais. A invenção da lâmpada de Edison tinha sido somente o primeiro passo na criação de centrais geradoras de energia e redes de cabos que levavam eletricidade para cada lar norte-americano, acendendo os bulbos de vidro produzidos em massa por suas próprias fábricas. Sem o controle da geração e da distribuição de energia, suas lâmpadas não teriam feito dele o rei do elétron. Então ocorreu a assim chamada "Guerra das Correntes" contra seu grande adversário, George Westinghouse.

Em uma batalha sobre qual padrão iria prevalecer, Edison e Westinghouse apostaram em diferentes tipos de correntes elétricas: Edison, na corrente direta, e Westinghouse, na corrente alternada. Ambos sabiam que era um jogo de tudo-ou-nada. Então, lutaram com unhas e dentes. O coitado do Topsy era um mero dano colateral, assim como tantos outros animais que Edison e seus empregados eletrocutaram em uma tentativa de deslegitimar a corrente alternada, demonstrando sua natureza letal e consequentemente angariando o apoio popular para a mais segura, embora mais cara, corrente direta.

Homens como Edison, Westinghouse e Ford fizeram parte da vanguarda de uma nova era, cujas inovações produziam novos setores e companhias que se assemelhavam a mini-Estados corporativos. O jogo que eles jogaram continua inalterado. Pense, por exemplo, em Steve Jobs e seu grande sucesso com o iTunes – uma plataforma baseada na internet que começou sua vida como uma loja de música online e garantiu à Apple o monopólio sobre MP3 players e smartphones.[27]

Agora, o problema com estas enormes corporações em rede é que elas são grandes o suficiente para subverterem as regras normais do mercado em pelo menos dois aspectos importantes. Primeiro, o papel dos preços diminui substancialmente. No mercadinho dos agricultores locais, por exemplo, se a procura por limões cai, o preço vai seguir o mesmo caminho, até que todos eles tenham sido vendidos. Preços flexíveis ajudam a limpar as prateleiras dos produtos encalhados e agem, em essência, como amortecedores do capitalismo: quando a demanda cai, preços flexíveis garantem que a produção não vá para o lixo. Em contraste, gigantes corporativos têm outra opção em face da baixa demanda: em vez de reduzir preços, eles podem escolher cortar a produção massivamente, de modo que os preços quase não se movam. Então, da época de Edison em diante, à medida que os preços ficavam mais rígidos, os amortecedores do capitalismo foram desaparecendo.

Em segundo lugar, projetos colossais (como a construção de usinas de energia e redes de telefonia) demandam financiamentos igualmente colos-

[27] Uma vez que todas as suas músicas, filmes, aplicativos, endereços etc. estejam no iTunes e sejam facilmente acessados por meio de qualquer produto Apple (iPod, iPhone, iPad etc.), o custo de oportunidade de comprar um Nokia ou um dispositivo Sony é enorme – mesmo que essas empresas tragam um aparelho melhor para o mercado. Você literalmente precisa passar horas configurando o novo equipamento. Assim, o iTunes deu à Apple um imenso poder de monopólio, do mesmo tipo que Edison e Westinghouse estavam tentando criar para eles próprios.

sais. Então novamente, daquele momento em diante, os bancos tinham que cooperar, associar-se, fundir-se, comprar uns aos outros, fazer o que fosse necessário para aparecer com os rios de dinheiro que as corporações estavam dispostas a pegar emprestado, com taxas muito atraentes, dadas suas exuberantes expectativas de lucro. Não é, portanto, surpresa que o mundo das finanças começou a crescer até mais rápido que as corporações.

Quadro 2.1

Crises pré-1929

Surtos de crescimento sempre geraram bolhas. Todo o período de ascensão do capitalismo corporativo e financeirizado foi pontuado por sucessivas crises financeiras. Em 1847, o final do primeiro *boom* na construção de ferrovias na Inglaterra causou uma enorme implosão bancária. Em 1873, uma depressão de seis anos começou nos Estados Unidos como resultado do estouro de uma bolha especulativa sobre a construção de ferrovias ao final da Guerra Civil. Apenas três anos após a economia norte-americana ter se recuperado, outra recessão bateu em 1882 e durou três anos. Uma grande firma de investimento e o Penn Bank de Pittsburgh colapsaram junto com cerca de dez mil empresas. Em 1890, de volta ao "velho país", os investimentos do Barings Bank na Argentina iam mal e quase levaram o banco londrino à falência. Apesar de o Bank of England ter intervindo para salvar o Barings, a perda da confiança no negócio reverberou pelo mundo todo. Três anos depois, outra bolha financeira tinha crescido por conta do excesso de construções ferroviárias nos Estados Unidos. Uma corrida às reservas de ouro se seguiu, e o desemprego cresceu rapidamente de 4% para 8%, causando uma série de greves que mudaram o cenário norte-americano das relações industriais. A depressão durou até 1896, quando uma nova corrida do ouro levantou o ritmo econômico, gerando, portanto, um período de rápido crescimento que durou até 1907, momento no qual uma nova crise financeira, envolvendo uma queda de 50% na bolsa de Nova York, criou pânico generalizado, amplo desemprego, fechamento de bancos etc. Sem dúvida, foi a Crise de 1907 que levou à criação do Banco Central norte-americano (Federal Reserve ou FED) em 1913 com o explícito objetivo de prevenir crises semelhantes.

No início dos anos 1920, uma nova fase de crescimento estava em evidência. Pela primeira vez foi dito aos trabalhadores norte-americanos que a cura para a pobreza havia sido descoberta: se eles se atrelassem em comboio ao capitalismo corporativo, financeirizado, a vida seria boa. Só era preciso trabalho duro, fé em Wall Street e confiança nas corporações ligadas à sua lista.

Por um determinado tempo, esse sonho pareceu ser plausível. Um trabalhador que, em 1921, começasse a investir US$ 15 por semana em ações de primeira classe poderia esperar, em 1941 (com base na performance do período entre 1921 e 1929), um bom portfólio de ações valendo US$ 80.000 e um saudável rendimento mensal de US$ 400. Não eram promessas vazias: em 1926, o fluxo de poupanças mensais do nosso frugal trabalhador (que tirou US$ 3.900 de sua renda), tinha chegado a quase US$ 7.000. Três anos mais tarde, logo antes da bolha estourar, suas ações valiam reconfortantes US$ 21.000 (por um investimento cumulativo de US$ 6.240).

Mas aí o sonho virou pesadelo. Em pouco tempo, US$ 40 bilhões desapareceram de Wall Street. As ações do nosso parcimonioso amigo caíram, caíram e caíram. Em 1932, elas despencaram para o valor de US$ 4.000. Se ele tivesse colocado seus US$ 15 mensais debaixo do colchão, ele teria acumulado mais do que o dobro desta quantia no mesmo período de onze anos.

Depois do choque inicial, as expectativas de uma rápida recuperação cresceram. Todos queriam acreditar que 1929 era uma mera baixa no ciclo usual. Infelizmente, a devastada economia nunca foi capaz de redimir o choque. A renda nacional dos Estados Unidos permaneceu em queda livre. Em 1930, caiu quase 14%; em 1931 despencou 25,3%; e, quando todo mundo achava que era o fundo do poço, desceu outros 25%. Em 1933, todos os ganhos que o capitalismo corporativo tinha feito durante seus anos mais vibrantes tinham evaporado. Bancos foram massivamente à falência por quatro anos seguidos. Em 1929, 659 bancos encerraram suas atividades; em 1930, outros 1.350; em 1931 todo mundo esperava que as coisas fossem melhorar – mas foi em vão: mais 2.293 bancos fecharam as portas permanentemente. Mesmo em 1932, cerca de 1.453 bancos afundaram. Com muitos poucos bancos sobrevivendo, 1933 testemunhou ainda o fechamento de outros 39 bancos. A economia dos Estados Unidos parecia então um deserto – estável, porém árida:

> *Homens que criaram novos frutos no mundo não podem criar um sistema por meio do qual seus frutos possam ser comidos. E o fracasso pesa sobre o Estado como um grande sofrimento. E aos olhos do povo há o fracasso; e aos olhos dos famintos há uma crescente indignação. Nas almas das pessoas as vinhas da ira estão crescendo e se encorpando, se encorpando para a colheita.*[28]

Assim a pobreza voltava como uma vingança, só que desta vez a promessa aniquilada da década de 1920 a tornava mais insuportável. Enquanto isso, Washington estava perdida. O presidente Herbert Hoover, com seus ouvidos cheios das ocas garantias dos economistas (de que estabilizadores auto-corretivos da economia de mercado estavam para entrar em cena), respondia como um aflito comerciante.

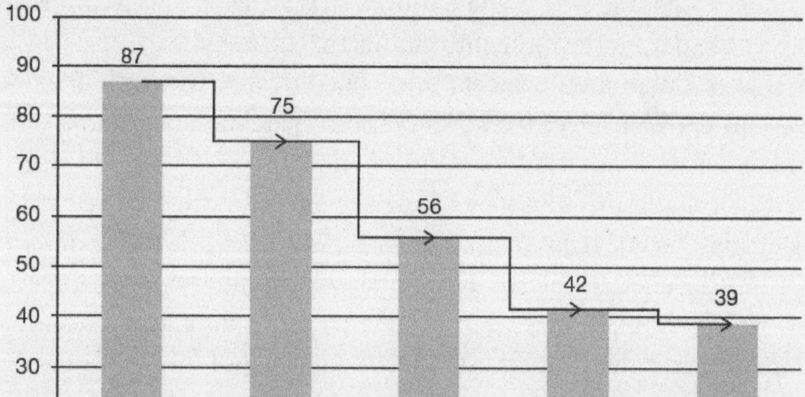

Figura 2.1 Renda Nacional Norte-Americana (PIB em bilhões de dólares)

De fato, sua administração tentou fazer o que todo comerciante faz em tempos de vacas magras: apertar os cintos. O único problema era que 1929 não era so-

---

[28] John Steinbeck (1939) *The Grapes of Wrath [As Vinhas da Ira]*, New York: Viking Press, capítulo 25. Este notável romance tem um enredo que se desenrola durante a Grande Depressão.

mente outra crise. Era uma variante da Crise com C maiúsculo, durante a qual a fé no mercado, o aperto dos cintos e o fetichismo do dinheiro são desastrosos.

Midas perde o dedo: o colapso do padrão-ouro

A ideia de fazer alguma coisa para controlar a Crise explorando o monopólio do Estado sobre o dinheiro era estranha às elites. Na época da Crise de 1929, as economias capitalistas estavam administrando o que era, em essência, uma moeda comum, muito semelhante ao euro que hoje circula pelos dezessete países da zona do euro. Esse sistema chamava-se padrão-ouro e impedia que os governos tomassem a mesma atitude que tomaram os representantes do G20 após a Crise de 2008: injetar dinheiro na economia na tentativa de impedir uma queda para o caos deflacionário.

O raciocínio por trás do padrão-ouro era simples: se os governos tivessem permissão para imprimir dinheiro à vontade, eles não seriam capazes de resistir à tentação de fazê-lo. A quantidade de dinheiro então aumentaria e teríamos uma quantidade maior de dólares, libras, francos etc., para a mesma quantidade de bens. Assim, os preços subiriam em um ritmo desenfreado, aumentando a inflação, reduzindo a competitividade das exportações do país e alterando confusamente o valor real dos suados ganhos dos cidadãos. Para se protegerem da desvalorização da moeda, os políticos tentaram encontrar uma maneira de se amarrar a algum mastro imaginário – tal como fez Ulisses para ouvir o canto das sereias sem cair na tentação de desembarcar em sua ilha. Este mastro era o padrão-ouro.

Funcionava assim: os governos concordavam em fixar as taxas de câmbio entre o dólar e o marco, o dólar e o franco etc., e também em fixar a taxa na qual todas estas moedas poderiam ser convertidas por onça de ouro. Além disso, cada governo concordava em amarrar a quantidade de dinheiro que era emitido a uma dada quantidade de ouro. Como ninguém pode produzir ouro à vontade, e com apenas pequenas quantidades sendo mineradas a cada ano, o sistema padrão-ouro parecia garantir um estável e quase constante fornecimento de dinheiro em cada país participante.

Apesar de muitos tropeços, especialmente durante a Primeira Guerra Mundial, quando foi suspenso, o padrão-ouro parecia promover a almejada estabilidade de preços. Sem dúvida, a inflação foi mantida à distância, mesmo que agora saibamos que esta estabilidade foi conseguida às custas de menor crescimento e emprego. Portanto, a Crise de 1929 ocorreu em um momento em que, por causa do padrão-ouro, as mãos dos governos estavam atadas. Bancos estavam falindo, negócios afundando, trabalhadores sendo demitidos em massa, arrecadação de impostos caindo rapidamente, e o governo não podia criar mais dinheiro para ajudar o trabalho ou o capital a atravessar a tempestade.

Em 1931, a Grã-Bretanha e os países escandinavos saíram do padrão-ouro e, como resultado, diminuíram o impacto da depressão sobre sua população. O presidente Hoover se recusou firmemente a segui-los, convencido de que a inflação estava à espreita. Em vez disso, agiu como muito líderes sitiados: voltou-se contra os estrangeiros. Em junho de 1930, um projeto de lei foi aprovado às pressas no Congresso subindo as tarifas sobre a importação em uma infeliz tentativa de aumentar a demanda por bens produzidos domesticamente. Quando os outros países retaliaram, o comércio internacional sofreu, as coisas pioraram e o mal-estar se espalhou ainda mais.

Na eleição presidencial de 1932, Franklin Delano Roosevelt subiu ao poder com seu prometido New Deal. Uma de suas primeiras medidas foi tirar os Estados Unidos do padrão-ouro. Logo, a moeda comum da época desmoronou e o New Deal começava a tomar forma. Infelizmente, apesar das muitas ideias excelentes e de ainda melhores intenções, o New Deal não acabou com a Grande Depressão. Foi preciso uma carnificina em escala industrial (também conhecida como Segunda Guerra Mundial) e outros "investimentos" públicos similares em milhões de mortes para tirar a economia mundial da crise.

Os dois Gremlins[29]: o mercado de trabalho e o mercado de dinheiro

A Crise de 1929 ensinou uma importante lição que parecemos ter esquecido: a máquina capitalista está infestada por dois Gremlins. Eles a deixam instável e propensa a crises – e de vez em quando uma Crise com

[29] N. do E.: Gremlins são criaturas endiabradas de um filme americano de 1984 dirigido por Joe Dante e produzido por Steven Spielberg. Com sua inteligência, eles destroem casas e lojas, causam explosões, acidentes no trânsito, matam pessoas e aterrorizam toda a cidade.

C maiúsculo. Quem são estes dois demônios? Dinheiro e trabalho. À primeira vista, ambos são mercadorias não distintas de queijo e martelos. Quando alguém toma dinheiro emprestado para comprar uma casa, a pessoa incorre num custo (conhecido como juros) e paga um preço (a taxa de juros). Similarmente, a contratação de trabalho exige o pagamento de uma taxa, de modo não muito diferente de alugar um gerador de eletricidade. Mas, em seguida, vêm as diferenças.

Um amigo meu uma vez reclamou que não estava conseguindo vender sua maravilhosa casa de férias. Ofereci a ele US$10 para comprovar o pedante (mas não inconsequente) raciocínio de que não era que ele não conseguia vender a casa, mas sim que ele não conseguia vendê-la pelo preço de sua escolha. Um raciocínio semelhante poderia ser feito sobre um gerador desocupado: se a taxa de aluguel é reduzida substancialmente, alguém irá alugá-lo. Estes "argumentos" – apesar de óbvios no caso da residência do meu amigo ou do gerador – não se aplicam a empréstimos financeiros ou à contratação de trabalhadores. Vamos ver por quê.

Em uma economia cujo ritmo é ditado por grandes corporações, os capitães da indústria tomam decisões que determinam amplamente o clima econômico geral. Quando as corporações investem livremente, os pequenos operadores – semelhantes à rêmora que segue os tubarões e se alimenta de suas sobras – seguem seu exemplo. A demanda por dinheiro e trabalho surfa na onda do investimento corporativo. Mas o que determina a decisão dos figurões corporativos de investir? A resposta é o otimismo.

Quando os diretores executivos (CEOs) avaliam a possibilidade de um investimento em larga escala em alguma nova fábrica ou linha de produto, eles passam noites em claro tentando desesperadamente enxergar o futuro. Para ver o quê? Para ver se haverá procura suficiente para seu produto final. E, em última análise, isso depende de quê? Depende – e os CEOs sabem disso – de como agirão outros CEOs, ou seja, se eles também investirão pesadamente naquele momento, ou não. Se muitos deles investirem, as encomendas vão subir, o emprego vai aumentar, pessoas terão dinheiro para gastar e a economia estará animada quando trouxerem seu reluzente novo produto para o mercado. Mas se só uma parcela insuficiente deles investir, então as encomendas serão reduzidas, as contratações serão lentas e a demanda final, pequena.

Portanto, CEOs estão presos ao *paradoxo da profecia*: se cada um fizer uma previsão de bons tempos, então bons tempos virão e suas previsões otimistas se confirmarão. Mas se profetizarem maus tempos, maus tempos virão, validando, portanto, o pessimismo original. A profecia torna-se autorrealizável, e isto significa que os magnatas não podem basear suas decisões nem em análises científicas dos mercados, nem em linhas racionais de pensamento. O quadro 2.2 delineia um jogo simples que captura seu impossível dilema.

Quadro 2.2

Quando a razão se submete à expectativa

Tom, Dick e Harriet são convidados a participar de um jogo simples. Eles estão sentados em salas diferentes, isolados uns dos outros. Cada um recebe US$ 100 e pode escolher entre ficar com o dinheiro ou colocá-lo em uma "vaquinha". As regras são simples: eles devem contribuir ou com tudo ou com nada. No final, se houver US$ 300 na vaquinha, esta quantia é multiplicada por dez e a quantia final é dividida igualmente. Reciprocamente, se a vaquinha contiver menos de US$ 300, o total é perdido e cada jogador sai com o dinheiro que lhe restar.

A melhor situação é com cada um colocando US$100 na vaquinha: o total é multiplicado por dez para gerar US$ 3.000, e Tom, Dick e Harriet saem com US$ 1.000 cada. Mas irão eles contribuir com seus US$ 100? Vamos compartilhar do pensamento de Harriet logo antes que ela tome uma decisão: "Se eu pensar que Tom e Dick irão contribuir com US$ 100 cada um para a vaquinha, então faz todo sentido que eu também entre com meus US$ 100. Mas se um deles não o fizer, então eu não deveria entregar meus US$ 100, porque US$ 100 é melhor que nada."

Então, para Harriet decidir contribuir com seus US$ 100, ela deve pensar: (a) que Tom vai prever que tanto ela quando Dick vão contribuir; e (b) que Dick vai prever que tanto ela quanto Tom vão contribuir. O otimismo prevalece quando cada um espera que os outros contribuam com seus US$ 100, enquanto o pessimismo significa o contrário. Ocorre então que a melhor estratégia depende da estimativa de um sobre o grau de otimismo dos outros.

Este jogo oferece um exemplo do que filósofos chamam de regressão ao infinito – uma situação na qual é impossível discernir racionalmente o que fazer. Mesmo se Tom, Dick e Harriet fossem hiper-racionais e respeitassem a inteligência do outro ao máximo, eles ainda não saberiam o que fazer. É a substância do verdadeiro drama humano encenada em um palco onde o paradoxo da profecia torna a aposta segura imprevisível.

O jogo no quadro 2.2 captura nitidamente o *paradoxo da profecia* e ressoa fortemente a experiência de um capitalismo corporativo, dinâmico e complexo, em que, à primeira suspeita de uma iminente depressão, os capitalistas entram em greve de investimentos e a recessão ocorre, confirmando suas sombrias previsões. Ele também ecoa a famosa descrição de John Maynard Keynes, para quem decisões de investimento são um domínio "onde devotamos nossa inteligência à antecipação do que a opinião média espera que a opinião média seja".[30]

O leitor atento terá notado que algo importante está faltando nesta história de crescimento e crise: salários e taxa de juros. Eles não figuram na história. Apesar dos CEOs, empregadores, industrialistas etc. adorarem pagar salários menores e menos juros em seus empréstimos, nenhum deles recebe muita atenção quando se trata de grandes decisões sobre investimentos, que dependem do clima geral dos negócios. Se o clima empresarial é positivo, e as expectativas estão altas, os CEOs darão sinal verde para grandes projetos de investimento. Se não, nenhuma redução na taxa salarial e nenhuma queda na taxa de juros poderá convencê-los a investir.

Como se isso não fosse suficiente, uma vez instalada a recessão, seguindo uma Crise, salários e taxas de juros em queda podem levar as empresas a entrar em pânico, demitir funcionários e cancelar quaisquer projetos de investimento que já estejam em andamento. Por quê? Isto não é contraintuitivo? Certamente eles contratarão *mais* pessoas se os salários caírem, e pegarão mais empréstimos com menores taxas de juros, não? De jeito nenhum. Lembrando que CEOs têm sua antena ligada às demandas futuras e à preocupação

---

[30] J. M. Keynes (1936) *The General Theory of Employment, Interest and Money*, London: Macmillan, capítulo 12.

quase exclusiva se as futuras linhas de produtos irão atrair compradores suficientes, uma queda nos salários *hoje* pode ser interpretada como um mau presságio para a demanda de *amanhã*. O simples fato de que os sindicatos e trabalhadores independentes tenham concordado com salários menores sinaliza aos líderes empresariais que as coisas vão mal. E isto por sua vez se traduz em uma expectativa de demanda mais baixa. Algo similar acontece com uma redução na taxa de juros: qualquer anúncio deste tipo pelo banco central, em vez de encher o CEO de entusiasmo (porque os juros que a companhia paga irão cair), pode apavorá-lo e levá-lo a pensar: "Para o Banco Central tomar esta atitude, as coisas devem estar indo muito mal."

Para recapitular, 1929 deveria ter-nos ensinado que dinheiro e trabalho são mercadorias especiais: aqueles que estão em condições de contratar seus poderes de geração de valor podem muito bem querer menos delas caso seus preços caiam. O paradoxo se dissolve quando percebemos o fato de que estas duas mercadorias são dois Gremlins bagunceiros na máquina capitalista porque elas são radicalmente diferentes de todas as outras mercadorias: *ninguém as quer por elas mesmas*. Elas são, na verdade, profundamente *indesejadas*. Como Marx expressou no segundo volume de *O Capital:*

> *O processo de produção aparece apenas como elo inevitável, como mal necessário, tendo em vista fazer dinheiro. Todas as nações de produção capitalista são, por isso, periodicamente assaltadas pela vertigem de querer fazer dinheiro sem a mediação do processo de produção.*

Pensando bem, tampouco há quem goste de estar em dívida. E nenhum empregador gosta da tarefa de gerenciar mais empregados. Empréstimos e empregados são males necessários cujos "serviços" os homens de negócio contratam somente pelo que podem obter com eles: lucro. Contudo, o lucro só pode ser vislumbrado se o nível da procura global (ou agregada) futura for forte. Infelizmente, o futuro é indecifrável. A única coisa que os homens de negócios sabem de fato é que a demanda nunca se mantém forte em uma época de queda nos salários e taxas de juro. O resultado é um interessante, embora trágico, enigma: em tempos de recessão, quando há um crescente excesso de mão de obra e poupanças não-investidas, uma redução nos salários e nas taxas de juros não ajuda. Na verdade, agrava a recessão.

O fantasma na máquina

A julgar pela nossa cultura popular, parecemos obcecados com o medo de sermos dominados por nossas próprias criações. Desde a história de *O mingau doce*, dos irmãos Grimm, até o *Aprendiz de feiticeiro*, de Goethe, das lendas judias sobre o Golem, e o *Frankenstein*, de Mary Shelley, a filmes como *Blade Runner* e *Exterminador do futuro*, há grande evidência de que tememos nossa própria criação. No entanto, uma história se destaca pela capacidade de ilustrar o grande paradoxo da nossa condição pós-moderna: *Matrix*, um filme de 1999, dirigido por Larry e Andy Wachowski.

Em *Matrix*, a rebelião das nossas invenções não é um simples caso de "parricídio". À diferença do Frankenstein, que ataca irracionalmente os humanos por conta de sua simples angústia existencial, ou das máquinas do *Exterminador do futuro*, que querem eliminar todos os homens para consolidar seu domínio sobre o planeta, em *Matrix* o emergente império das máquinas deseja preservar a vida humana para seus próprios objetivos – manter-nos vivos como um recurso primário, uma fonte de energia termal que permitirá que as máquinas se recarreguem e continuem desenvolvendo sua sociedade.

Deixando de lado o envolvente roteiro (que gira em torno da inevitável rebelião humana), esta incursão pela ficção científica tem, acho eu, um sério propósito: revelar o fantasma dentro do atual sistema econômico que enfraquece a estabilidade das nossas economias. Que fantasma? O trabalho humano.

Pergunta: As máquinas retratadas na economia de *Matrix* produzem valor? A resposta, é claro, depende do significado do valor e de sua diferença em relação ao preço. Uma definição de valor é que ele é o preço que tende a ser o preço real sob condições normais de mercado. Outra deriva da ideia de que o valor das coisas reflete o verdadeiro custo de sua produção. Uma coisa é certa: assim como amor, poesia, pornografia e beleza, reconhecemos o valor quando o vemos, mesmo que seja impossível defini-lo analiticamente.

Caso você tenha visto *Matrix*, irá lembrar-se que as máquinas se dividem em grupos, cada um assumindo um papel diferente no desenvolvimento de uma multifacetada e crescente economia maquinal. Há uma divisão entre elas, e a produção de cada máquina diferente é um componente indispensável do mundo maquinário ao qual pertence. Mas elas estão produzindo *valor*? Eu acho que não.

Por que não? Considere as seguintes questões relacionadas: as pequenas molas e engrenagens dentro de um relógio mecânico produzem *valor*? Um sofisticado software dentro de algum computador cria *valor* por ele mesmo – sem um humano fazer alguma coisa? Mais genericamente, em um mundo sem humanos (ou em um mundo onde humanos perderam completamente o controle de suas mentes, como em *Matrix*), poderíamos significativamente falar de criação de valor? Para mim, em cada um dos casos a resposta parece inequivocamente negativa.

Sem dúvida, qual seria o sentido em se invocar a "difícil" noção de valor no contexto de sistemas que não incluem humanos, especialmente se a palavra *função* serve tão bem? Quando relojoeiros discutem sobre as roldanas, pinhões e molas de seu objeto de estudo, eles falam de sua *função*. Quando engenheiros de computadores conversam sobre algum sistema totalmente autômato, não lhes serve de nada um termo como *valor* para descrever o papel ou a produção dos componentes do sistema. Eles também falam de *funções*, saídas, entradas etc. Valor, neste contexto, seria um termo supérfluo e desnecessariamente confuso. De fato, seria bastante absurdo falar do valor relativo de cada máquina produzida pelas diferentes espécies de máquinas – com a exceção talvez de um alegórico jogo de palavras.

A importância deste pensamento é que, se valor requer ação humana, então acabamos de localizar uma grande fonte de instabilidade fortemente enraizada nas bases das nossas sociedades de mercado: quanto mais sucesso as corporações tiverem em substituir a força de trabalho por magníficas máquinas, e disciplinar a força de trabalho para agir com uma eficiência igual à das máquinas, mais baixo será o valor que a nossa sociedade estará produzindo. Elas podem produzir largas *quantidades* de bens e artefatos brilhantes que todos desejamos. Mas o valor desta avalanche de bugigangas tenderá a zero, assim como a economia das máquinas em *Matrix* é uma zona desprovida de valor, apesar da vasta produção de sua força de trabalho mecanizada.

Agora estamos prontos para dar uma boa olhada no fantasma dentro da "nossa máquina" – ou seja, nossas sociedades de mercado financeirizadas. Corporações são forçadas, por competição e por medo de predadores, a tentar transformar trabalhadores em unidades de produção similares a máquinas, a tornar a contratação de um trabalhador igual ao aluguel de um gerador de eletricidade. Mas esta é uma tarefa impossível, não importa o quanto as corporações se esforcem para transformar humanos em máquinas e extrair produção de seu "trabalho" (do mesmo modo como eles extraem esforço de um cavalo ou eletricidade de um gerador). A força de trabalho não consegue ignorar suas particularidades humanas, rebeldia, indeterminação – mesmo se ela honestamente desejar fazê-lo. Todas as coisas que tornam sua contribuição à produção inerentemente imprevisível são partes de que ela é. Independentemente de sua vontade, uma hora ela é capaz de ser preguiçosa e, em outra, brilhantemente criativa – o que máquina alguma poderá jamais entender.

Incapaz de ser libertado de sua humanidade, incapaz de engolir uma pílula azul que tire o peso da consciência de seus ombros cansados (como aquela que é oferecida ao protagonista de *Matrix* no começo do filme), o trabalhador humano resiste como o último bastião, recusando a ser completamente penetrado pelo mercado. Sua humanidade simplesmente não está à venda. O resultado desta teimosa perseverança é a contínua predominância do contrato de trabalho – um acordo entre trabalho e capital irremediavelmente incompleto que atua ao mesmo tempo como *fonte de instabilidade* e *fonte de valor*.

Você já se perguntou por que os mercados se recusam veementemente a funcionar certinhos como um relógio? A resposta pode estar aqui, nesta simples verdade sobre a natureza humana: mesmo que quiséssemos, somos incapazes de nos transformar por inteiro em uma mercadoria. Esta inabilidade pode até explicar por que os nossos sistemas econômicos, diferentemente do que observamos na natureza, são propensos a Crises com C maiúsculo. Quanto mais bem-sucedidas são as corporações em transformar o trabalho em uma intensa atividade robotizada, mais baixo é o valor geral que eles geram a longo prazo e mais nossa sociedade de mercado se aproxima de uma Crise.

Este processo lembra uma subterrânea, quase irônica, conspiração entre o paradoxo do sucesso e o *paradoxo da profecia*: a criação de riqueza e crescimento demanda a utilização de máquinas, o desenvolvimento de novas tecnologias e a intensificação da produtividade do trabalho. Sociedades de mercado prosperam quando a *commoditização*, financeirização e a inovação tecnológica estão em crescimento. Quanto mais simplificada e mecanizada a produção, mais baixa é a contribuição humana para sua existência e mais barata ela fica. Mas, então, quanto maior a produção extraída de um montante de insumo criativo humano, menor é o valor unitário dessa produção. Se telefones celulares e todos os tipos de aparelho estão ficando mais baratos, é porque sua produção está progressivamente sendo automatizada, envolvendo quase nenhuma força de trabalho humana. Assim, a margem de lucro diminui. Quando ela cai abaixo de certo patamar, ocorrem as primeiras falências: inicialmente como delicados flocos de neve, sua contínua queda acaba causando uma avalanche. A Crise, então, começa. Uma vez que tenha a sociedade sob seu punho de ferro, os Gremlins do sistema (os mercados de trabalho e dinheiro) recusam-se a abrir mão dela antes que a humanidade tenha pago um grande preço na forma de uma geração perdida.

Em resumo, enquanto o trabalho humano resistir à sua completa transformação em mercadoria, a sociedade pode produzir valor, mas somente sob circunstâncias que também produzem crises – e, às vezes, Crises com C maiúsculo, como aquela de 1929, ou, sem dúvida, como a de 2008.

Epílogo: incubação do Plano Global

As crises regulares perpetuam o passado revigorando ciclos que começaram muito antes. Em contraste, as Crises com C maiúsculo são a sentença de morte do passado. Elas funcionam como laboratórios onde o futuro é incubado. Elas nos deram a agricultura e a revolução industrial, a tecnologia e o contrato de trabalho, germes assassinos e antibióticos. Uma vez instaladas, o passado deixa de ser um confiável previsor do futuro, e nasce um admirável mundo novo.

Durante os últimos trezentos anos, mais ou menos, o mundo mudou rápida e furiosamente. A transformação de tudo em mercadoria começou quando os camponeses foram expulsos de suas terras ancestrais, que passaram a ser cercadas. Mais tarde, essa transformação se acelerou quando o trabalho dos camponeses expulsos foi enclausurado atrás dos muros das fábricas. Quando a mão de obra humana misturou-se com o trabalho dos motores a vapor e os teares mecânicos, uma incontrolável cadeia de mercadorias jorrou para fora, espalhando-se pelos quatro cantos do planeta. Desde então a forma mercadoria[31] tem dominado o mundo inteiro. Hoje seus tentáculos atingem o microcosmo, patenteando genomas e reclamando organismos híbridos como "propriedade" de alguém. Daqui a algum tempo, ela vai privatizar a lua e os planetas, mesmo o sol e as estrelas. No entanto, sua mais significativa intervenção no funcionamento da sociedade aconteceu bem precocemente.

Desde o começo, a forma mercadoria gerou uma inversão no ciclo de produção-distribuição. Enquanto no passado a produção sempre precedia a divisão da colheita entre aqueles que trabalhavam para produzi-la e as poderosas elites que revindicavam uma parte com base em alguma convenção socialmente estabelecida, a transformação da terra e do trabalho em mercadorias implicou que a cota dos trabalhadores fosse paga antecipadamente na forma de salários. A distribuição dos ganhos, portanto, começava antes mesmo de que a colheita iniciasse.

E não se trata de exagerar demais o efeito desta inversão. Ela simultaneamente estabilizou e desestabilizou as recém-criadas sociedades de mercado. Ao passo que introduzia uma nova versão do segredo de Condorcet, que estabilizou a nova ordem, ela também incorporou ao novato capitalismo a dinamite em potencial conhecida como finanças. E, como se não bastasse, adicionou dois levados Gremlins e um fantasma assustador.

A disponibilidade das finanças – como o Dr. Fausto viria a descobrir, em seu prejuízo – fez com que os pontos altos disparassem, mas tornava os pontos

[31] N. da T.: No original não existe a palavra "forma" antes da palavra "mercadoria", pois utiliza-se ali o termo "commodification", que significa, em inglês, justamente a transformação de alguma coisa em mercadoria. A utilização do termo correlato a esse no Português (comodificação) não se mostra adequada, pois não significa exatamente isso, estando relacionado ao processo de posição de alguma mercadoria como *commodity* internacional, além de ser um termo pouco conhecido do público e de definição pouco precisa. Tampouco a utilização do termo "mercantilização" resolveria o problema, pois é um termo que se refere primordialmente a "comércio", ou a uma corrente de pensamento econômico que predominou durante o século XVII e início do XVIII, até o surgimento da Economia Política pelas mãos de Adam Smith. Sendo assim, a solução encontrada para transmitir exatamente aquilo que o autor quer dizer foi a utilização do termo "forma", antes do termo "mercadoria".

baixos insuportáveis.[32] Além disso, o fantasma do trabalho humano assombra as sociedades capitalistas por gerarem uma dinâmica perversa, que tenta, em nome da rentabilidade, mecanizar a atividade humana somente para descobrir que quanto mais ela tem êxito, menos valiosos são os produtos gerados.

O resultado destas características peculiares das sociedades de mercado, no capitalismo, tem sido um admirável progresso, pontuado por centenas de crises – algumas pequenas, outras dolorosas. A primeira grande Crise levou tempo para atacar. Ela aguardou a ascensão das grandes corporações e o concomitante surgimento da financeirização em larga escala. Quando estas instituições substanciais – Edison, os bancos de Wall Street etc. – se tornaram *players* importantes, espalhando a boa nova do "fim da pobreza", 1929 surgiu diante da humanidade, esmagando suas grandes expectativas. Parecia que o céu tinha caído sobre suas cabeças.

Depois da vitória de Roosevelt, em 1932, e apesar dos valentes esforços do seu New Deal, a Grande Depressão se instalou tenazmente. Os projetos sociais, as novas regulações bancárias, os grandes programas de empregos públicos, as tentativas de ajudar proprietários com problemas a salvarem suas casas, a provisão de seguro de saúde, os benefícios sociais – tudo fez diferença, mas não como se esperava. Na verdade, uma segunda crise quase tão significativa como aquela de 1929 atacou em 1938. Não fosse a carnificina da Segunda Guerra Mundial, a Crise de 1929 teria vigorado até a década de 1940.

O conflito liberou as finanças estatais de todas as restrições políticas. O governo gastou dinheiro como se não houvesse amanhã, a dívida federal duplicou, mas o ciclo do pessimismo foi interrompido. Com efeito, o *paradoxo da profecia* foi derrotado nas salas de reunião bem antes que os alemães e os japoneses fossem encurralados no campo de batalha. Velhas fábricas foram reerguidas, novas fábricas surgiram em campos verdejantes, a inovação atingiu sua apoteose, a produção foi às alturas, os negócios explodiram. Pena que milhões tiveram que morrer antes que a política permitisse aos governos agir de maneira adequada plenamente.

---

[32] Lembre-se da peça do final do século XVI, de Christopher Marlowe, na qual o Dr. Fausto fechou um famoso contrato, usando seu próprio sangue na assinatura, para vender o corpo e a alma a Mefistófeles dentro de 24 anos, em troca de uma grande quantidade de prazer momentâneo.

À medida que a guerra começou a perder sua força e a paz parecia alcançável, os oficiais norte-americanos começaram a entrar em pânico. Em uma majestosa reação ao medo de que a Crise (durante a qual eles tinham feito escola) pudesse mostrar suas garras novamente, eles colocaram a mão na massa. Planejaram a mais profunda engenharia socioeconômica que a história jamais viu. Eu a chamo de Plano Global.

3

O PLANO GLOBAL

A oportunidade notável

Os Estados Unidos saíram da Segunda Guerra Mundial como a maior (na verdade, se excluirmos a Suíça) nação credora. Pela primeira vez desde a ascensão do capitalismo, todo o comércio do mundo se fiava em uma única moeda (o dólar) e era financiado por um único epicentro (Wall Street). Enquanto metade da Europa estava sob o controle do Exército Vermelho e os europeus em geral questionavam abertamente os méritos do sistema capitalista, os *new dealers* que vinham administrando Washington desde 1932 perceberam que a história tinha lhes apresentado uma notável oportunidade: erguer uma ordem global pós-guerra que forjaria a hegemonia norte-americana em aço inoxidável. Foi uma oportunidade que agarraram com entusiasmo.

Seu audacioso esquema surgiu das duas fontes que se encontram por trás de toda grande conquista: medo e poder. A guerra dotou os Estados Unidos com um poder militar e econômico sem precedentes. Mas, ao mesmo tempo, agiu como um constante lembrete do fracasso do país em corrigir devidamente o legado de 1929 antes que a marinha japonesa soltasse suas bombas e torpedos em Pearl Harbor. Os *new dealers* nunca esqueceram os efeitos inesperados da Grande Depressão e sua resistência ao "tratamento". Quanto mais poder eles sentiam nas mãos, maior era o medo de que um novo 1929 pudesse transformá-lo em cinzas a escorrer entre seus dedos.

Mesmo antes que as bombas deixassem de cair sobre a Europa, e antes que a União Soviética emergisse como um dragão a ser destruído, os Estados Unidos entenderam que tinham herdado o histórico papel de reconstruir, à sua própria imagem, o mundo do capitalismo global. Se 1929 quase extinguiu o domínio do capital em uma era de múltiplos centros capitalistas, o que um novo 1929 faria quando o maior jogo, o capitalismo global, girasse em torno de um único eixo, o dólar?

Em 1944, as ansiedades dos *new dealers* levaram à famosa conferência de Bretton Woods. A ideia de desenvolver uma nova ordem global não propriamente tão grandiosa, mas essencial. Em Bretton Woods uma nova estrutura monetária foi desenhada, considerando a centralidade do dólar, mas também tomando medidas para criar amortecedores internacionais caso a economia americana vacilasse. Foram precisos 15 anos até que o acordo pudesse ser integralmente implementado. Durante aquela fase preparatória, os Estados Unidos tiveram que juntar as peças principais do quebra-cabeças do Plano Global, do qual Bretton Woods era um importante elemento.

Bretton Woods

Enquanto a guerra continuava furiosamente na Europa e no Pacífico, em julho de 1944, 730 delegados se reuniram no luxuoso Hotel Mount Washington localizado em Breton Woods, uma pequena área da cidade de Carroll, no estado norte-americano de New Hampshire. Após três semanas de intensas negociações, eles bateram o martelo sobre a natureza e as instituições da ordem monetária global do pós-guerra.

Não se deslocaram a Bretton Woods espontaneamente, mas atendendo as ordens do presidente Roosevelt, cuja administração do New Deal estava determinada a conquistar a paz depois de quase ter perdido a guerra contra a Grande Depressão. A única lição que os *new dealers* haviam aprendido era que o capitalismo não pode ser administrado efetivamente em nível nacional. Em seu discurso de abertura, Roosevelt destacou este ponto com louvável clareza: "a saúde econômica de cada país é um importante motivo de preocupação para todos os seus vizinhos, próximos e distantes".

Os dois temas centrais à conferência foram o arranjo de um sistema monetário no pós-guerra e a reconstrução das economias da Europa e do Japão, despedaçadas pelo conflito. No entanto, nos bastidores, as questões reais davam conta (a) da estrutura institucional que evitaria uma nova Grande Depressão; e (b) de quem estaria no comando desta estrutura. Ambas questões criaram tensões significativas, especialmente entre os dois grandes aliados, representados, no lado americano, por Harry Dexter White[33] e, no

---

[33] White era um ardente *new dealer* e um keynesiano confesso. Economista PhD de Harvard, ele serviu no Tesouro dos Estados Unidos como assistente do secretário Henry Morgenthau. Um internacionalista comprometido, ele não só ajudou a criar o FMI, mas também se tornou seu diretor. Em 1947, ele renunciou abruptamente sob uma nuvem de insinuações de que ele tinha atuado como um espião soviético. Ele morreu no ano seguinte de um ataque no coração.

lado britânico, por ninguém mais ninguém menos que John Maynard Keynes. Ao final da conferência, Keynes declarou:

> *Nós tivemos que executar simultaneamente as tarefas de um economista, de um financista, de um político, de um propagandista, de um advogado, de um estadista e, inclusive, acho eu, de um profeta e um adivinho.*

Duas das instituições que foram criadas em Bretton Woods ainda estão conosco e inclusive no noticiário. Uma é o Fundo Monetário Internacional (FMI), a outra é o Banco Internacional de Reconstrução e Desenvolvimento (BIRD), hoje conhecido como o Banco Mundial.[34] O FMI seria a "brigada de incêndio" do sistema capitalista global, uma instituição que iria ao socorro imediato de qualquer país cuja casa pegasse fogo (fiscal), distribuindo empréstimos sob rígidas condições que permitiriam que qualquer balança de pagamentos deficitária fosse consertada e os empréstimos, pagos. Em relação ao Banco Mundial, seu papel seria o de um banco de investimentos internacional com a missão de direcionar recursos produtivos para regiões que tivessem sido devastadas pela guerra.

No entanto, a instituição que deixou a maior marca na história do pós-guerra não está mais entre nós: encerrou suas atividades em 1971, marcando o fim do Plano Global e o começo do reinado do Minotauro Global. Tratava-se do novo regime de taxa cambial que ficou conhecido como "sistema de Bretton Woods" – um sistema de taxas de câmbio fixas, com o dólar no centro. A ideia central era que cada moeda estaria atrelada ao dólar segundo uma determinada taxa de câmbio. Flutuações seriam permitidas somente dentro de uma estreita faixa de mais ou menos 1%, e os governos se esforçariam para ficar dentro desta faixa vendendo ou comprando suas próprias reservas de dólar. Uma renegociação da taxa de câmbio de um país somente seria permitida se ficasse demonstrado que, dadas suas reservas de dólares, sua balança comercial e sua balança de fluxos de capital não podiam ser mantidas. Os Estados Unidos, por sua vez, para criarem a exigida confiança no sistema internacional, comprometeram-se a lastrear o dólar ao ouro na marca de US$ 35 por onça e a garantir

[34] Para ser mais preciso, o BIRD é a instituição original do Banco Mundial, que hoje também inclui a Associação Internacional de Desenvolvimento, fundada em 1960.

a completa convertibilidade para qualquer um, norte-americano ou não americano, que quisesse trocar seus dólares pelo metal precioso.

Durante o debate sobre como deveria se parecer o novo sistema, John Maynard Keynes fez a mais audaciosa proposta que já alcançou uma mesa de negociações de uma grande conferência internacional: criar uma União Internacional de Divisas (ICU, na sigla em inglês) e uma moeda única (que ele até batizou como *bancor*) para todo o mundo capitalista, com seu próprio Banco Central internacional e instituições correspondentes. A proposta de Keynes não era tão imprudente quanto parecia. Na verdade, ela passou muito bem pelo teste do tempo. Em uma entrevista para a BBC em 2011, Dominique Strauss-Kahn, então diretor administrativo do FMI, sugeriu um retorno à ideia de Keynes como a única solução para os problemas da economia mundial pós-2008.[35] Mas qual era a essência da proposta? Trazer os benefícios de uma moeda comum (facilidade e conveniência de comércio, estabilidade de preço, previsibilidade nas transações internacionais), sem sofrer os principais deméritos que surgem quando economias discrepantes são unidas monetariamente.

A oportunidade perdida

O problema com as uniões monetárias, como a Argentina descobriria no final dos anos 1990 e a Europa, após a Crise de 2008, é o simples fato de que os fluxos comerciais e de capitais podem ficar sistematicamente desequilibrados por décadas, se não séculos. Seja como for, algumas regiões dentro de um país (por exemplo, a área de Stuttgart, na Alemanha, a Grande Londres, na Inglaterra, ou a região de Xangai, na China) sempre irão registrar um superávit comercial nas suas negociações com outras regiões (por exemplo, com a alemã oriental Länder, com Yorkshire ou com as províncias ocidentais chinesas). O mesmo acontece com estados dentro de federações: a Califórnia, nos Estados Unidos, nunca vai equilibrar seu comércio com o Arizona, e a Tasmânia sempre estará em déficit em relação a Vitória e Novas Gales

[35] Suas próprias palavras sobre o assunto foram: "Agora é o momento de fazê-lo e eu acho que estamos prontos para fazê-lo." Entrevistado no "Inside the IMF", BBC Radio 4, em 17 de Janeiro de 2011.

do Sul, na Austrália. Dado que estes desequilíbrios comerciais são crônicos, alguém tem que absorver as perdas: alguém tem que ceder.

Quando cada uma destas entidades tem sua própria moeda, é a taxa de câmbio que gradualmente muda para absorver a tensão causada pelos desequilíbrios comerciais. Antes do euro ser estabelecido, o excedente da Alemanha em relação a países como Grécia e Itália resultou em uma gradual desvalorização do dracma e da lira em relação ao marco alemão. Assim, o equilíbrio foi mantido, conforme as crescentes assimetrias comerciais eram anuladas pelo aprofundamento dos desequilíbrios nas taxas de câmbio.

No entanto, a partir do momento em que estas regiões econômicas foram unidas economicamente pela mesma moeda, é necessário algo mais para aliviar a tensão causada por fluxos de capital e comércio desequilibrados – algum mecanismo para reciclar os excedentes das regiões superavitárias (por exemplo, Londres ou Califórnia) para as regiões deficitárias (por exemplo, Gales e Delaware). Tal reciclagem poderia se dar na forma de transferências simples (por exemplo, pagando seguros-desemprego em Yorkshire por meio de impostos recolhidos em Sussex). Ou – e isto é muito mais desejável tanto para as regiões superavitárias quanto deficitárias – poderia ser na forma de investimentos produtivos e rentáveis nas regiões deficitárias (por exemplo, direcionando os negócios para a construção de fábricas no norte da Inglaterra ou Ohio).

De certo modo, a razão pela qual a zona do dólar (ou seja, os Estados Unidos) é uma união monetária de sucesso enquanto a zona do euro está infestada de crises é que os norte-americanos dispõem de pelo menos dois mecanismos de reciclagem de superávits. A Europa não ostenta nenhum (veja o quadro 3.1). Na verdade, sem um efetivo mecanismo de reciclagem de excedentes, uma união monetária está propensa a sucumbir a abalos sísmicos que fatalmente abrem grandes fissuras antes de desmoronar toda a união.

Em Bretton Woods, onde toda a ordem do pós-guerra estava sendo diagramada, Keynes estava preocupado. Ele sabia que, assim como o padrão-ouro de antes da guerra, um sistema internacional de taxas de câmbio fixas não seria capaz de suportar choques graves. Ele previu que o novo sistema internacional deveria incluir um Mecanismo Global de Reciclagem de Excedente (MGRE). Seu propósito? Prevenir a formação de superávits sistemáticos em alguns países e déficits persistentes em outros.

Por que os desequilíbrios comerciais eram fonte de tanta preocupação? Keynes acreditava que, se o comércio global estivesse muito desequilibrado, com alguns países (por exemplo, os Estados Unidos) gozando de largos superávits e outros em profundo déficit, uma pequena crise em qualquer lugar poderia facilmente se transformar em outra catástrofe global. Para começo de conversa, nota-se que o déficit comercial geralmente anda de mãos dadas com governos que também estão em déficit. Suponha que uma crise ocorra em algum lugar dentro do sistema Breton Woods. A queda na procura teria um efeito gradual nos países deficitários. E depois o caos estaria instalado.

Uma vez iniciada a crise, seja em um país superavitário ou não, ela inevitavelmente atingiria um país deficitário. Mesmo se chegasse sob a forma de uma pequena retração, alguns devedores teriam a sensação de que estavam carregando uma dívida grande demais. Empenhados em reduzir sua exposição, cortariam gastos. Mas já que, em relação à economia nacional, a procura da sociedade é a soma das despesas públicas e privadas, quando um grande segmento da comunidade empresarial tenta reduzir a dívida (cortando gastos), a procura cai, as vendas despencam, os negócios encerram suas atividades, o desemprego cresce e os preços são reduzidos. À medida que os preços diminuem, os consumidores decidem esperar que caiam mais antes de comprar itens mais caros. Um pernicioso ciclo de deflação-dívida então se instala.

Agora, já que este é um país deficitário, o governo é mais propenso a trabalhar sob um já considerável déficit fiscal (com a receita tributária menor do que as despesas) e uma grande dívida pública acumulada. A recessão contrai a arrecadação dos impostos, aumenta o déficit estatal e força o governo a pagar taxas de juros mais altas para saldar sua crescente dívida. Os políticos então reagem instintivamente cortando gastos públicos em meio à recessão. Assim, com os gastos tanto públicos como privados caindo rapidamente, a procura doméstica desaba.

Em uma reação instintiva, o governo atingido, incapaz de aumentar o gasto público por ele mesmo, procurará maneiras de "importar" a procura do exterior, desvalorizando sua moeda a fim de baratear seu produto no mercado global. Keynes supôs que isto iria propositalmente violar as regras do sistema de Bretton Woods. Por quê? O "sistema" exige que, de modo a conter a tendência de queda da moeda durante a crise de deflação-dívida, o governo use suas reservas de dólar para estabilizá-la dentro da faixa original de mais ou menos 1%. Mas o governo, desesperado para aumentar as exportações como única maneira de conter a recessão, teria todo o incentivo para fazer exatamente o contrário: guardar suas reservas de dólar e, em vez disso, ir até os administradores do sistema de Bretton Woods implorando a eles permissão para que a moeda seja desvalorizada.

Quadro 3.1

Mecanismos de Reciclagem de Excedentes: o *sine qua non* do capitalismo

A reciclagem de excedentes é um componente integral de qualquer sociedade que organize produção através do mercado. Nos tempos feudais, era desnecessário: os camponeses lavravam a terra, e, assim que a colheita fosse feita, o xerife ficaria com uma cota em nome do senhor. Portanto, a distribuição vinha depois da produção. Mais tarde, a parte do senhor seria vendida e os rendimentos enriqueceriam a aristocracia. Uma parcela do lucro seria ocasionalmente emprestada, contribuindo para os nascentes mercados de capital da época.

No entanto, especialmente após os cercamentos, quando os camponeses tinham perdido acesso à terra, a produção era organizada por pequenos inquilinos empreendedores (geralmente ex-camponeses). Eles traziam mão de obra contratada e pagavam aluguel ao proprietário do local. Para tal, tinham que tomar empréstimos (para adiantar salários e comprar matérias-primas), na esperança de que sua futura receita apresentasse um pequeno excedente (ou seja, excedesse a soma dos pagamentos dos empréstimos, dos juros e do aluguel). Portanto, repentinamente e como cortesia de um aprimorado sistema de crédito, a distribuição de renda era amplamente determinada antes que a colheita ocorresse.

Isto significou que o valor das "coisas" ainda não produzidas, e o antecipado excedente de sua produção, era reciclado do futuro para o presente. É neste sentido que a reciclagem de excedentes foi sempre um componente integral do capitalismo. De fato, ela assumiu pelo menos duas formas diferentes: reciclagem do futuro para o presente (como descrito acima) e reciclagem de uma região para a outra. Excedentes produzidos em Manchester eram reciclados em lugares distantes, por exemplo, na Índia, onde eram investidos com o propósito de criar mercado para roupa e outros produtos industriais de Manchester.

Em geral, qualquer sistema econômico contém unidades que são propensas a gerar excedentes e outras que têm maior tendência a reportar déficit. Para manter o equilíbrio, o sistema deve apresentar mecanismos de reciclagem de excedentes que mantenham seu fluxo do futuro para o presente, dos centros urbanos para as áreas rurais, das regiões mais desenvolvidas para as menos desenvolvidas etc.

A reciclagem de excedentes torna-se, entretanto, bem mais urgente quando várias regiões estão unidas por uma moeda comum ou por uma taxa de câmbio fixa. Os persistentes déficits e superávits dentro de uma união monetária são como placas tectônicas chocando-se umas contra as outras. Uma vez que as desvalorizações de moedas não sejam mais possíveis para absorver um pouco dessa pressão, as forças geradas pelos desequilíbrios comerciais constantemente em expansão ameaçam a união com terremotos crescentes.

Já que uma moeda não pode ser desvalorizada para diminuir os déficits comerciais acumulados entre os "parentes pobres" da união, as pressões na taxa de câmbio fixa ou na moeda comum crescem até que o sistema se quebre. Foi o que aconteceu na Argentina ao fim dos anos 1990, quando, na ausência de um mecanismo de reciclagem do excedente, o déficit comercial em deterioração causou danos à taxa de câmbio atrelada ao dólar americano. A mesma dinâmica negativa está se desenrolando dentro da zona do euro – ver capítulo 8.

Os dois mecanismos de reciclagem de excedentes característicos dos Estados Unidos desde a Segunda Guerra Mundial têm sido uma união de transferência simples, instituída pelo New Deal ao fim dos anos 1930, e o complicado complexo industrial-militar, desenvolvido nos anos 1940. O primeiro funciona diretamente, assegurando que os seguros de saúde e desemprego de estados deficitários sejam pagos por Washington utilizando impostos arrecadados em estados superavitários, por exemplo, Califórnia e Nova York. O segundo mecanismo também depende de um acordo político: toda vez que um conglomerado como a Boeing recebe um grande contrato do Pentágono para construir um novo jato de caça ou um sistema de mísseis, estipula-se que algumas das instalações de produção devem se localizar em estados deprimidos, deficitários. Esta reciclagem toma a forma não de empréstimos e transferências, mas de investimentos produtivos em regiões deficitárias que utilizam excedentes produzidos nas regiões superavitárias.

Todos os tipos de desculpas poderiam ser dadas em apoio a esta demanda (por exemplo, que o país tenha ficado sem dólares). Keynes sabia que, em tempos de crise, seria politicamente impossível forçar os países deficitários a aplicar as regras acordadas. Outros países deficitários seguiriam o exemplo e o sistema de taxas de câmbio fixas entraria em colapso. Assim aconteceu em 15 de agosto de 1971.

Com todas estas preocupações em mente, Keynes desenvolveu e propôs a União Internacional de Compensações (ICU) de modo a lidar com os dois potenciais problemas de uma só vez: evitar o desequilíbrio comercial sistemático e dotar a Comunidade das Nações capitalistas de uma flexibilidade necessária para lidar com futuras crises catastróficas (como aquela de 1929). A proposta era simultaneamente simples e audaciosa: o ICU concederia a cada país-membro uma linha de crédito, ou seja, o direito para tomar empréstimos do Banco Central Internacional a juros zero. Empréstimos acima de 50% da média do volume comercial de um país deficitário (medido em *bancors*) também seriam feitos, mas ao custo de uma taxa de juros fixa. Desta maneira, países deficitários teriam flexibilidade para impulsionar a procura de modo a estancar qualquer ciclo de deflação-dívida, sem ter que desvalorizar a moeda.

Ao mesmo tempo, haveria uma penalidade para o excesso de superávits comerciais: admitindo que um excedente sistemático fosse o oposto de um déficit sistemático, a proposta de Keynes estipulava que qualquer país com um superávit comercial que excedesse uma determinada porcentagem de seu volume comercial deveria sofrer uma cobrança de juros que forçaria sua moeda a se valorizar. Estas penalidades iriam, por sua vez, financiar os empréstimos aos países deficitários, agindo como um MGRE automático.

Lionel Robbins, um influente economista britânico e o pioneiro por trás da ascensão da London School of Economics and Political Science, escreveu que, ao ouvir as propostas de Keynes, os participantes da conferência ficaram atordoados: "Seria difícil exagerar o abalo eletrizante provocado nas ideias de todo o aparato político do governo... nada tão imaginativo e ambicioso jamais tinha sido discutido". Todavia, o valor intelectual e a competência técnica deste bem colocado plano não estavam em sintonia com as prioridades norte-americanas.[36]

Os Estados Unidos, que emergiram da guerra como centro de poder mundial, não tinham interesse em restringir sua própria capacidade de administrar grandes e sistemáticos excedentes comerciais com o resto do mundo. Os *new dealers*, apesar do respeito que sempre tiveram com John Maynard Keynes, tinham outro plano: um Plano Global, de acordo com o qual o dólar se tornaria efetivamente a moeda mundial e os Estados Unidos exportariam bens e capital para a Europa e o Japão em troca de investimento direto e patrocínio político – uma hegemonia baseada no financiamento de centros capitalistas estrangeiros em troca dos excedentes comerciais norte-americanos.[37]

A ascensão dos derrotados

O Plano Global se iniciou como uma tentativa de alavancar o comércio internacional, criar mercados para as exportações americanas e lidar com a escassez de investimento internacional por companhias privadas americanas. Entretanto, ele se desenvolveu rapidamente em algo maior e supostamente melhor.

Para dar uma forte sustentação a Bretton Woods, os *new dealers* estavam determinados a apoiar o dólar criando, dentro do sistema de câmbio fixo, pelo menos duas fortes moedas adicionais que agiriam como amortecedores para os choques caso a economia norte-americana sofresse um de seus muitos revezes periódicos. A ideia era encontrar maneiras de absorver estes choques até que Washington conseguisse reverter a desaceleração em seu próprio quintal de oportunidades. Sem estes pilares de suporte, o sistema de Bretton Woods, temiam eles, estaria muito precariamente equilibrado.

[36] As palavras inequívocas de White foram: "Temos sido perfeitamente categóricos sobre esse ponto. Nós assumimos a posição de um não absoluto".

[37] É importante notar que, à medida que a guerra chegava à sua conclusão, todas as nações europeias devastadas tinham muitas dívidas com os Estados Unidos e transferiram grandes quantidades de ouro para o país, fato que contribuiu para a determinação dos Estados Unidos em fazer do dólar o eixo central do sistema de Bretton Woods.

No entanto, moedas fortes não podem ser criadas apenas por força de vontade. Elas devem ser sustentadas por uma pesada indústria, assim como por zonas comerciais adjacentes, uma forma de espaço vital (*Lebensraum*) que estimule a necessária procura por produtos manufaturados. Os *new dealers*, portanto, entendiam que tinham uma difícil tarefa diante de si. Se não tivessem sido estimulados pela experiência de administrar a economia da guerra por quatro longos anos, duvida-se que tivessem aceito uma tarefa de tamanho escopo e ambição.

É um hábito da história transformar evoluções imprevisíveis em inevitabilidades aparentes. Ao fim da guerra, a Alemanha estava arrasada, dividida em quatro zonas de ocupação, devastada e desprezada pelo mundo inteiro. O Japão ainda estava atônito com a humilhação da rendição, ferido pelos ataques nucleares em Hiroshima e Nagasaki, lutando para se reconciliar com a imensa taxa de mortalidade nos campos de batalha do leste da Ásia e da Polinésia, e trabalhando sob ocupação norte-americana. Desta vez não havia definitivamente sinais do final de um roteiro pós-guerra.

Quadro 3.2

Os arquitetos do Plano Global

Quatro *new dealers* tiveram papéis cruciais na elaboração do Plano Global. Não por acaso, eram também os arquitetos da Guerra Fria. Compartilhavam de uma visão pragmática que foi concebida à sombra da Grande Depressão e forjada durante o conflito mundial. Convencidos de que o "capitalismo de livre mercado" tinha que ser meticulosamente planejado por Washington, e de modo não muito diferente da bem-sucedida administração da economia de guerra, eles visaram projetar em âmbito global a receita de sucesso que tinha tirado os Estados Unidos da estagnação. Determinados a angariar a paz, eles objetivaram fortalecer a atividade comercial norte-americana por meio de uma combinação de intervenções inspiradas no New Deal e avanços tecnológicos alcançados pelo complexo industrial-militar. Os quatro homens eram:

- James Forrestal, secretário de Defesa (anteriormente secretário da Marinha).

• James Byrnes, secretário de Estado.

• George Kennan, diretor da equipe de planejamento de políticas no Departamento de Estado e renomado "profeta" da contenção soviética.

• Dean Acheson, principal estrela em todos os planos do pós-guerra (o acordo de Bretton Woods, o plano Marshall, o processo da Guerra Fria etc.) e secretário de Estado a partir de 1949.

Ninguém tinha nenhuma pista do papel que estes outrora orgulhosos – mas agora arruinados – países teriam dentro de alguns anos. A ideia de que a Alemanha e o Japão se tornariam pilares do novo Plano Global era tão remota quanto escandalosa. Mesmo assim, foi a ideia para a qual os *new dealers* convergiram por volta de 1947. Como esta escolha foi feita? A resposta é: gradualmente.

No início parecia inconcebível, pelo menos para os britânicos, que a Grã-Bretanha não fosse um pilar central do Plano Global. Entretanto, as chances de Londres ser mantida por Washington no centro de um desenho pós-guerra internacional foram sempre remotas. Mesmo antes da guerra, o presidente Roosevelt ficava aborrecido com a conduta imperial da Grã-Bretanha. Pode-se dizer que os Estados Unidos, tendo extraído grandes pagamentos de sua ex-metrópole durante a guerra, fez o possível para garantir que ao final do conflito Londres não obtivesse uma posição dominante em relação ao petróleo do Oriente Médio. Ao mesmo tempo, Washington efetivamente subfinanciou os britânicos durante o período inicial do pós-guerra, enquanto insistia na convertibilidade da libra esterlina. Então, quando a fraqueza fiscal do Estado britânico entrou em foco, sua indústria que rapidamente se enfraquecia não foi capaz de fornecer a Londres os rendimentos necessários, o Partido Trabalhista subiu ao poder em 1945 e a elite política inglesa demonstrou certa relutância em aceitar o iminente fim do império. O cenário estava armado para a marginalização da Grã-Bretanha. A última gota foi o rebaixamento da libra a uma eventual não convertibilidade, dando aos *new dealers* uma desculpa para deixar a Grã-Bretanha às margens do Plano Global. Foi preciso o trauma do Canal de Suez de 1956 e o constante enfraquecimento causado pela CIA em seu domínio colonial no Chipre ao longo da década de 1950 para a Grã-Bretanha perceber esta mudança no pensamento americano.[38]

Assim que a Grã-Bretanha foi considerada inapropriada, a escolha da Alemanha e do Japão parecia cada vez mais lógica. Ambos países tinham se tornado confiáveis (graças à presença ostensiva do exército americano); ambos dispunham de sólidas bases industriais; e ambos ofereciam uma força de trabalho altamente qualificada e um povo que agarraria a oportunidade de se levantar das cinzas como a Fênix. Além disso, ambos ofereciam ainda consideráveis benefícios geoestratégicos em relação à União Soviética.

Todavia, seria necessário ultrapassar uma dose considerável de resistência a esta ideia – resistência baseada na ânsia de punir a Alemanha e o Japão, forçando-os a se desindustrializarem e retornarem a um estado quase pastoral, que os tornaria incapazes de voltar a detonar uma guerra em escala industrial. De fato, Harry White, o representante americano em Bretton Woods, tinha defendido a efetiva eliminação da indústria alemã, reduzindo o padrão de vida do país àquele de seus vizinhos menos desenvolvidos. Em 1946, os Aliados, sob os auspícios do Conselho de Controle Aliado, ordenou o desmantelamento das fábricas de aço com o objetivo de reduzir a produção alemã para menos de 6 milhões de toneladas anuais, isto é, cerca de 75% da produção de aço no pré-guerra. Em relação à indústria de carros, ficou decidido que a produção deveria diminuir para cerca de 10% do que era antes da Alemanha invadir a Polônia.

As coisas eram um pouco diferentes no Japão. Já que era administrado como um país ocupado por um homem, general Douglas MacArthur, comandante supremo das forças aliadas, a política norte-americana poderia ser ditada diretamente, sem a necessidade de negociar com os outros aliados (como era o caso da Alemanha). MacArthur decidiu que o Japão não deveria passar por um processo equivalente de "desnazificação" e tomou atitudes extremas para exonerar o imperador e as elites econômicas, militares e políticos japoneses. Entretanto, durante os dois primeiros anos da

---

[38] Foi neste momento que sucessivos governos britânicos começaram a procurar agulha no palheiro – ou seja, o "relacionamento especial", que transformou o Reino Unido em um pequeno executor da política dos Estados Unidos em troca do acesso privilegiado ao mercado norte-americano para as multinacionais britânicas e a ligação da City de Londres com Wall Street.

ocupação, ele também teve que discutir vigorosamente com os legisladores de Washington contra a ideia de punir o Japão destruindo, ou limitando severamente, sua base industrial.

A mudança radical contra a ideia de eliminar os setores industriais da Alemanha e do Japão veio com a crescente tensão entre os Estados Unidos e a União Soviética. Foi o "Longo Telegrama" de George Kennan, enviado de Moscou em fevereiro de 1946, anunciando o espírito da Guerra Fria, que criou as circunstâncias para a mudança de opinião sobre a Alemanha. O momento crucial veio em 1947, quando o presidente Harry Truman (que tinha assumido em 1945 depois da morte de Roosevelt) anunciou sua notória "doutrina": os Estados Unidos iriam, daquele momento em diante, ter como sua mais alta prioridade a contenção da influência soviética.

A primeira manifestação concreta da Doutrina Truman foi o envolvimento americano na brutal Guerra Civil Grega, que os britânicos começaram mas não tiveram dinheiro para encerrar. Depois de alguns meses de guerra por procuração nas montanhas da Grécia, quase houve uma confrontação direta em outro lugar quando os ocupantes da Berlim Ocidental brigaram com os ocupantes soviéticos da Berlim Oriental – um embate que levou a uma prolongada ponte aérea de suprimentos da Alemanha Ocidental para Berlim Ocidental por cima das linhas do Exército Vermelho.

A Guerra Fria tinha começado. Da perspectiva do Plano Global, a Doutrina Truman, a Guerra Civil Grega e a crise de Berlim sinalizaram o fim de qualquer plano para destruir a Alemanha Ocidental ou manter o ódio contra os japoneses. A estrada estava então livre para transformar as duas nações industriais conquistadas, Alemanha e Japão, nos tentáculos do Plano Global.

O Plano Marshall para dolarizar a Europa e reabilitar a Alemanha

O discurso com qual o presidente Truman anunciou sua doutrina, em 12 de março de 1947, continha algumas informações financeiras concretas: os Estados Unidos estavam enviando US$ 400 milhões para uma guerra civil que assombra os gregos até hoje. Alguns meses mais tarde, em 5 de junho, George Marshall, secretário de Estado de Truman, dirigiu-se a uma plateia da Universidade de Harvard com um discurso que marcou o início do Plano Marshall, um massivo pacote de ajuda que mudaria a Europa para sempre.

Seu nome formal era Programa de Recuperação Europeia e foi uma criação dos quatro arquitetos do Plano Global mencionados acima (ver Quadro 3.2). O fato de que foi concebida como uma intervenção transformadora, cujo propósito era claramente estabelecer um novo Plano Global, pode ser deduzido a partir de algumas palavras-chave utilizadas por Marshall naquele importante discurso: "O sistema moderno de divisão do trabalho sobre o qual está baseado o intercâmbio de produtos corre o risco de entrar em colapso." Simplificando, o objetivo do Plano Marshall era salvar o capitalismo global de alguma forma futura de Crise similar à de 1929.

Durante o primeiro ano do Plano Marshall, a quantia envolvida foi da ordem de US$ 5,3 bilhões, um pouquinho mais do que 2% do PIB norte-americano. Em dezembro de 1951, quando o Plano Marshall chegou ao fim, US$ 12,5 bilhões tinham sido empenhados. O resultado final foi um forte aumento na produção industrial europeia (cerca de 35%) e, mais importante, a estabilização política e a criação de uma procura sustentável para produtos manufaturados, tanto europeus quanto norte-americanos.

Nem todos os *new dealers*, há que ser dito, aderiram à Doutrina Truman e ao Plano Marshall. Por exemplo, Henry Wallace, ex-vice-presidente e secretário de Agricultura que foi demitido por Truman por discordar dos imperativos da Guerra Fria, referiu-se ao Plano Marshall como o "Plano Marcial". Ele fez alertas contra a criação de um desentendimento com um aliado norte-americano durante a guerra, a União Soviética, e observou que as condições atreladas ao convite para que Moscou fizesse parte do Plano Marshall foram intencionalmente desenhadas com a intenção de obrigar Stalin a rejeitá-las – o que ele obviamente fez. Acadêmicos da geração New Deal, entre os quais Paul Sweezy e John Kenneth Galbraith, também rejeitaram as táticas marciais de Truman. No entanto, seriam logo silenciados pela caça às bruxas orquestrada pelo senador Joseph McCarthy e seu Comitê de Atividades Antiamericanas.

O Plano Marshall envolvia não somente largas quantias de dinheiro mas também instituições vitais. Em 3 de abril de 1948, Truman fundou a Administração de Cooperação Econômica. Treze dias mais tarde, os Estados Unidos e seus aliados europeus criaram a Organização para a Cooperação Econômica Europeia (OCEE) com a tarefa de resolver para onde direcionar o fundo, sob quais condições e com qual objetivo. O primeiro presidente do OCEE – que mais tarde, em 1961, se transformou naquilo que hoje conhecemos como a Organização para a Cooperação e Desenvolvimento Econômico (OCDE) – foi Robert Marjolin.[39] Um dos menos conhecidos, embora mais duradouros, legados do Plano Marshall foi a integração da derrotada e desprezada Alemanha às instituições de integração europeia.

Sem dúvida, a condição americana para abrir mão de cerca de 2% de seu PIB anual era a extinção de barreiras comerciais intra-europeias e o início de um processo de integração econômica que seria progressivamente centrado na reavivada indústria alemã. Neste sentido, o Plano Marshall pode ser encarado como o progenitor da atual União Europeia. Assim, de 1947 em diante, o exército americano (e, em particular, a Junta de Chefes do Estado Maior do Pentágono) decretou "o completo renascimento da indústria alemã, sobretudo a mineração de carvão", e afirmou que esta última estava adquirindo uma "importância fundamental" para a segurança dos Estados Unidos.

No entanto, ainda demoraria um pouco até que o rejuvenescimento do poder industrial da Alemanha se tornasse um objetivo abertamente declarado, pois a dissolução das fábricas alemãs continuou até mesmo durante o Plano Marshall. Um sinal disso é o fato de que em 1949 o chanceler alemão Konrad Adenauer implorou aos Aliados para que fosse dado um fim aos desmantelamentos das fábricas.

Como se pode imaginar, o país mais resistente à ideia de uma Alemanha industrializada no pós-guerra era a França. Os franceses exigiram a implementação do acordo de 29 de março de 1946, em que os Aliados tinham estabelecido que metade da capacidade industrial da Alemanha deveria ser destruída – envolvendo a demolição de 1.500 fábricas. Esse acordo foi implementado, pelo menos em parte. Em 1949, mais de 700 fábricas tinham sido desativadas e a produção anual de aço da Alemanha Ocidental estava reduzida em impressionantes 6,7 milhões de toneladas.

---

[39] Curiosamente, Marjolin havia sido colega de Rockefeller em Harvard durante seus anos de formação no pré-guerra. Na verdade, enquanto estava lá, ele participou de um grupo de leitura dedicado ao entendimento da Teoria Geral da Keynes. Os outros dois participantes eram John Kenneth Galbraith (1908-2006) e Paul Samuelson (1915-2009). Galbraith passaria a guerra como o "czar dos preços" de Roosevelt, determinando os preços de todas as principais *commodities*. Samuelson ganhou o Prêmio Nobel de Economia e é considerado como aquele que apresentou Keynes (embora de forma um tanto simplificada, e, diria eu, mesmo tóxica) aos norte-americanos...

O que foi que convenceu os franceses a aceitar a reindustrialização da Alemanha? A resposta é simples: os Estados Unidos. Quando os *new dealers* construíram a visão, por volta de 1947, de que uma nova moeda deveria surgir na Europa para dar suporte ao dólar, e que esta moeda seria o marco alemão, foi só uma questão de tempo antes que o plano para destruir a indústria alemã fosse interrompido. O preço que a França tinha que pagar pelos grandes benefícios do Plano Marshall, e por seu papel administrativo central no comando de toda a situação (através da OCEE), era a gradual aceitação de que a Alemanha tivesse seu estatuto restaurado, cortesia do novo Plano Global Americano.

Neste contexto, é útil pensar o Plano Marshall como a pedra fundamental do Plano Global. E quando o Plano Marshall começou a perder fôlego, em 1951, a Fase 2 do arranjo norte-americano para a Europa estava começando: integração de seus mercados e de sua indústria pesada. Aquela segunda fase veio a ser conhecida como a Comunidade Europeia do Carvão e do Aço (CECA), precursora da União Europeia. Como pretendiam os *new dealers*, a nova instituição logo providenciaria o espaço vital de que a renascente indústria alemã precisava em seu entorno econômico.

A União Europeia e o milagre japonês

Os estudantes que têm de aprender sobre a integração europeia são ensinados que a União Europeia começou sua existência na forma da CECA. O que eles têm menos probabilidade de ouvir é o bem guardado segredo de que foram os Estados Unidos que persuadiram, forçaram, ameaçaram e seduziram os europeus para que ela fosse criada.

Tecnicamente falando, a CECA era um mercado comum para carvão e aço, unindo Alemanha Ocidental, França, Itália, Bélgica, Luxemburgo e Holanda. Não só envolveu o desmonte de todas as barreiras comerciais entre estes países para produtos de aço e carvão, mas, além disso, esboçou vínculos de instituições supranacionais, cujo propósito era regular os níveis de produção e os preços. Com efeito, apesar da propaganda contrária, as seis nações formavam um cartel de aço e carvão.

Líderes europeus como Robert Schuman (um dos cabeças da criação da CECA) sublinharam a importância desta união a partir da (pertinente) perspectiva de impedir outra guerra europeia e de instaurar um pouco de união política. Criar uma indústria pesada compartilhada, primeiramente, entre França e Alemanha iria, Schuman acreditava firmemente, remover os motivos de conflito e privar os dois países de meios para levar a cabo outro confronto.

Assim, a Alemanha Ocidental foi tirada da geladeira e a França gradualmente aceitou sua reindustrialização – um desenvolvimento essencial ao Plano Global dos *new dealers*. É irrefutável que, sem a mão orientadora dos Estados Unidos, a CECA não teria se materializado. Contrariamente à narrativa eurocentrista (para a qual a unificação europeia era um sonho tornado realidade graças à diplomacia europeia e a um forte desejo de deixar para trás o violento passado do continente), a realidade é que a integração foi uma grande ideia de Washington, implementada pela cúpula da diplomacia norte-americana. O fato de terem trazido para sua causa líderes europeus esclarecidos, como Schuman, não muda esta realidade.

Houve um político que viu isto claramente: o general Charles de Gaulle, futuro presidente da França, que esteve prestes a se estapear com os Estados Unidos nos anos 1960 – tanto que tirou a França da ala militar da Organização do Tratado do Atlântico Norte (OTAN). Quando a CECA foi formada, de Gaulle condenou-a por se tratar de uma criação da Europa unida na forma de um cartel restritivo e, mais importante, numa criação americana mais apropriada a servir a *seu* Plano Global do que a gerar uma base sólida para a Nova Europa. Por estas razões, De Gaulle e seus seguidores votaram contra a formação da CECA no parlamento francês.

Vejamos agora o segundo pilar destinado a apoiar o dólar, desta vez no outro lado do hemisfério norte. A restauração do Japão como um poder industrial mostrou-se menos problemática para os *new dealers* do que a Alemanha. A versão oriental do Plano Global teve apoio significativo por conta da investida do Partido Comunista Chinês de Mao Tse Tung contra o exército do governo nacionalista de Chiang Kai-shek.

Quanto mais Mao parecia evitar ataques a seus guerrilheiros, invocando a lendária Longa Marcha pré-guerra, e quanto mais seu confronto final com Chiang Kai-shek se aproximava, mais o general MacArthur se movia em direção a uma resolução para fortalecer a indústria japonesa, em vez de sucumbir a pressões para enfraquecê-la. Entretanto, havia um obstáculo:

enquanto a indústria e a infraestrutura do Japão emergiam da guerra quase intactas (em um forte contraste com a Europa), a capacidade produtiva japonesa foi atormentada por uma escassez de procura. A ideia original dos *new dealers* era que o continente chinês fornecesse o tão necessário espaço vital à zona do iene, assim como o resto da Europa fornecesse os mercados necessários às fábricas da Alemanha. A vitória de Mao colocou um fim a essa expectativa.

O general MacArthur compreendeu o problema e tentou convencer Washington a embarcar em um segundo Plano Marshall dentro do próprio Japão. No entanto, os *new dealers* não conseguiam enxergar a criação de uma demanda suficiente apenas no Japão, sem ligações comerciais significativas com os seus vizinhos. De qualquer modo, naquele tempo eles já tinham muito com o que se preocupar, apreensivos com a luta para convencer o Congresso a continuar injetando dólares na Europa. A sorte de MacArthur mudou quando, em 25 de junho de 1950, a Coreia do Norte e os comunistas chineses atacaram a Coreia do Sul com o objetivo de unificar a península sob o seu comando.

De repente, a Doutrina Truman mudou seu foco da Europa para a Ásia, e a grande beneficiária foi a indústria japonesa. Consciente da dificuldade que o Japão estava tendo para desenvolver seu parque industrial devido à falta de poder de compra dos consumidores, os *new dealers* vinham procurando formas de aumentar a demanda no Japão bem antes da escapada de Kim Il Sung na Coreia.

O Plano Marshall deveria, inicialmente, durar até 1953. Mas a guerra na Coreia encorajou os *new dealers* a alterar esse curso: eles iriam gradualmente encerrar o Plano Marshall na Europa e canalizar fundos para o Japão, cujo novo papel seria produzir os bens e serviços requeridos pelas forças dos Estados Unidos na Coreia. Um caso fascinante de financiamento indireto de guerra a um velho inimigo.

Em relação aos cuidados com a Europa, a ideia era que os três primeiros anos do Plano Marshall tinham dolarizado a Europa o suficiente, e que de 1951 em diante, a cartelização centrada na renascente indústria alemã (no contexto da recém-instituída CECA) geraria excedente suficiente para a Europa avançar sem ajuda externa.[40]

As transferências dos Estados Unidos para o Japão foram consideráveis: desde o primeiro dia, elas aumentaram em quase 30% o comércio total do Japão. E, tal como na Europa, os Estados Unidos não somente derramaram dinheiro. Também criaram instituições e usaram seu poder para fazer com que as instituições existentes agissem favoravelmente ao seu Plano Global. Os Estados Unidos escreveram a nova Constituição japonesa e autorizaram o famoso Ministério para a Indústria e o Comércio Internacional a criar uma poderosa, centralmente planejada (mas de propriedade privada), base industrial multi-setorial. No exterior, os *new dealers* entraram em confronto com a Grã-Bretanha por ter permitido a entrada do Japão no Acordo Geral sobre Tarifas e Comércio (o antepassado da atual Organização Mundial do Comércio). A importância desta manobra não pode ser subestimada, pois permitiu a exportação das manufaturas japonesas, com restrições mínimas, aonde quer que os Estados Unidos considerassem que fosse um bom destino para os produtos de seu novo protegido.

Resumindo, o princípio organizador central dos *new dealers* era que a hegemonia global dos Estados Unidos significava "cuidar" e recuperar dois países ex-inimigos. Fizeram isso garantindo que houvesse forte procura para a produção industrial alemã e japonesa, entre outros países capitalistas. Também significava que a Europa e a porção da Ásia controlada pelos Estados Unidos fossem bem abastecidas com dólares para que pudessem comprar determinados bens norte-americanos de alto valor agregado (por exemplo, aviões, armamentos, equipamentos de construção). Estabilizar o

---

[40] Em uma entrevista de rádio, o professor de linguística e ativista político Noam Chomsky destacou um fato interessante sobre o Plano Marshall – que liga os Estados Unidos, a França e a Holanda ao imperialismo europeu na Ásia. Uma grande parte da cota de ajuda do Plano Marshall à França foi para a recolonização da Indochina, um prelúdio da Guerra do Vietnã que acabou tendo, ao final, efeitos catastróficos para todos os envolvidos e também para o próprio Plano Global. Outro exemplo é a Holanda. Ela usou a sua parte da ajuda do Plano Marshall para reconquistar a Indonésia, uma colônia holandesa que tinha conseguido libertar-se do Japão quase ao final do guerra. Curiosamente, os Estados Unidos, furiosos com os holandeses, exerceram intensa pressão sobre eles em 1950, forçando-os a enviar tropas para a Coreia (de modo a repararem o mau uso que tinham feito do dinheiro do Plano Marshall na busca de seus delírios de grandeza colonial).

capitalismo global foi essencial para manter o sistema de Bretton Woods e reforçar a prosperidade e o poder dos Estados Unidos.

Com isto em mente, os administradores norte-americanos tomaram medidas audaciosas para criar zonas para o marco alemão e o iene japonês, a fim de proporcionar aos seus ex-inimigos a liquidez inicial necessária para religar seus motores industriais e para fundar as instituições políticas que permitiriam que os brotos verdes florescessem e crescessem para se transformar nos poderosos pilares necessários para um apoio estável e duradouro à zona do dólar. Nunca antes na história um vencedor apoiou sociedades que tinha derrotado tão recentemente, com o objetivo de reforçar o seu próprio poder a longo prazo, transformando-os, no processo, em gigantes econômicos.

A ideologia geopolítica do Plano Global

Os Estados Unidos emergiram da Segunda Guerra Mundial com um grande respeito pelos colonizados e uma considerável hostilidade a seus colonizadores europeus. A postura da Grã-Bretanha na Índia e no Chipre, e até mesmo sua incitação à Guerra Civil Grega (já em 1944), foi exaustivamente criticada pelos *new dealers*. França, Holanda e Bélgica também foram repreendidas por suas ridículas ambições de permanecerem como mestres coloniais na África, na Indochina e na Indonésia, apesar do triste estado em que a guerra os tinha deixado.

No entanto, o Plano Global frearia a atitude liberal dos Estados Unidos em relação aos movimentos de libertação. Na verdade, os interesses de muitos movimentos de libertação nacional foram considerados antagônicos aos interesses das criações americanas na Europa e no leste asiático. Washington decidiu, logo no início, que Europa e Japão só poderiam ser "estabilizados" politicamente se alguns personagens bastante desagradáveis fossem cooptados.[41] Além disso, garantir o fornecimento ininterrupto de energia para a Europa e o Japão, bem como fontes de abundante demanda para sua pro-

[41] Por exemplo, em 1946 os Estados Unidos alteraram o curso drasticamente na Grécia, forjando uma aliança com os colaboradores gregos nazistas contra a esquerda. Mais ou menos ao mesmo tempo, ela fez as pazes com Franco e os regimes de Salazar na Península Ibérica. Logo em seguida, virou-se decididamente contra os movimentos anticoloniais na África, Indochina e até no Chipre - movimentos em relação aos quais vinha sendo, se não simpática, pelo menos neutra.

dução industrial, colocou os Estados Unidos em rota de colisão com vários movimentos de libertação que, em outras situações, pareceriam bastante benignos a Washington – por exemplo, os anticolonialistas vietnamitas.

A perda da China, a escalada dos movimentos de libertação no Sudeste Asiático inspirados pela vitória de Mao, as agitações na África que deram à União Soviética uma abertura para aquele continente – todos estes acontecimentos persuadiram os Estados Unidos a desenvolver uma postura agressiva em relação aos movimentos de libertação no Terceiro Mundo, os quais Washington prontamente associou a uma ameaça de aumento dos preços dos insumos não tanto para si, mas para seus dois pupilos, Japão e Alemanha.

Em resumo, os Estados Unidos tomaram para si a tarefa de relegar à periferia, e ao Terceiro Mundo como um todo, o papel de fornecedores de matérias-primas para Japão e Europa ocidental. O resultado foi uma série de golpes e guerras, que os *new dealers* e seus sucessores levaram adiante como parte da consolidação do Plano Global. No devido tempo, governos eleitos pouco confiáveis foram derrubados, intervenções militares foram autorizadas, ditaduras indecentes foram instaladas ou apoiadas, guerras em grande escala foram travadas na Coreia e no Vietnã. O enredo geopolítico intensificava-se a cada dia, em parte no contexto do avanço da Guerra Fria e, em parte, com o objetivo de manter o Plano Global. Com cada nova reviravolta, as apostas ficavam mais altas, mas as recompensas também proliferavam.

Nesse processo, as multinacionais norte-americanas na área de energia e mineração foram beneficiadas, assim como muitos setores da economia doméstica norte-americana. No entanto, os arquitetos do Plano Global enxergavam muito além dos restritos interesses de qualquer empresa. Suas audaciosas políticas para promover acumulação de capital em terras distantes, onde não tinham qualquer interesse pessoal ou político (no sentido estrito do termo), só pode ser explicado se levarmos em consideração o peso da história sob o qual trabalhavam.

Na verdade, para compreender a escala da ambição ética dos *new dealers*, devemos novamente fazer uma pausa e analisar rapidamente as pistas sobre suas motivações em seu próprio (não muito distante) passado – ou seja, na Grande Depressão, que formou sua mentalidade. O Plano Global, não devemos esquecer nem por um momento, foi o trabalho de indivíduos que pertenciam a uma geração danificada – uma geração que tinha vivido a pobreza, um profundo sentimento de perda, as ansiedades provocadas pelo quase colapso do capitalismo e uma consequente guerra de proporções desumanas.

Além disso, eram homens letrados que percebiam como mercados de dinheiro e de trabalho são propensos a colapsos. Suas experiências fortaleceram sua determinação de não permitir que o capitalismo, sob seus olhos, escorregasse e voltasse a cair. Eles fariam qualquer coisa que fosse preciso para evitar outra Crise, especialmente agora que o urso soviético estava tentando se soltar da coleira, pronto para atacar assim que o Plano Global vacilasse.

Embora a maioria dos *new dealers* fosse influenciada pelos escritos de John Maynard Keynes e tivesse atentado para sua crucial recomendação de que não se confiasse no poder de auto-organização dos mercados para alcançarem a prosperidade e a estabilidade, a Guerra Fria (que eles tinham que tocar ao mesmo tempo em que administravam o Plano Global) e sua proximidade com o complexo militar-industrial os impedia de ver tão claramente, como Keynes, a urgência de criar um sistema formal e cooperativo de reciclagem de excedentes.

Muitos observadores frisam o profundo abismo que separa a mentalidade do New Deal e a do keynesianismo europeu ou britânico. Para começar, enquanto Keynes havia se convencido de que o capitalismo global exigia um mecanismo global de reciclagem de excedentes cooperativo e não imperial, os *new dealers* não só queriam como foram obrigados a adaptar seu Plano Global ao contexto dos imperativos da Guerra Fria e, é claro, à busca da hegemonia norte-americana.

Também é útil recordar que os *new dealers* haviam há muito desistido de confrontar seriamente o poder das grandes empresas. Uma vez começado o massacre, o esforço de guerra aproximou os oficiais tanto dos financistas quanto dos capitães da indústria. A fim de saírem da guerra vitoriosos, e de modo a evitar outra Grande Depressão, enquanto construíam uma nova ordem mundial no pós-guerra, os *new dealers* sentiam que era importante manter o governo dos Estados Unidos à frente, tanto nacional como internacionalmente, com multinacionais americanas como agentes efetivos do Estado, tanto em casa como no exterior. Mas isso significava uma hegemonia que não poderia dar a alguma agência *internacional* (como a ICU proposta por Keynes) o direito de reduzir os excedentes dos Estados Unidos e a capacidade de seu governo para mediar interesses conflitantes.

O que torna sua história tão fascinante é a combinação de seu sofisticado e discursivo keynesianismo, das suas audaciosas iniciativas e a interação de seu planejamento econômico com as exigências da Guerra Fria. Neste sentido, o Plano Global era composto não só pela criação de zonas para o marco alemão e o iene por meio de injeções econômicas e interferência política em benefício da Alemanha e do Japão, mas também da gestão cuidadosa da demanda dentro dos Estados Unidos, sempre com uma visão clara de seus efeitos sobre estas duas zonas na Europa e no Extremo Oriente.

Políticas domésticas norte-americanas durante o Plano Global

O temor de que o fim da Segunda Guerra Mundial anunciasse o início de uma nova recessão motivou os *new dealers* a buscarem duas soluções. A primeira já analisamos detalhadamente: a dolarização do mundo, a fim de criar uma demanda estrangeira por exportações dos Estados Unidos. O segundo conjunto de políticas referia-se à economia nacional e compreendia três principais fontes de estímulos liderados pelo governo:

- o programa de mísseis balísticos intercontinentais;
- as guerras da Coreia e do Vietnã;
- a Nova Fronteira do presidente John F. Kennedy e, mais importante, a Grande Sociedade do presidente Lyndon Johnson.

Os dois primeiros programas de gastos reforçaram substancialmente as empresas norte-americanas e as mantiveram no jogo, numa época em que o governo estava saindo de seu caminho para cuidar dos capitalistas estrangeiros. Os maiores benefícios, é claro, foram destinados às empresas ligadas àquilo que o presidente Dwight Eisenhower (embora sendo ele mesmo um célebre ex-comandante do exército) depreciativamente rotulava como o Complexo Militar-Industrial (CMI).

O CMI, e o tratamento especial que recebia do governo, contribuíram largamente para o desenvolvimento de um Complexo Aeronáutico-Eletrônico-Computacional (AEC) – uma potência econômica em grande parte divorciada do resto da economia dos Estados Unidos, mas central para o seu crescente poder.

Apesar de positivo, o impacto do Plano Global sobre a economia norte-americana doméstica foi desigual. Isto é evidenciado pelo fato de que os segmentos da economia não ligados ao CMI ou ao AEC nunca se equipararam nem à Alemanha, nem ao Japão, nem ao resto da economia dos Estados Unidos. A constatação de que não era o *principal* objetivo de Washington reforçar todos os setores empresariais norte-americanos (apesar de ser certamente *um* de seus objetivos) vem da crueldade com que introduzia, sempre que achava melhor, regulamentos severos que em última análise discriminavam suas próprias multinacionais em detrimento de sua *principal* prioridade: o incentivo às zonas do marco e do iene por meio do reforço às indústrias alemã e japonesa.

A irregularidade com que a prosperidade foi distribuída dentro dos Estados Unidos, em um momento de crescentes aspirações (não todas relacionadas à renda), causou tensões sociais significativas. Estas tensões, e sua dissolução gradual, foram alvo dos programas de gastos da Grande Sociedade da década de 1960. Primeiro o presidente Kennedy e depois seu sucessor, Lyndon Johnson, pressionaram por uma série de programas de gastos domésticos que lidaria com o fato de que os benefícios internos do Plano Global foram injustamente distribuídos, minando a coesão social em importantes centros e regiões urbanas. Para evitar que essas forças centrífugas danificassem o Plano Global, os programas de assistência social ganharam dinâmica própria.

Para compreender a importância dos programas sociais de Kennedy e Johnson, é útil observar que, de 1955 até a eleição de Kennedy, em 1960, o crescimento econômico se enfraqueceu nos Estados Unidos – um esmorecimento que afetou principalmente os pobres e os marginalizados. Depois de oito anos de governo republicano (1952-1960), Kennedy foi eleito com uma plataforma que fazia alusão ao *New Deal*. Seu manifesto "Nova Fronteira" prometeu reavivar o espírito do *New Deal*, gastando com educação, saúde, renovação urbana, transportes, artes, proteção ambiental, radiodifusão pública, pesquisa na área das humanidades etc.

Depois do assassinato de Kennedy, o presidente Johnson, especialmente depois de sua vitória esmagadora em 1964, incorporou muitas das (em grande parte não promulgadas) políticas da Nova Fronteira à sua muito mais ambiciosa proclamação da Grande Sociedade. Enquanto Johnson conduzia a

Guerra do Vietnã com vigor cada vez mais imprudente, tentava carimbar internamente sua autoridade por meio de um programa que inspirou amplamente os progressistas ao colocar como objetivo central a meta de eliminar não só a pobreza para a classe trabalhadora branca, mas também o racismo.

A Grande Sociedade será lembrada por seu bem-sucedido desmantelamento do *apartheid* norte-americano, especialmente nos estados do sul. Entre 1964 e 1966, quatro peças de legislação foram responsáveis por esta grande transformação da sociedade norte-americana. Além disso, a Grande Sociedade tinha um forte elemento keynesiano, que se destacou com a guerra incondicional de Johnson à pobreza. Em seus primeiros três anos, US$ 1 bilhão foi gasto anualmente em diversos programas para aumentar as oportunidades educacionais e introduzir cobertura de saúde para idosos e vários grupos vulneráveis.

O impacto social da despesa pública da Grande Sociedade foi principalmente sentido na redução da pobreza. Quando começou, mais de 22% dos norte-americanos viviam abaixo da linha de pobreza oficial. No final do programa, esta percentagem tinha caído até um pouco abaixo de 13%. Ainda mais significativamente, a queda nos índices de pobreza entre os negros norte-americanos foi de 55% (em 1960) para 27% (em 1968). Embora tais melhorias não possam ser explicadas apenas como o efeito do financiamento da Grande Sociedade, este desempenhou um papel importante no alívio de algumas tensões sociais durante uma era de crescimento generalizado.

Conclusão: Idade de Ouro do capitalismo

O escritor Gore Vidal uma vez disse que o problema com idades de ouro é que, se você vive em uma, tudo parece um pouco amarelado. Os inúmeros norte-americanos que tomaram as ruas para protestar contra o governo na década de 1960 sem dúvida não viam sua era como dourada. No entanto, em retrospecto, pelo menos com nossas lentes atuais, parece ter sido um período notável: uma era em que os administradores realmente acreditavam que poderiam criar uma ordem mundial racional que promoveria estabilidade intercontinental, crescimento e relativa igualdade. Quando olhamos para a nossa atual safra de políticos, que só se importa com pesquisas de opinião, cuja razão de existir é ter a aprovação de Wall Street, de lobistas e de interesses empresariais variados, fica fácil romantizar a primeira fase do pós-guerra – a era do Plano Global.

O Plano Global durou entre 1950 e 1971. Ele se resumia a uma ideia simples: um sistema de taxas de câmbio fixas unindo as economias capitalistas, complementado com um tipo particular de MGRE que garante a imunidade do sistema contra forças centrífugas que de outro modo o despedaçariam. Como este específico MGRE surgiu? A ideia era que os Estados Unidos manteriam seu grande superávit comercial do pós-guerra, mas, em troca, exportariam seu excedente de capital (ou lucros) para que os países sob sua proteção continuassem a comprar produtos norte-americanos. Ao mesmo tempo, os Estados Unidos garantiriam que Japão e Alemanha pudessem manter uma posição superavitária similar em nível regional, mesmo às custas da própria linha de fundo norte-americana.

A característica mais impressionante do Plano Global foi a sua incrível capacidade de adaptação – sucessivas administrações da Casa Branca o aperfeiçoavam cada vez que ele falhava. Suas políticas para o Japão são um excelente exemplo: após a vitória inesperada de Mao e o abandono do plano original de transformar o continente chinês num enorme mercado para a produção industrial japonesa, os legisladores dos Estados Unidos reagiram com uma variedade de inspiradas respostas.

Primeiro, utilizaram a Guerra da Coreia, transformando-a em uma excelente oportunidade para injetar demanda para o setor industrial japonês. Em segundo lugar, usaram sua influência sobre os aliados dos Estados Unidos para permitir a livre entrada das importações japonesas em seus mercados. Terceiro, e mais surpreendentemente, Washington decidiu transformar o próprio mercado norte-americano num espaço vital para os produtos do Japão. Na verdade, a penetração das importações japonesas (automóveis, eletrônicos e até mesmo serviços) no mercado norte-americano teria sido impossível sem o discreto consentimento dos legisladores de Washington. Em quarto lugar, a sucessora da Guerra da Coreia, a Guerra do Vietnã, também foi convocada para impulsionar ainda mais a indústria japonesa. Um útil subproduto daquela leviandade assassina foi a industrialização do sudeste da Ásia, o que fortaleceu ainda mais o Japão, dando-lhe, finalmente, a peça que faltava – uma zona comercial vital em suas proximidades.

Meu argumento aqui não é que os "guerreiros da Guerra Fria" no Pentágono e em outros lugares estavam desenvolvendo o Plano Global dos *new dealers*. Apesar de não serem inocentes a esta ideia (como demonstra o envolvimento pesado de líderes militares no Plano Marshall), eles naturalmente tinham sua própria agenda geopolítica. O ponto é que, enquanto os generais, o Pentágono e o Departamento de Estado montavam seus planos estratégicos para a Guerra Fria, os planejadores econômicos de Washington abordavam as guerras da Coreia e do Vietnã com enfoques bastante distintos.

Sob um aspecto, viram estas guerras como cruciais para manter um fornecimento contínuo de matérias-primas baratas para Europa e Japão. De outro lado, no entanto, reconheceram uma grande chance de trazer à existência, através de financiamento de guerra, o espaço econômico vital que Mao havia roubado do "seu" Japão. Na verdade, é impossível achar exagerada a ideia colocada anteriormente de que as economias dos "tigres asiáticos" do sudeste (Coreia do Sul, Tailândia, Malásia e Cingapura, que estavam prestes a se tornar para o Japão o que a França e a Espanha foram para a Alemanha) nunca teriam surgido sem essas duas guerras financiadas pelos norte-americanos, o que fez dos Estados Unidos o único grande mercado para a produção industrial japonesa.

Em retrospectiva, sob o ponto de vista de projeto humano em larga escala, o Plano Global foi um grande sucesso. Não só o fim da Segunda Guerra Mundial não mergulhou os Estados Unidos e o resto do Ocidente em uma nova recessão (como temia-se que ocorreria devido à diminuição dos gastos de guerra), como, em vez disso, o mundo experimentou um período de lendário crescimento. A figura 3.1 oferece uma visão sobre esses anos dourados. As nações desenvolvidas, os vencedores e os perdedores na guerra recente cresceram, cresceram e cresceram.

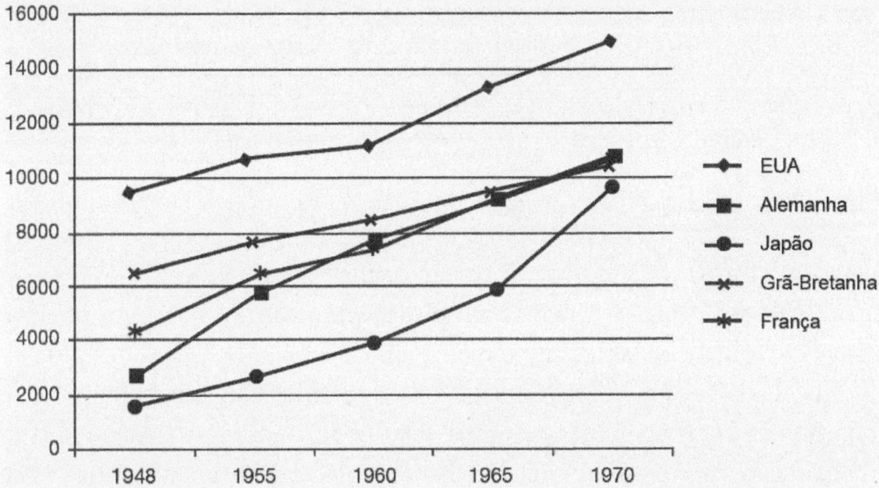

Figura 3.1 – PIB real per capita durante o período do Plano Global (US$)

Partindo de um nível muito mais baixo do que os Estados Unidos, europeus e japoneses cresceram mais rápido e recuperaram posições perdidas. Ao mesmo tempo, os Estados Unidos continuaram em um caminho de crescimento saudável. No entanto, este não era um caso simples de uma economia mundial crescendo espontaneamente. Havia um Plano Global por trás – que envolveu um esforço em grande escala e impressionante ambição para superar e substituir os múltiplos e conflitantes imperialismos que tinham caracterizado a economia política mundial até a Segunda Guerra.

O Plano Global foi criado em conjunto para estabelecer e reforçar a hegemonia norte-americana, e os Estados Unidos estavam satisfeitos em pagar o preço de intencionalmente reforçarem os níveis de demanda externa e a acumulação de capital no Japão e na Alemanha, em particular. Para manter a prosperidade e o crescimento americano, Washington propositalmente serviu uma fatia da "torta" global a seus *protegidos*: enquanto os Estados Unidos perderam quase 20% de sua participação na renda mundial durante a era do Plano Global, a Alemanha viu a sua aumentar em 18% e o Japão assistiu a um crescimento de estupendos 156,7%.

	EUA	*Alemanha*	*Japão*	*Grã-Bretanha*	*França*
1950–1972	–19.3%	+18%	+156.7%	–35.4%	+4.9%

Tabela 3.2 – Alteração percentual na quota-parte de um país no PIB mundial

Seria uma forma de altruísmo internacionalista? Claro que não. De 1945 em diante, no centro do pensamento dos *new dealers* havia uma intensa ansiedade sobre a instabilidade inerente a um sistema de zona única global, de moeda única. Na verdade, nada ocupava tanto suas mentes quanto a memória de 1929 e a depressão que se seguiu. Se uma crise de gravidade semelhante atacasse enquanto o capitalismo global contava com apenas uma perna para se equilibrar (o dólar), o futuro lhes parecia sombrio – especialmente levando em conta as significativas taxas de crescimento da União Soviética (cuja economia não era suscetível ao contágio de crises capitalistas). Assim, essas mesmas mentes procuraram um futuro mais seguro para o capitalismo na formação de uma rede interdependente que compreendia três zonas industriais e monetárias, com predomínio da zona do dólar (refletindo a centralidade das finanças norte-americanas e seu papel militar na defesa de um domínio mais amplo para dentro do qual a produção do Terceiro Mundo fluiria sem obstáculos). Para eles, este Plano Global era o arranjo do mecanismo ideal para o resto do século XX e mais além.

Neste contexto, a noção de que a integração europeia nasceu de uma vontade europeia de criar algum baluarte *contra* o domínio norte-americano parece ser nada mais que um "mito da criação" da União Europeia. De mesmo modo, a ideia de que a economia japonesa cresceu inexoravelmente *contra* os interesses dos Estados Unidos não sobrevive a uma análise séria. Embora pareça estranho, por trás do processo de integração europeia e da industrialização japonesa orientada às exportações, há um esforço prolongado e sustentado pelos políticos de Washington de planejá-las e alimentá-las, apesar dos efeitos negativos sobre a balança comercial norte-americana que a ascensão da Europa e do Japão acabaram por implicar.

A lição simples que o Plano Global pode nos ensinar hoje é que o melhor momento do capitalismo mundial veio quando os legisladores da mais robusta união política do planeta decidiram assumir um papel hegemônico – um papel que envolveu não só o exercício do poder político e militar, mas também o tipo de redistribuição maciça de excedentes em todo o mundo que o mecanismo de mercado é absolutamente incapaz de realizar.

4

O MINOTAURO GLOBAL

O calcanhar de Aquiles do Plano Global

O Plano Global começou a dar errado por causa de uma grande falha de *design* em sua arquitetura original. John Maynard Keynes apontou a falha durante a conferência de Bretton Woods em 1944, mas foi derrotado pelos norte-americanos. O que era? Era a falta de qualquer mecanismo global de reciclagem de excedente (MGRE) que manteria os desequilíbrios comerciais sistematicamente sob controle.

O lado norte-americano vetou o mecanismo proposto por Keynes, a União Internacional de Compensações (ICU), pensando que os Estados Unidos poderiam, e deveriam, gerenciar sozinhos o fluxo global comercial e monetário, sem se submeterem a qualquer tipo de MGRE automatizado e formal. O novo país hegemônico, cego pelo seu novo status de superpotência moderna, não conseguiu reconhecer a sabedoria da estratégia de Ulisses de amarrar-se voluntariamente a algum mastro homérico.

Washington achava que os desequilíbrios comerciais globais o favoreceriam indefinidamente, cimentando seu status como a nação superavitária do mundo. Então, o poder conferido aos Estados Unidos pelos excedentes que extraíam de todo o mundo seriam utilizados com benevolência e eficiência a fim de gerir a economia mundial dentro do projeto de uma esclarecida hegemonia. Na verdade, isto é exatamente o que os Estados Unidos fizeram: graciosamente, reciclaram os excedentes norte-americanos sob a forma de injeções de capital no Japão, na Alemanha e em outras regiões merecedoras.

Infelizmente, os políticos norte-americanos não conseguiram prever que os desequilíbrios globais poderiam sofrer uma drástica inversão, deixando os Estados Unidos na estranha posição de um país deficitário. Durante os dias de glória no final da década de 1940, os arquitetos do Plano Global parecem ter esquecido de cogitar seriamente a possibilidade de que a falta de autocontenção levaria Washington a prejudicar seu brilhante e audacioso projeto.

O Plano Global começa a ruir

O caminho do Plano Global não esteve coberto de rosas. Uma série de contratempos marcou sua evolução, sendo o triunfo do presidente Mao Tse Tung o primeiro golpe. De modo impressionante, porém, reagiu de forma criativa na adversidade, transformando desenvolvimentos indesejáveis em um fluxo de consequências inesperadas bastante agradáveis. Nós já vimos como a Guerra da Coreia foi explorada para reforçar o flanco do Plano Global no Extremo Oriente. Então, quando os Estados Unidos se arrastaram para dentro da Guerra do Vietnã, uma onda semelhante de "destruição criativa" tornou-se uma carta a mais no baralho.

Embora seja uma subestimação grosseira sugerir que o seu andamento não correu conforme o plano original, o lado positivo da Guerra do Vietnã é visível para qualquer pessoa que já tenha visitado o Sudeste Asiático. Coreia, Tailândia, Malásia e Cingapura cresceram rapidamente e de uma forma que confundiu o pessimismo daqueles que previram que nações subdesenvolvidas teriam dificuldade para tomar a estrada da acumulação de capital necessária para tirá-las da pobreza detestável. Nesse processo, deram ao Japão valiosas oportunidades de comércio e investimento que diminuíram a carga sobre as autoridades norte-americanas, as quais, antes de meados dos anos 1960, tinham carregado sozinhas o fardo de gerar demanda suficiente para a produção das fábricas japonesas na Europa e nos próprios Estado Unidos. Anos mais tarde, o mesmo modelo foi copiado por Deng Xiaoping, resultando na China que conhecemos hoje.

O problema das consequências inesperadas é que não se pode garantir que sejam vantajosas. A recusa obstinada de Ho Chi Minh em perder a guerra do Vietnã e o comprometimento quase maníaco de Lyndon Johnson em fazer de tudo para ganhá-la foram cruciais não só para a criação de uma nova região capitalista no Extremo Oriente, mas também para fazer descarrilar o Plano Global. A escalada dos custos financeiros daquela guerra seria um fator-chave para o apodrecimento do plano.

Deixando de lado o terrível sofrimento humano,[42] a guerra custou ao governo norte-americano algo em torno de US$ 113 bilhões – e outros US$

[42] Cerca de 2,3 milhões de mortos, 3,5 milhões de feridos graves e 14,5 milhões de refugiados.

220 bilhões à economia do país. Os lucros empresariais reais dos Estados Unidos diminuíram em 17%, enquanto que, no período entre 1965 e 1970, os aumentos dos preços induzidos pela guerra forçaram o rendimento médio real dos trabalhadores norte-americanos a uma queda de cerca de 2%.[43] A guerra causou prejuízos não só éticos e políticos, com toda uma geração de jovens norte-americanos marcada por medo e repulsa ao Vietnã, mas também uma perda tangível de renda da classe trabalhadora, o que alimentou as tensões sociais. Indiscutivelmente, os programas da Grande Sociedade do presidente Johnson foram em grande parte destinados a aliviar estas tensões.

Na medida em que os custos combinados da Guerra do Vietnã e da Grande Sociedade começaram a aumentar, o governo norte-americano foi forçado a contrair montanhas de dívidas. Ao final da década de 1960, muitos países começaram a temer que suas próprias posições (que estavam atreladas ao dólar no contexto do sistema de Bretton Woods) estivessem sendo enfraquecidas. No início de 1971, as dívidas norte-americanas ultrapassavam US$ 70 bilhões, enquanto o governo dos Estados Unidos possuía apenas US$ 12 bilhões em ouro para ampará-las.

Uma quantidade crescente de dólares foi inundando os mercados mundiais, causando pressões inflacionárias em lugares como França e Grã-Bretanha. Os governos europeus foram forçados a aumentar o volume de suas próprias moedas, a fim de manter sua taxa de câmbio constante em relação ao dólar, como estipulado pelo sistema de Bretton Woods. Esta é a base para a acusação europeia contra os Estados Unidos de que, ao insistir na Guerra do Vietnã, ele estava exportando inflação para o resto do mundo.

Além de meras preocupações inflacionárias, europeus e japoneses temiam que a acumulação de dólares, contra o pano de fundo de um constante estoque de ouro dos Estados Unidos, poderia desencadear uma corrida ao dólar, o que forçaria Washington a abandonar seu compromisso permanente de trocar uma onça de ouro por US$ 35. Nesse caso, os dólares armazenados por europeus e japoneses perderiam valor, devorando suas "poupanças" nacionais.

A falha no Plano Global estava intimamente ligada ao que Valéry Giscard d'Estaing, ministro das Finanças do presidente De Gaulle na época,

---

[43] Estas estimativas são do economista do *New Deal*, Robert Eisner, professor da Universidade de Northwestern e ex-presidente da American Economic Association.

chamava de *privilégio exorbitante* do dólar: o privilégio exclusivo dos Estados Unidos para imprimir dinheiro à vontade, sem quaisquer restrições institucionalizadas globalmente. De Gaulle e outros aliados europeus (além de vários países produtores de petróleo, cujas exportações eram denominadas em dólares) acusaram os Estados Unidos de construir seu domínio imperial com dinheiro emprestado, minando as perspectivas dos demais. O que eles não acrescentaram foi que todo o sentido do Plano Global era girar em torno de um país gerador de excedentes. Quando os Estados Unidos se transformaram em uma nação deficitária, o Plano Global não conseguiu evitar uma derrapagem.

Em 29 de novembro de 1967, o governo britânico desvalorizou a libra esterlina em 14%, bem fora do limite de Bretton Woods, de 1%, desencadeando uma crise e forçando o governo dos Estados Unidos a utilizar até 20% das suas reservas de ouro para defender o acordo dos US$ 35 por onça de ouro. Em 16 de março de 1968, representantes dos bancos centrais dos sete países que mais tarde formariam o G7 se reuniram para firmar um compromisso. Eles chegaram a um acordo curioso que, por um lado, manteve a paridade oficial de US$ 35 a onça, enquanto que por outro deixava espaço para os especuladores negociarem ouro a preços de mercado.

Em 1970, o presidente Richard Nixon nomeou Paul Volcker como subsecretário do Tesouro para assuntos monetários internacionais. Sua missão consistia em reportar-se ao Conselho de Segurança Nacional, liderado por Henry Kissinger, que em 1973 viria a se tornar o secretário de Estado mais influente da história. Em maio de 1971, o grupo de trabalho liderado por Volcker apresentou a Kissinger um plano de contingência que considerou a ideia da "suspensão da convertibilidade do ouro". É agora claro que, em ambos os lados do Atlântico, os políticos digladiavam-se por status e poder, antecipando uma importante mudança no Plano Global.

Em agosto de 1971, o governo francês decidiu fazer uma declaração pública de seu descontentamento sobre a política dos Estados Unidos: o presidente Georges Pompidou ordenou que um destróier francês navegasse até Nova Jersey para trocar dólares por ouro guardado no Fort Knox, como era seu direito segundo o acordo de Bretton Woods. Poucos dias depois, o governo britânico de Edward Heath emitiu um pedido semelhante (embora sem acionar a Marinha Real), exigindo ouro equivalente a US$ 3 bilhões mantidos pelo Banco da Inglaterra. Infelizes Pompidou e Heath: se precipitaram a entrar num terreno onde ninguém queria pisar.

Nixon estava em choque absoluto. Quatro dias depois, em 15 de agosto de 1971, ele anunciou o fim efetivo de Bretton Woods: o dólar já não seria convertível em ouro. Assim, o Plano Global foi encerrado.

Interregno: crises do petróleo dos anos 1970, estagflação e aumento das taxas de juro

Logo depois, Nixon despachou seu secretário do Tesouro (um pragmático texano chamado John Connally) para a Europa com uma mensagem clara. De acordo com o que Connally contou aos jornalistas, o que ele disse para os europeus foi suave e afável:

> *Dissemos a eles que estávamos aqui como uma nação que tinha dado muito de nossos recursos financeiros e nossos recursos materiais, e muito mais, ao Mundo, a um ponto em que, francamente, agora, com isso ocorrendo há 20 anos, estávamos acumulando déficits, pois isso tinha drenado nossas reservas e drenado nossos recursos a um ponto em que não poderíamos mais. Estávamos em dificuldade e vínhamos a nossos amigos para pedir ajuda, assim como eles tinham feito tantas vezes no passado, quando estavam com problemas. Isso é em essência o que lhes disse.*

Sua mensagem *real* ainda está soando nos ouvidos europeus: é nossa moeda, mas é seu problema. O que Connally quis dizer foi que, como o dólar era a moeda de reserva (ou seja, o único meio verdadeiramente global de câmbio), o fim de Bretton Woods não era problema dos Estados Unidos. O Plano Global foi naturalmente concebido e implementado para ser de interesse dos Estados Unidos. Mas, as pressões sobre ele (causadas pelo Vietnã e pelas tensões internas nos Estados Unidos, que exigiam um aumento nos gastos domésticos do governo) aumentaram de tal forma que o sistema atingiu seu ponto de ruptura. Entretanto, os maiores perdedores não seriam os Estados Unidos, mas a Europa e o Japão – as duas zonas econômicas que mais tinham se beneficiado do Plano Global.

Não era uma mensagem que europeus e japoneses queriam ouvir. Na falta de uma alternativa, eles sabiam que suas economias encontrariam um grande obstáculo assim que o dólar começasse a se desvalorizar. Não só seus ativos em dólar perderiam valor, mas as suas exportações também se tornariam mais caras. A única saída para eles seria também desvalorizar suas moedas, mas isto faria com que seus custos de energia subissem rapidamente (dado que o petróleo era comercializado em dólares). Em suma, o Japão e os europeus estavam encurralados.

Em dezembro de 1971, os presidentes Nixon e Pompidou se reuniram nos Açores. Pompidou, admitindo sua trapalhada com o destróier, implorou a Nixon para reconstituir o sistema de Bretton Woods com base em novas taxas de câmbio fixas que refletiriam as novas "realidades". Nixon não se abalou. O Plano Global estava morto e enterrado, e uma nova besta incontrolável, o Minotauro Global, viria ocupar seu lugar.

Como as taxas de câmbio fixas do sistema de Bretton Woods entraram em colapso, todos os preços e taxas ficaram descontrolados. O ouro foi o primeiro: saltou de US$ 35 para US$ 38 a onça, em seguida para US$ 42 e depois decolou. Em maio de 1973 foi negociado a mais de US$ 90, e antes do fim da década, em 1979, chegou a fabulosos US$ 455 dólares por onça – um aumento de doze vezes em menos de uma década.

Enquanto isso, passados dois anos da arrojada atitude de Nixon em agosto de 1971, o dólar tinha perdido 30% de seu valor em relação ao marco alemão e 20% em relação ao iene e ao franco. Os produtores de petróleo de repente descobriram que seu ouro negro, quando comercializado em ouro amarelo, valia apenas uma fração do que costumava ser. Os membros da Organização dos Países Exportadores de Petróleo (OPEP), que regulamentava o preço do combustível através de cortes coordenados na produção, logo foram clamando por uma ação conjunta para aumentar o valor em ouro do líquido negro.

Na época do anúncio de Nixon, o preço do petróleo era menor que US$ 3 por barril. Em 1973, com a Guerra do Yom Kippur entre Israel e seus vizinhos árabes em ritmo acelerado, o preço saltou para US$ 8 e US$ 9, depois pairando em um intervalo de US$ 12 a US$ 15 até 1979. Em 1979, houve um novo surto de aumentos, com o preço do petróleo indo acima de $ 30 pela década de 1980 adentro. E não foi apenas o preço do petróleo que escalou alturas sem precedentes. Todas as *commodities* primárias subiram de preço simultaneamente: bauxita (165%), chumbo (170%), estanho (220%) e prata (1.065%) são apenas alguns exemplos. Em suma, a rescisão do Plano Global deflagrou um poderoso aumento dos custos de produção em todo o mundo. A inflação subiu, assim como o desemprego – uma rara combinação de estagnação com inflação que chegou a ser conhecida como *estagflação*.

A explicação convencional para a estagflação dos anos 1970 é que os países da OPEP jogaram o preço em dólar do petróleo nas alturas contra a vontade dos Estados Unidos. É uma explicação que vai contra a lógica e a evidência dos fatos. Porque, se a administração Nixon tinha realmente se oposto ao aumento dos preços do petróleo, como é que vamos explicar o fato de que seus aliados mais próximos – o xá do Irã, o presidente Suharto da Indonésia e o governo venezuelano – não só apoiaram os aumentos, mas lideraram a campanha para que ocorressem? Como é que vamos explicar o abandono administrativo das negociações de Teerã entre as companhias de petróleo (as chamadas "Sete Irmãs") e a OPEP logo antes do fechamento de um acordo que teria derrubado os preços?

Citando um influente observador americano dessas discussões cruciais,

> *Uma divisão foi anunciada nas conversações em Teerã por um enviado especial dos Estados Unidos, o então subsecretário de Estado John Irwin, acompanhado lá por James Akins, um homem-chave do Departamento de Estado sobre o petróleo [...] A verdadeira lição da divisão nas negociações com a OPEP foi que os preços mais elevados não eram terrivelmente preocupantes para os representantes do Departamento de Estado [...] o verdadeiro objeto das negociações não era segurar a linha de preço, mas garantir a segurança do fornecimento.*[44]

Isso impõe a seguinte questão: por que os Estados Unidos não se opuseram com qualquer grau de compromisso real aos grandes aumentos nos preços do petróleo? A simples razão é que, assim como a administração Nixon não lamentou o fim de Bretton Woods, também não se preocupou em impedir que a OPEP empurrasse os preços do petróleo para cima. Porque

[44] V. H. Oppenheim (1976–77) "Why oil prices go up: The past we pushed them", Foreign Policy, 25: 32–33.

estes aumentos não eram incompatíveis com os planos da própria administração para um aumento substancial nos preços globais de energia e matérias-primas. De fato, os sauditas têm afirmado sistematicamente que Henry Kissinger, mais interessado em gerenciar o fluxo de petrodólares para os Estados Unidos do que impedir o aumento dos preços da energia, incentivou-os o tempo todo a subir o preço do petróleo entre duas ou quatro vezes.[45] Enquanto as vendas de petróleo fossem denominadas em dólares, Washington não se oporia aos aumentos dos preços.

Recordando que o novo objetivo era encontrar formas de financiar os *déficits gêmeos* norte-americanos sem cortar os gastos do governo, ou aumentar impostos, ou reduzir o domínio norte-americano, os estrategistas políticos da Casa Branca entenderam que tinham uma tarefa simples: persuadir o resto do mundo a financiar os déficits de seu país. Mas isso significava uma redistribuição de excedentes globais em favor dos Estados Unidos e às custas das duas zonas econômicas que eles haviam construído em torno da Alemanha e do Japão. Havia dois pré-requisitos para a planejada inversão dos fluxos globais de capital, que iria levá-los para Wall Street com a finalidade de financiar a expansão dos *déficits gêmeos* americanos: (a) melhoria da competitividade das empresas norte-americanas em relação aos seus concorrentes alemães e japoneses; e (b) taxas de juros que atraíssem grandes fluxos de capital para os Estados Unidos.

O primeiro pré-requisito poderia ser alcançado ou por aumento da produtividade nos Estados Unidos, ou aumentando os custos relativos da concorrência. Por segurança, a administração optou por *ambas*. Os custos do trabalho foram enxugados com entusiasmo e, ao mesmo tempo, os preços do petróleo foram "encorajados" a subir. A queda nos custos de trabalho dos Estados Unidos não só impulsionou a competitividade das empresas norte-americanas, mas também agiu como um ímã para o capital estrangeiro que estava à procura de empresas rentáveis. Enquanto isso, os preços do petróleo subiam e todas as partes do mundo capitalista foram prejudicadas. No entanto, Japão e Europa Ocidental (em grande parte sem seu próprio petróleo) foram muito mais sobrecarregados do que os Estados Unidos.

---

[45] Ver a entrevista de Sheikh Yaki Yamani para o Royal Institute of International Affairs, publicada em de 14 Janeiro de 2001 no *Observer*. Sheikh Yamani foi o Ministro do Petróleo da Arábia Saudita de mandato mais longo (1962-1986).

Enquanto isso, o aumento dos preços do petróleo levou rendimentos fabulosos a se acumularem nas contas bancárias da Arábia Saudita à Indonésia, bem como a enormes receitas para as companhias de petróleo norte-americanas. Todos estes petrodólares logo encontraram seu caminho para o seio hospitaleiro de Wall Street. A política de juros do FED se mostraria particularmente útil.

Voltando ao segundo pré-requisito, as taxas de juros monetárias (ou nominais) saltaram de 6%, patamar em que tinham sido deixadas nos anos finais do Plano Global, em 1971, para 6,44 % em 1973 e 7,83% no ano seguinte. Em 1979, a administração do presidente Carter tinha começado a atacar a inflação dos Estados Unidos com confiança. Ele nomeou Paul Volcker como presidente do FED, com instruções para lidar decisivamente com a inflação. Sua primeira ação foi empurrar as taxas de juros médias para 11%.

Em junho de 1981, Volcker aumentou os juros a altíssimos 20%, e depois novamente para 21,5%. Embora sua política monetária brutal tenha amansado a inflação (reduzindo a de 13,5% em 1981 para 3,2% dois anos mais tarde), seus efeitos nocivos para a acumulação de capital e o emprego foram profundos, tanto nacional como internacionalmente. No entanto, os dois pré-requisitos haviam sido atendidos antes mesmo de Ronald Reagan estabelecer-se na Casa Branca.

Uma nova fase então começou. Os Estados Unidos poderiam agora gerenciar um déficit comercial crescente com impunidade, enquanto a nova administração Reagan também poderia financiar seu orçamento de defesa anabolizado e seus gigantescos cortes de impostos para os norte-americanos mais ricos. A ideologia econômica dos anos 1980, que visava estimular o lado da oferta, o fantasioso efeito *trickle-down*,[46] os cortes irresponsáveis de impostos, o predomínio da ganância como uma forma de virtude etc., tudo isso era apenas manifestação do novo *privilégio exorbitante* dos Estados Unidos: a oportunidade de expandir seus *déficits gêmeos* quase sem limites, cortesia dos fluxos de capital vindos do resto do mundo. A hegemonia norte-americana tinha tomado um novo rumo. Era o amanhecer do reinado do Minotauro Global.

---

[46] N. do E.: Teoria de que os benefícios econômicos das classes de alta renda ajudariam a sociedade como um todo.

O Minotauro global

Os Estados Unidos não tinham nem desejado, nem aceitado, o fracasso do Plano Global. No entanto, uma vez perdida sua posição superavitária, seus estrategistas políticos foram ágeis para ler os sinais do desastre: o calcanhar de Aquiles do Plano Global tinha sido ferido e sua queda seria apenas uma questão de tempo. Eles, então, moveram-se muito rapidamente, não querendo permitir um possível estrago na hegemonia global por causa de uma tentativa fútil de consertar um projeto quebrado.

Talvez a melhor narrativa sobre o abandono violento do Plano Global venha de fontes internas. Em 1978, Paul Volcker, o homem que estava entre os primeiros a recomendar o abandono de Bretton Woods, dirigiu-se a uma plateia de estudantes e professores da Universidade de Warwick. Não muito tempo depois deste discurso, o presidente Carter nomeou-o presidente do FED. Pode-se duvidar se alguém apreendeu o significado de suas palavras:

> *É tentador olhar para o mercado como um árbitro imparcial (...) Mas tendo de optar entre os requisitos necessários para manter um sistema internacional estável e a conveniência de manter a liberdade de ação para a política nacional, vários países, incluindo os Estados Unidos, optaram por este último (...)*

Como se isso não fosse suficientemente dito em alto e bom som, Volcker acrescentou: "Uma *desintegração controlada* da economia mundial é um objetivo legítimo para a década de 1980."

Foi o melhor epitáfio possível para o Plano Global e a exposição mais clara da segunda fase do pós-guerra que estava iniciando. O discurso de Volcker foi uma proclamação sem cortes do futuro previsto pelas autoridades norte-americanas: incapazes de manter por mais tempo os fluxos financeiros e comerciais internacionais razoavelmente bem equilibrados, os Estados Unidos estavam se preparando para um mundo de fluxos financeiros e comerciais assimétricos em rápida aceleração. O objetivo? Financiar o *privilégio exorbitante* de incorrer em déficits sem limites e, assim, consolidar ainda mais sua hegemonia – não *apesar* de, mas *graças* à sua posição deficitária. Como tal objetivo seria alcançado? A resposta de

Volcker, com sua franqueza habitual, foi: *escolhendo* arremessar a economia mundial em um fluxo caótico, mas estranhamente controlado pelo labirinto do Minotauro Global.

Nas décadas que se seguiram, os dias em que Washington financiava Alemanha e Japão (seja diretamente, por meio de financiamento de guerra, ou pelo exercício do poder político) tornaram-se uma memória distante. Os Estados Unidos começaram a importar como se não houvesse amanhã, e seu governo, a esbanjar, desimpedido de temer déficits crescentes. Enquanto os investidores estrangeiros estivessem mandando bilhões de dólares todos os dias para Wall Street, de modo completamente voluntário e por razões totalmente relacionadas às suas próprias posições "abaixo da linha"[47], *déficits gêmeos* dos Estados Unidos seriam financiados e o mundo ficaria girando a esmo em seu eixo.

Os horríveis pagamentos de tributos dos atenienses ao Minotauro de Creta foram instituídos pelo poder militar do rei Minos. Em contraste, o tributo do capital que alimentou o Minotauro Global jorrava para os Estados Unidos voluntariamente. Por quê? Como é que os políticos norte-americanos convenceram os capitalistas de todo o mundo a financiar os *déficits gêmeos* da superpotência? O que tinha ali para eles? A resposta se divide em quatro fatores. Para nos mantermos fiéis à narrativa mitológica, vamos chamá-los de os *carismas* do Minotauro.

Os quatro carismas do Minotauro

1. Estatuto de moeda de reserva

Enquanto o Plano Global durou, não importava muito qual moeda alguém possuísse, já que as taxas de câmbio em relação ao dólar eram mais ou menos fixas e a taxa de câmbio entre o dólar e o ouro estava estipulada

---

[47] N. do E.: O termo refere-se à apuração da situação financeira de um ente verificando-se a evolução de seus estoques de ativos e passivos, contrariamente à apuração "acima da linha", que faz a mesma coisa avaliando a evolução de seus resultados correntes (receitas x despesas). No texto, a utilização do termo "abaixo da linha" significa que os países superavitários em suas transações correntes – a outra face dos enormes déficits comerciais norte-americanos – tendiam a perder ativos em dólar em função da atração produzida pelas elevadas taxas de juros americanas. O resultado era um balanço de pagamentos equilibrado.

em US$ 35 a onça. No entanto, magnatas do petróleo, industriais alemães, enólogos franceses e banqueiros japoneses preferiam guardar seu dinheiro em dólares simplesmente por causa do controle de capital – isto é, restrições sobre quanto dinheiro alguém podia converter para dólares ou outras moedas, ao mesmo tempo.

Com o fim de Bretton Woods, o choque psicológico causado pela ideia de que as moedas seriam em breve autorizadas a flutuar livremente criou uma debandada em direção ao dólar. Até os dias de hoje, sempre que uma crise se aproxima, o capital foge para o dólar. É exatamente por isso que a Crise de 2008 levou a um fluxo de capital estrangeiro em massa para o dólar, embora a crise tenha começado em Wall Street.

Além disso, os Estados Unidos são o único país onde a demanda por sua moeda não reflete apenas um aumento na demanda para os produtos e serviços que ela produz. Sempre que um motorista nigeriano coloca gasolina no seu carro, ou uma fábrica chinesa compra carvão na Austrália, a demanda por dólares norte-americanos aumenta. Por quê? Porque, mesmo que nenhuma empresa norte-americana esteja envolvida, as vendas de matérias-primas são realizadas em dólar. Portanto, todas as transações envolvendo petróleo ou carvão resultam em demanda adicional para a moeda norte-americana.

Em um artigo de jornal de 2005, Paul Volcker disse sem rodeios: "As limitações de financiamento externo são algo com que os países comuns têm de se preocupar, mas não o líder indiscutível do mundo livre, cuja moeda todos querem".[48] O *privilégio exorbitante* do dólar empodera as autoridades norte-americanas a gerir déficits que fariam outros países se enfraquecerem rapidamente. É por isso que uma crise que começa nos Estados Unidos pode muito bem funcionar como um ímã para a migração de capital estrangeiro.

2. Aumento dos custos de energia

Como este ponto foi apresentado anteriormente, ao explicar a concordância dos Estados Unidos com os aumentos dos preços do petróleo liderados pela OPEP, um breve resumo será suficiente aqui: no início de 1970, a economia dos Estados Unidos importava 32,5% do petróleo que consumia,

[48] Paul Volcker, "An economy on thin ice", *Washington Post,* 10 April 2005.

a Europa importava quase todo o seu e o Japão importava cada gota. O aumento dos preços de energia prejudicou a competitividade da Alemanha e do Japão em relação aos Estados Unidos. Além disso, o comércio de petróleo estava intimamente ligado a multinacionais norte-americanas, e, portanto, preços de petróleo mais elevados significavam uma base maior de receitas para elas, maiores lucros e o fortalecimento da capacidade de se diversificarem internacionalmente. Quanto aos produtores não americanos, o estatuto de moeda de reserva do dólar, juntamente com as enormes taxas de juros de Volcker, atraíram seus petrodólares para Nova York, onde se metamorfosearam em ações ou em títulos do governo norte-americano.

Curiosamente, não demorou muito para que a indústria japonesa e a alemã reagissem ao choque tomando caminhos inovadores que transformaram sua produção industrial de forma a recuperar alguns dos ganhos relativos que os Estados Unidos haviam surrupiado ao tornar a energia tão cara. Por exemplo, tanto Japão como Alemanha transferiram seus planos de investimento das atividades intensivas em energia para empreendimentos de mais alta tecnologia (por exemplo, eletrônicos). E mesmo nos setores que seriam sempre dependentes do petróleo e seus subprodutos (por exemplo, a indústria do automóvel), eles produziram uma nova geração de carros eficientes, pequenos, que competiram impiedosamente com veículos produzidos nos Estados Unidos.

No entanto, apesar dos efeitos conflitantes, o brilhantismo do Minotauro Global merece ser admirado. Adivinha o que alemães e japoneses fizeram com os lucros de seus novos, energeticamente sustentáveis e inovadores produtos? Investiram-nos em, ou por meio de, Wall Street.

3. Mão de obra barateada e mais produtiva

O *American Dream* pode ter sempre sido baseado em uma ficção compartilhada. Mas a realidade de mais de um século de elevados padrões de vida nunca foi questionada. As coisas mudaram na década de 1970. O medo inspirado pelo colapso de Bretton Woods, a escalada dos preços do petróleo e a perda iminente da Guerra do Vietnã polarizaram a sociedade e criaram um tabuleiro em que os fortes poderiam fazer o que quisessem, enquanto os fracos tinham que suportar estoicamente seus encargos.

Com os preços da energia subindo, longas filas se formando em postos de gasolina e as fábricas suspendendo a produção devido à falta de matérias-primas ou de eletricidade, surgiu uma nova configuração na qual todos os acordos precedentes estavam cancelados. Sindicatos, enfurecidos com o aumento de preços generalizado, começaram a exigir salários mais altos. Já os empregadores começaram a imaginar um mercado de trabalho sem sindicatos. O campo estava, em outras palavras, pronto para a batalha. Neste novo ambiente conflituoso, as corporações norte-americanas identificaram uma oportunidade maravilhosa para congelar os salários reais e lutar por aumentos simultâneos de produtividade. A figura 4.1 ilustra o seu incrível sucesso.

	1985–1990	*1990–1998*
EUA	1.6	0.2
Japão	10.8	1.3
Alemanha Ocidental	15.9	0.3
Grã-Bretanha	11.4	1.8

Figura 4.1 salários estagnados, produtividade em expansão (índices utilizando 1973 como ano-base)

É evidente a partir do gráfico que, a partir de 1973, algo espetacular aconteceu nos Estados Unidos. Em um país que se orgulhava de que, pelo menos desde a década de 1850, os salários reais vinham aumentando de forma constante, dando assim a cada geração de trabalhadores a esperança de que seus filhos estivessem melhores financeiramente do que eles, a sociedade tinha que encarar salários reais estagnando. Até hoje os trabalhadores norte-americanos não recuperaram o poder de compra que tinham em 1973.

Enquanto isso, a produtividade do trabalho acelerou. O emprego de novas tecnologias, a intensificação dos processos de trabalho (muitas vezes auxiliado pelo medo crescente do desemprego) e o aumento do investimento externo (por exemplo, empresas alemãs e japonesas que buscavam aumentar sua rentabilidade transferindo as operações para os Estados Unidos) deram origem à impressionante curva de produtividade do trabalho. Sem surpresa, os custos trabalhistas dos Estados Unidos por unidade de produção não cresceram quase nada entre 1985 e 1990, período em que os principais concorrentes do país viram seus custos aumentarem em porcentagens de dois dígitos. Para além de 1990, os custos trabalhistas norte-americanos simplesmente mantiveram sua vantagem.

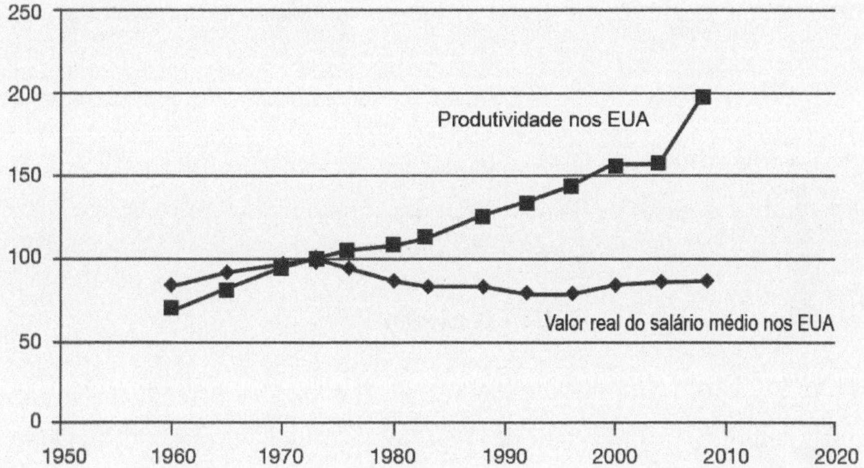

Tabela 4.1
Taxa de alteração média anual dos custos por unidade de trabalho (em dólares)

O que acontece quando os salários reais caem, os custos do trabalho por unidade de produção permanecem estagnados e a produtividade cresce? Os lucros alcançam o céu. Isto é precisamente o que aconteceu depois de 1973. Os lucros domésticos empresariais norte-americanos cresceram cada vez mais. O aumento da rentabilidade norte-americana é a terceira razão pela qual o capital estrangeiro (não americano) caiu de bom grado no colo do Minotauro Global, migrando em grande velocidade e em volume sem precedentes de Frankfurt, Riade, Tóquio, Paris e Milão para Nova York.

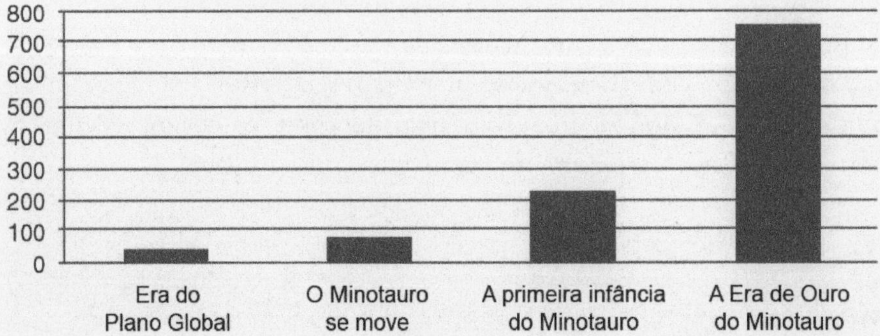

Figura 4.2
Índice de taxas de lucros médio das empresas norte-americanas (com 1973 como ano-base)

4. Poder geopolítico

O poder concentra as mentes dos fracos. E o poder nuclear concentra-os ainda melhor. O próprio fato de os Estados Unidos liderarem o Ocidente, não só em termos econômicos, mas também geoestratégicos, não pode ser negligenciado quando estudamos o mecanismo pelo qual o capital migrava rapidamente para alimentar o Minotauro Global. Claro que, se o capital estrangeiro não tivesse a expectativa de se acumular mais rápido, uma vez feita a viagem via Nova York para o Tesouro dos Estados Unidos ou para alguma empresa ou instituição financeira norte-americana, nada poderia seduzi-lo a migrar para o Novo Mundo. No entanto, os poderes geopolítico e militar desempenharam um papel na sustentação dessa expectativa de ganhos.

Exemplos da forma como a política dos Estados Unidos procurou atrelar o poder geopolítico do país às necessidades do Minotauro Global não são difíceis de encontrar. Em 1974, Henry Kissinger divulgou o Memorando de Estudo nº 200 da Nacional Security. Disfarçada sob o manto da oposição do Ocidente às invasões soviéticas, o memorando expressou uma aberta reivindicação, em nome dos Estados Unidos e das multinacionais norte-americanas, sobre a riqueza mineral do Terceiro Mundo. Muitos anos mais tarde, durante uma audiência no Congresso sobre o Afeganistão, em 1998, John Maresca, vice-presidente da gigante petrolífera Unocal, delineou uma justificativa para a futura invasão do Afeganistão pelo exército norte-americano. Seu argumento atacava o desenvolvimento econômico chinês, que tinha que ser, em sua opinião, tanto instigado quanto controlado. Maresca deu a entender que, ao contrário do Japão e da Europa, a China não liberalizaria voluntariamente seus mercados monetários e de capitais, e, portanto, o fluxo de capitais da China para os Estados Unidos seria entravado. Em outras palavras, os lucros obtidos pelos chineses, japoneses, europeus e, claro, as empresas norte-americanas que operam na China não seriam facilmente transferíveis para o Minotauro Global, lamentou Maresca. Então, o que deveria ser feito? A melhor maneira de superar a resistência da China, explicou, seria monopolizando o fornecimento de energia em sua vizinhança.

Numa exibição de reforço mútuo, enquanto o poder geopolítico norte-americano era crucial para a manutenção do Minotauro, o Minotauro muitas vezes retribuiu o favor. De fato, podemos dizer que o Minotauro desempenhou um papel importante na derrota dos maiores inimigos dos Estados Unidos – a União Soviética e seus satélites, bem como os regimes não-alinhados do Terceiro Mundo, que se tornaram demasiado arrogantes na década de 1960. A chave para este triunfo não foi tanto a busca de sucesso na corrida armamentista, mas as modestas taxas de juros dos Estados Unidos – essas mesmas taxas cuja ascensão fenomenal com Paul Volcker havia levado justamente ao nascimento do Minotauro Global.

Indiscutivelmente, a cadeia de eventos que acarretou na implosão do comunismo na Polônia e na Iugoslávia começou na década de 1970 com a subida acentuada das taxas de juros logo após esses países terem aceitado ofertas de empréstimos substanciais de instituições financeiras ocidentais. A história foi semelhante em países do Terceiro Mundo, onde os movimentos de libertação nacional tinham conquistado o poder, frequentemente contra os grandes esforços ocidentais em sentido contrário.

Desde o início dos anos 1960 até 1972, os bancos ocidentais, constrangidos pelas baixas taxas de juros do plano global e por regimes regulatórios rígidos, ampliaram seus horizontes, oferecendo grandes empréstimos para países do Terceiro Mundo, satélites soviéticos (por exemplo, Polônia e Bulgária) e países comunistas que se encontravam afastados (ou semi-afastados) de Moscou (Iugoslávia e Romênia). Os empréstimos foram usados para desenvolver muitos dos necessários projetos de infraestrutura, educação, sistemas de saúde, setores industriais incipientes etc. Desta forma, em meados dos anos 1970, a maioria das economias do Terceiro Mundo (e alguns países do Leste Europeu) estavam extremamente vulneráveis a aumentos nas taxas de juros.

Assim, quando elas dispararam, como parte da estratégica "desintegração da economia mundial" de Volcker, os regimes comunistas em Varsóvia, Bucareste e Belgrado começaram a sentir o aperto. Quando perceberam sua grave dependência do "inimigo capitalista", fizeram de tudo para pagar as dívidas o mais rápido possível, impondo medidas de austeridade sobre as suas próprias forças de trabalho.[49] O resultado foi descontentamento em massa, grande agitação e os primeiros sinais de uma oposição organizada, por exemplo, a união sindical polonesa Solidariedade, líder de uma cadeia de eventos que levou ao primeiro colapso de um regime comunista.

Nesse meio tempo, e por razões semelhantes, estourou a crise da dívida do Terceiro Mundo. O FMI alegremente se ofereceu para emprestar dinheiro aos governos a fim de reembolsar os bancos ocidentais, mas a um preço exorbitante: o desmantelamento de muitos de seus setores públicos (incluindo escolas e hospitais), o encolhimento das recém-fundadas instituições do Estado e a transferência em larga escala de valiosos bens públicos (por exemplo, mineradoras, telecomunicações, petroleiras etc.) para as empresas ocidentais. Não é de modo algum um exagero sugerir que a crise da dívida do Terceiro Mundo foi o segundo desastre histórico do mundo colonizado – depois da experiência brutal da colonização e do tráfico de escravos e ela associado. Na verdade, foi um desastre do qual a maioria dos países do Terceiro Mundo nunca se recuperou completamente.

Em suma, na política externa dos Estados Unidos em todo mundo, a alta na taxa de juros, que era parte integrante da própria ascensão do Minotauro Global, provou ser mais eficaz na destruição dos inimigos políticos externos dos Estados Unidos do que qualquer operação militar que jamais sonharam orquestrar.

---

[49] Na Romênia, por exemplo, o aquecimento doméstico foi interrompido por anos, mesmo durante o mês mais frio do inverno.

Um mecanismo global de reciclagem de excedentes bastante peculiar

Na conferência de Bretton Woods, John Maynard Keynes e Harry Dexter White discordaram sobre o tipo de MGRE que seria mais eficaz para manter a economia mundial em um caminho sustentável no pós-guerra (ver capítulo 3).

Keynes queria um MGRE formal e institucionalizado que reciclasse excedentes automaticamente, reduzindo, assim, superávits e déficits de uma só vez. White, por outro lado, insistiu no direito de os Estados Unidos administrarem exclusivamente grandes excedentes e escolherem, como melhor lhes conviesse, as formas e os meios pelos quais estes excedentes seriam reciclados. White, claro, venceu a disputa, e o Plano Global permitiu aos Estados Unidos o papel privilegiado na gestão e manutenção da MGRE de acordo com o seu julgamento e interesse.

Quando os Estados Unidos perderam sua posição superavitária, o destino do Plano Global foi selado. Como vimos, os Estados Unidos usaram seus novos *déficits gêmeos* a seu favor. Em vez de perderem seu papel hegemônico, ou tentarem reduzir seus déficits, fizeram exatamente o contrário: *reforçaram sua hegemonia aumentando seus déficits.* E uma vez que os déficits devem de alguma forma ser financiados, a chave para esta segunda fase do pós-guerra era fazer com que o resto do mundo produzisse um tsunami constante de capital direcionado à Nova York.

Os dois déficits norte-americanos trabalharam harmoniosamente juntos para realizar sua nova tarefa. Quando o governo dos Estados Unidos reduziu os impostos ou gastou enormes quantias de dinheiro em mísseis (como o fez sob o presidente Reagan), o déficit orçamentário inchou. Para financiá-lo, atraiu o capital estrangeiro, que estava muito satisfeito em poder comprar títulos do Tesouro Americano (ou seja, IOUs emitidas pelo Tesouro dos Estados Unidos).[50] Esta entrada de capital ajudou a equilibrar o crescente déficit comercial do país. Enquanto isso, ambos os déficits, conjuntamente, atraíram capital para Nova York, permitindo que Wall Street ampliasse ainda mais seu crédito.

Esta peregrinação sem fim do capital do mundo para a Meca financeira global alimentou os déficits norte-americanos a tal ponto que logo come-

[50] N. do E.: IOUs são títulos emitidos pelo devedor, com credor e montante especificados, porém não negociáveis, distinguindo-se, nesse sentido, das promissórias usuais.

çaram a se parecer com uma criatura mitológica, um Minotauro Global, cuja presença tornou a economia norte-americana dependente e cuja influência rapidamente se estendeu para todas as regiões do planeta.

A dinâmica do Minotauro refletia as assimetrias em que se apoiava a nova arquitetura global. Para serem mantidas, elas tiveram que ir se aprofundando, acelerando, crescendo. Neste sentido, sua supremacia exigiu uma espécie de *engenharia negativa permanente*: os protetores do Minotauro (estrategistas como Henry Kissinger e Paul Volcker) tinham que tentar governar através do desequilíbrio, reinar através da desestabilização e prevalecer através da perturbação.

Estes movimentos desestabilizadores, que ameaçaram destruir a ordem internacional, foram contrabalanceados pelo aspecto mais intrigante do Minotauro: o fato de que ele trabalhou exatamente como um MGRE – um estranho, peculiar e terrivelmente rebelde MGRE; mas um MGRE, apesar disso. Na verdade, ele funcionou exatamente de maneira oposta à forma como o MGRE original tinha trabalhado sob o Plano Global.

Sob o GSRM do Plano Global, os Estados Unidos foram o país que acumulava superávits com o bom senso de reciclar parte dos seus excedentes para a Europa Ocidental e Japão, criando assim uma demanda para suas próprias exportações, mas também para as exportações de seus pupilos (Alemanha e Japão, principalmente). Em nítido contraste, o Minotauro Global passou a trabalhar mais tarde no sentido inverso: os Estados Unidos absorviam o capital excedente de outros povos, e depois os reciclavam comprando suas exportações.

Conclusão: o triunfo brilhante do Minotauro Global

No rescaldo da Crise de 1929, o mundo compreendeu que, em um momento de crise, o Estado (o FED e o Tesouro dos Estados Unidos) deveria entrar como emprestador de última instância. Na era do Minotauro Global, foi necessário um novo ditado: os Estados Unidos tornaram-se os gastadores de primeira instância. Seu déficit comercial tornou-se o motor de tração que tirou a produção e o comércio mundial do lamaçal de 1970. O déficit orçamentário e o setor bancário agiram como um ímã que estimulou os fluxos de capitais necessários para manter Wall Street animada e os déficits dos Estados Unidos, saciados. Não é à toa que, quando o Minotauro foi ferido em 2008, o mundo tenha mergulhado em outro lamaçal.

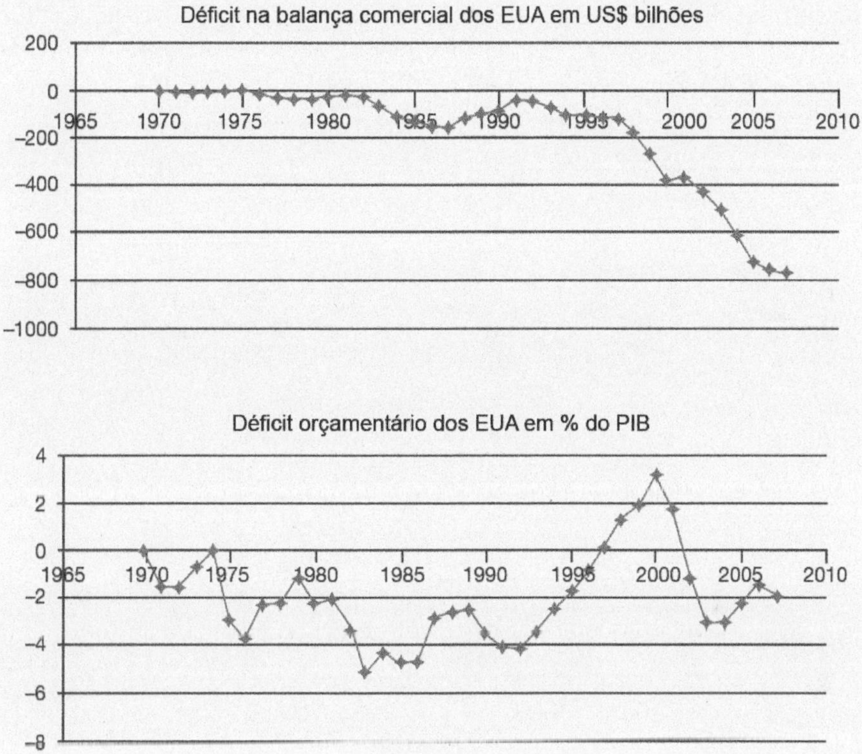

Figura 4.3
O Minotauro Global em dois diagramas

Enquanto sua supremacia dominou, o Minotauro Global realizou as funções que seus criadores haviam planejado com perfeição. As figuras 4.3 e 4.4 não deixam dúvidas sobre as mudanças tumultuosas que o Minotauro infligiu a uma economia mundial desavisada. A partir de 1975, os *déficits gêmeos* dos Estados Unidos aceleraram (com a única exceção de uma baixa durante o segundo mandato do presidente Clinton). Quanto aos seus efeitos sobre a posição econômica relativa dos Estados Unidos, a intencional "desintegração da economia mundial" que ocorreu entre a década de 1970 e o início da de 1980 teve efeitos dolorosos para todos: o PIB caiu em todo o mundo, mas, notavelmente, mais na Europa e no Japão que nos Estados Unidos. Era o prelúdio da hegemonia norte-americana revitalizada. Enquanto nos anos 1960 o crescimento dos Estados Unidos seguia atrás de seus discípulos, nas décadas de 1970 e 1980 os Estados Unidos alcançaram-nos. E, uma vez chegados os anos 1990, ultrapassaram-nos. O Minotauro Global tinha executado sua magia lendária.

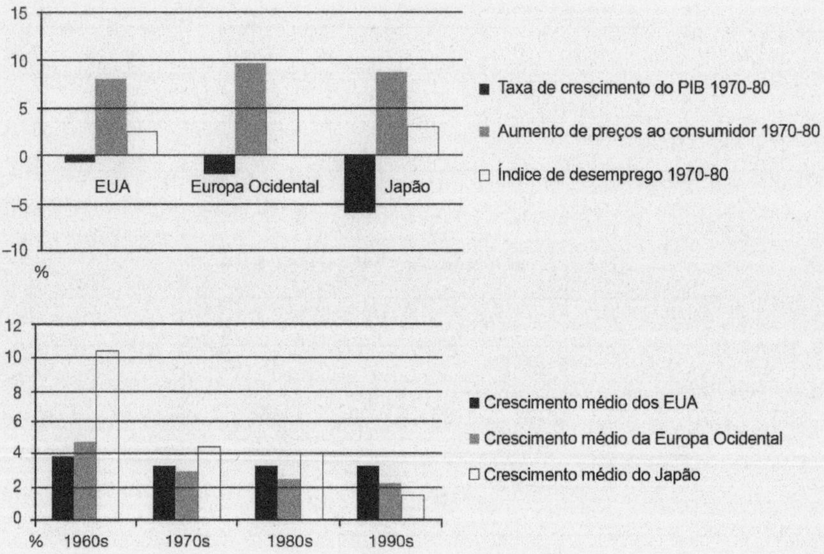

Figura 4.4
Efeitos do Minotauro Global sobre a posição relativa dos Estados Unidos

5

OS SERVIÇAIS DA BESTA

A inveja do Minotauro

No período anterior à Crise de 2008, quase todos se uniram para elogiar a economia norte-americana. Estrategistas políticos em Bruxelas, seus equivalentes japoneses em Tóquio, ex-comunistas italianos, neodireitistas renascidos no Leste Europeu – todos eles lançaram um olhar de inveja através dos grandes oceanos em direção à terra da liberdade, convencidos de que os Estados Unidos eram *o* modelo a ser urgente e inequivocamente imitado.

Florestas inteiras foram derrubadas para produzir os documentos políticos que anunciavam mais uma "nova era" – aquela em que os mercados de trabalho e financeiro não regulados, ao estilo norte-americano, prometiam novas perspectivas de prosperidade, espalhando-se, com o ímpeto do último *blockbuster* de Hollywood, de Paris a Moscou, de Amsterdã a Atenas, de Yokohama a Xangai.

A Irlanda, e até mesmo a Grã-Bretanha, foram apontadas como pioneiras nesta moderna "estrada para Damasco". O pote de ouro proverbial era esperado ao final do arco-íris anglo-celta, em algum lugar entre uma loja Walmart e um clube de banqueiros de Wall Street, entre a City de Londres e um canteiro de obras no East End, onde exércitos de *Gastarbeiter*[51] do Leste Europeu construíam novos apartamentos para os pelotões dos promissores funcionários da City londrina.

Cada membro de carteirinha do time global de comentaristas estava na mesma sintonia, convencidos de que viviam em uma época de *Grande Moderação*. Infelizmente, poucos pareciam dispostos a perceber que a realidade era completamente oposta. Sob a fachada de calmaria, o equilíbrio natural da economia mundial estava sendo devastado por um terrível Minotauro Global, cuja presença poucos estavam dispostos a reconhecer.

Incapazes de resolver sua inveja diante do Minotauro, as elites fingiram que não havia nenhum animal na sala. Sua dissimulação era tão poderosa que se convenceram de que, sim, seria possível para *todo mundo* (Europa,

[51] N. da T.: termo que descreve uma pessoa com um visto de trabalho temporário para outro país, especialmente na Alemanha.

Japão, China, Índia etc.) alcançar o mesmo sucesso que os Estados Unidos tinham alcançado (desde meados da década de 1970) simplesmente adotando o modelo norte-americano. Tomados pela tentativa de fornecer mais um testemunho sobre a capacidade humana de tornar os desejos realidade, hordas de pessoas, normalmente brilhantes, deixaram-se levar por uma extraordinária fantasia: de que seria possível para todos os principais centros capitalistas do mundo atrairem, ao mesmo tempo, um enorme fluxo de capital líquido (na casa dos US$ 3 bilhões a US$5 bilhões de dólares por dia útil, que foi a soma alcançada pelo Minotauro Global nos seus anos dourados); que seria viável para *todos* os principais centros capitalistas, não somente produzir seus próprios "Minotauros", mas também convencer o resto do mundo a alimentá-los.

Enquanto isso, o Minotauro Global ia esvaziando a economia norte-americana, ao mesmo tempo em que reforçava sua linha de fundo. Para tanto, beneficiou-se dos leais e entusiasmados préstimos de uma série de serviçais. Wall Street era, naturalmente, o mais obediente. Mas havia outros: empresas como Walmart estavam criando um novo modelo de negócio que engrossava os rios de dinheiro, enquanto políticos e economistas forneciam a cobertura institucional e "científica" que fazia todo o empreendimento parecer legítimo e até mesmo iluminado. Neste capítulo, vamos analisar os serviçais.

Quadro 5.1

Quem eram os serviçais?

O líder dos serviçais não era outro senão Wall Street. Sua primeira reação aos fluxos de capital do Minotauro foi um frenesi de aquisições e fusões, resultado da súbita entrada de dinheiro de fontes estrangeiras e lucros domésticos. Novos instrumentos financeiros, em sua maioria dispositivos de cobertura (*hedge*), logo começaram a desempenhar um influente papel.

Além de Wall Street, um segundo serviçal surgiu em cada estado e cada cidade: o onipresente Walmart, inaugurando um novo tipo de conglomerado que mostrou ao resto da América corporativa novas formas de espremer tanto os custos trabalhistas quanto os pequenos fornecedores.

Um terceiro serviçal apareceu em Washington (e em outros centros de poder político): a ideologia e a política do *trickle-down* – a ideia de que a melhor maneira de beneficiar os pobres é acumular novas riquezas na porta dos super-ricos.

Este serviçal, particularmente feio, teria perdido toda credibilidade se não fosse por um quarto pseudocientífico serviçal – a teoria econômica tóxica. Na linguagem cotidiana, ela veio a ser conhecida como a *supply-side economics*[52], mas nos grandes departamentos de economia funcionava como uma arrebatadora superstição matematizada. Seus modelos, não obstante seu grau de irrelevância como representações fiéis do capitalismo, forneceram inspiração para as fórmulas matemáticas que permitiram a Wall Street fazer duas coisas: primeiramente, argumentar que o setor financeiro deveria ser liberado de toda regulamentação e, em seguida, atrelar-se ao setor imobiliário. Na verdade, os derivativos tóxicos lastreados nas hipotecas *subprime* (aquelas armas de destruição financeira em massa que nos trouxeram a Crise de 2008) nunca teriam sido possíveis sem a teoria econômica tóxica que foi gerada nas melhores universidades, mais ou menos na mesma época em que o Minotauro nascia.

A febre das aquisições: Wall Street cria valores metafísicos

Em um ano típico antes da Crise de 2008 – mesmo antes do louco frenesi de 2006-2008, o Minotauro estava devorando mais de 70% das saídas de capitais globais. Japão e Alemanha eram as fontes primárias até os primeiros anos da virada do milênio. Por volta de 2003, a China entrou em cena como o maior contribuinte. Montanhas de dinheiro foram transferidas de todo o mundo para Wall Street, e de lá para famílias e empresas norte-americanas sob a forma de capital (participações acionárias) e empréstimos.

---

[52] N do E.: Conhecida em português como "Economia pelo Lado da Oferta", cujo principal representante é o economista Arthur Laffer.

As imensas entradas de capital, em conjunto com os aumentos na lucratividade das empresas mencionadas no último capítulo, provocaram uma grande onda de fusões e aquisições, que naturalmente produziram retornos ainda melhores para os operadores de Wall Street. Assim, os anos 1990 e 2000 viram uma enlouquecida movimentação em direção à "consolidação" – um eufemismo para quando um conglomerado compra ou se funde com outro. A compra de fabricantes de automóveis como a Daewoo, a Saab e a Volvo pela Ford e a General Motors era apenas a ponta do iceberg. Dois períodos na história do capitalismo se destacam como os pináculos da fusão e aquisição: a primeira década do século XX, quando homens como Edison e Ford construíram impérios, e os vinte anos que antecederam 2008. Não é por acaso que os dois períodos levaram a eventos catastróficos – 1929 e 2008, respectivamente.

Lendo o *Economic Report of the President*, de 1999, nos deparamos com a seguinte passagem:

> *O valor de todas as fusões e aquisições anunciadas em* 1997 *foi de quase* US$ 1 *trilhão, e a atividade em* 1998 *foi de mais de* US$ 1,6 *trilhão [...] Tendo em conta o tamanho da economia, somente a série de formações de fundos na virada do século se aproxima ao nível atual das atividades de fusão e aquisição. Medido em relação ao valor de mercado de todas as empresas americanas, no entanto, o boom dos anos* 1980 *apresenta uma dimensão comparável.*

Ambas as ondas de "consolidação" (de 1900 e 1990) tiveram importantes consequências em Wall Street, efetivamente multiplicando por um fator considerável os fluxos de capital que os bancos e outras instituições financeiras estavam manuseando. No entanto, a versão de 1990 foi mais explosiva por causa dos efeitos de dois novos fenômenos: a transferência de fluxos de capital para os Estados Unidos induzida pelo Minotauro, e a maneira como a chamada *Nova Economia*, e predominantemente as perspectivas para o e-commerce, hipnotizavam os investidores.

Em 1998, a mais importante fabricante de veículos da Alemanha, a Daimler-Benz, foi atraída para os Estados Unidos, onde tentou, com sucesso, adquirir a Chrysler, a terceira maior montadora norte-americana.

O preço que a empresa alemã pagou pela Chrysler, US$ 36 bilhões, soava exorbitante – mas na época parecia bom, tendo em vista a avaliação de Wall Street da empresa adquirida, que atingiu gritantes US$ 130 bilhões!

Motivadas pelo entusiasmo psicológico causado pelos influxos de capital induzidos pelo Minotauro, as avaliações financeiras de Wall Street eram estratosféricas. Quando a empresa de internet AOL (America Online) usou sua inflada capitalização em Wall Street para comprar a tradicional Time Warner, uma nova empresa foi formada com uma capitalização de US$ 350 bilhões. Apesar da AOL produzir apenas 30% do fluxo de lucro da empresa incorporada, acabou possuindo 55% da nova firma. As avaliações financeiras nada mais eram do que bolhas esperando para estourar. O que de fato aconteceu pouco antes da Crise de 2008? Em 2007, a Daimler-Chrysler se dividiu e a Daimler vendeu a Chrysler por tristes US$ 500 milhões (levando um "corte" de US$ 35,5 bilhões no preço que havia pago em 1998, sem contar os juros). Foi uma história semelhante à da AOL-Time Warner: até 2007, sua capitalização em Wall Street tinha sido reduzida de US$ 350 bilhões para US$ 29 bilhões, e a separação deixou ambas as empresas cambaleando.

Do outro lado do Atlântico, na outra economia anglo-celta que os europeus admiravam tanto antes de 2008, um jogo semelhante se desenrolava na City de Londres. Em 1976, pouco antes do Minotauro dar seus primeiros e vacilantes passos, as famílias que detinham os principais 10% das riquezas do mercado (não incluindo habitação) controlavam 57% da renda. Em 2003, elas controlavam 71%. Margaret Thatcher e seu governo se orgulhavam de terem introduzido o que ela chamou de uma "cultura empresarial", uma democracia dos "acionistas". Mas eles de fato o fizeram? Se tomarmos as famílias britânicas na faixa de renda dos 50% mais baixos e olharmos para a proporção do capital especulativo nacional que detinham e controlavam em 1976, o valor era de 12%. Já em 2003 tinha caído para 1%. Em contrapartida, o 1% mais rico aumentou seu controle sobre o capital especulativo de 18% em 1976 para 34% em 2003.

Quadro 5.2

A força do pensamento: como fusões e aquisições criaram valor fictício[53]

Suponha que existam duas empresas que vendem música: a Standard Records é a fabricante tradicional, com um histórico de cinquenta anos, enquanto a E-Records é uma empresa incipiente que vem atuando há apenas um ano e vende música pela internet (ao contrário de Standard Records, que ainda depende de sua rede tradicional de lojas). Suponha ainda que as seguintes estatísticas representem os fundamentos das duas empresas:

Standard Records (50 anos):
Lucro (E) = US$ 700 milhões por ano
Crescimento = 10% ao ano nos últimos 25 anos
Capitalização na bolsa de valores (K) = US$ 5 bilhões
K/E = 10 : 1

E-Records (1 ano de idade):
Lucro (E) = US$ 200 milhões no ano passado
Projeção para a porcentagem das vendas eletrônicas no período de um ano = 10% de um mercado estimado de US$ 100 trilhões = US$ 100 bilhões
Capitalização na bolsa de valores (K) = US$ 10 bilhões
K/E = 50:1

Uma pessoa prudente poderia imaginar que a Standard Records é provavelmente um investimento mais seguro. No entanto, esse pensamento era frequentemente descartado como um pensamento careta, retrógrado e pouco antenado com o futuro brilhante da E-Records. Então, esta é a maneira como Wall Street pensava: suponha que a

[53] Este exemplo é baseado em uma ideia de John Lanchester. Veja o seu artigo de 2009 "It's finished", *London Review of Books*, 31 (10).

E-Records utilizasse seu valor de mercado superior, ou capitalização (K), para comprar a Standard Records. Qual seria o valor da empresa após a fusão? Devemos apenas somar a capitalização das duas empresas (US$ 10 bilhões, mais US$ 5 bilhões = 15 bilhões)? Não, isso seria muito modesto. Em vez disso, Wall Street faz algo mais inteligente. Soma os ganhos das duas empresas (US$ 700 milhões + US$ 200 milhões = US$ 900 milhões) e multiplica pelo indicador de capitalização da E-Records. Esta pequena operação aritmética produz um número fabuloso: 50:1 vezes US$ 900 milhões = US$ 45 bilhões!

Assim, a nova empresa resultante dessa aquisição é avaliada em US$ 30 bilhões a mais do que a soma das capitalizações das duas empresas originárias (um repentino salto de 300%). Não é necessário dizer que as taxas e comissões das instituições de Wall Street que executam a fusão estão alinhadas com o número maravilhosamente grande ao qual eles miraculosamente chegaram.

A City de Londres, tão fortemente ligada a Wall Street, não poderia não imitar o espírito da financeirização que surgiu inicialmente nos Estados Unidos em resposta aos grandes fluxos de capital do resto do mundo. Dois exemplos concretos ilustram bem a mudança na lógica do poder econômico durante a época do Minotauro: Debenhams e Royal Bank of Scotland (RBS). Debenhams, a cadeia de varejo e lojas de armazéns, foi comprada em 2003 por um grupo de investidores. Os novos proprietários, que venderam a maior parte dos ativos fixos da empresa, embolsaram uns bons bilhões de libras e revenderam-na em um momento de exuberantes expectativas, por mais ou menos o mesmo preço que eles haviam pago. Os fundos institucionais que compraram a Debenhams acabaram tendo enormes prejuízos.

Ainda mais espetacularmente, em outubro de 2007, o RBS deu um lance vencedor de mais de € 70 bilhões pelo ABN-Amro. Em abril seguinte, ficou claro que o RBS sobrecarregou-se e tentou levantar dinheiro para tapar os buracos expostos pela compra do ABN-Amro. Em julho de 2008, as partes da empresa resultante da fusão que estavam associadas ao ABN-Amro foram nacionalizadas pelos governos da Holanda, da Bélgica e de Luxemburgo. Em outubro seguinte, o governo britânico entrou em cena para salvar o RBS. O custo para o contribuinte britânico? Nobres £ 50 bilhões, equivalente a cerca de € 70,97 bilhões.

Em resumo, o Minotauro Global criou fluxos de capital que impulsionaram os ganhos de Wall Street sobre fusões e aquisições (e, por osmose, os da City de Londres) para a estratosfera financeira. Apesar de parecer a muitos (erroneamente, é claro) um infinito círculo virtuoso, estes fluxos de capital reforçavam o Minotauro à medida que saciavam os *déficits gêmeos* norte-americanos. E não foram apenas os fluxos de fusões e aquisições que se envolveram em uma relação de reforço mútuo com o Minotauro Global. Dois outros fluxos de capitais eram parte integrante da mesma dinâmica: os lucros das empresas que adotavam o modelo extrativista do Walmart e as dívidas do norte-americano médio, para quem o dinheiro emprestado era o único meio de não perder completamente de vista o *American Dream*.

Hedging e alavancagem

Antes do Minotauro Global voluntariamente desintegrar a economia mundial (usando a frase sensacional de Paul Volcker em meados de 1978), os derivativos[54] eram "criaturas" fofinhas que ajudavam, de fato, os esforçados agricultores a encontrar um mínimo de segurança em um mundo perversamente incerto. A Chicago Commodities Exchange (originalmente conhecido como Chicago Butter and Egg Board) deu aos produtores, que vinham sofrendo há tempos, a oportunidade de vender antecipadamente a colheita do próximo ano a preços fixos, proporcionando-lhes assim um grau de previsibilidade.

Todos os instrumentos benignos podem tornar-se malignos à medida em que ficam maiores e mais fortes. Com os derivativos não foi diferente: enquanto se desenvolviam, foram se tornando o mais grosseiro serviçal do

[54] N do E.: Derivativos são instrumentos financeiros cujo preço de mercado deriva do preço de mercado de um bem, (como soja ou boi), ou de outro instrumento financeiro (como ações, títulos de dívida ou moedas). Os derivativos representam a forma de negociar as oscilações de preços dos ativos sem que haja necessariamente a negociação física do bem ou título em questão. No início, os derivativos foram criados para proteger os agentes econômicos (produtores e comerciantes) contra os riscos decorrentes da inflação, flutuação de preços e taxa de câmbio, entre outras variáveis. Hoje em dia, porém, esse tipo de aplicação é primordialmente utilizada para obtenção de ganhos financeiros derivados da especulação com os preços dos ativos.

Minotauro. No início, eles nos deram cobertura. Suponha que você queira comprar um ativo (por exemplo, uma pintura, uma casa ou um pacote de ações) valendo atualmente US$ 1 milhão. Embora suas expectativas sobre seu preço futuro sejam otimistas, você se preocupa com a possibilidade de que possa perder valor. Então a prudência o aconselha a comprar um seguro – uma opção de resgate para vendê-lo por, digamos, US$ 800 mil assim que quiser (dentro de um determinado período de tempo). Como qualquer forma de seguro, se não acontecer um desastre (ou seja, o preço real nunca cair abaixo de US$ 800 mil), a apólice de seguro terá sido um desperdício de dinheiro. Mas caso as ações percam 40% do seu valor, por exemplo, você estará coberto para metade dessa perda.

Esta cobertura (conhecida na economia como *hedging*) existe há muito tempo. Mas foi o Minotauro Global que lhe deu um papel totalmente novo e uma terrível reputação depois de 2008. Numa época em que os fluxos de capital para Wall Street fizeram com que seus meninos e meninas de ouro se achassem os mestres invencíveis do universo, tornou-se hábito que as opções[55] fossem utilizadas para fins totalmente opostos à cobertura de riscos. Então, em vez de comprar uma opção de venda de ações (como um seguro, caso as ações perdessem valor), os espertinhos compravam opções para comprar ainda mais! Assim, eles compravam seu US$ 1 milhão em ações e, em além disso, gastavam outros US$ 100 mil em uma opção de compra de mais US$ 1 milhão (no preço atual). Se as ações subissem, digamos, 40%, isto lhes daria um lucro líquido de US$ 400 mil sobre o US$ 1 milhão de ações, mais um adicional de US$ 400 mil sobre a opção de US$ 100 mil. Um lucro total de US$ 700 mil.

Nesse ponto, o otimista tinha um pensamento radical: por que não comprar *somente* opções? Por que se importar com ações? Porque se eles gastassem seu US$ 1,1 milhão apenas em uma opção de compra destas ações (em oposição a US$ 1 milhão em ações e US$ 100 mil na opção) e as ações subissem novamente 40%, seu lucro seria de impressionantes US$ 4,4 milhões. E isso é o que ficou conhecido como *alavancagem*: uma forma de pedir dinheiro emprestado para fazer grandes apostas, o que aumenta monumentalmente o risco. Infelizmente, a partir de 1980, a prudência

[55] N do E.: Opções são um tipo de derivativo. Existem também o mercado futuro e os *swaps*.

era para os fracos. O Minotauro estava gerando fluxos de capital que por sua vez garantiram uma maré alta em Wall Street. Essa maré submergiu quaisquer ilhas de cautela que ainda permanecessem boiando.

A partir de então pessoas "bem informadas" se juntaram para comprar novos "produtos" e "inovações" financeiras. Não havia, é claro, nada disso. Essas engenhocas "inovadoras" eram apenas novas formas de se criar alavancagem – um termo elegante para a boa e velha dívida. Sobre este assunto, a melhor citação pertence mais uma vez a Paul Volcker. Após a Crise de 2008, os barões de Wall Street entraram em modo de controle de danos, tentando desesperadamente conter a demanda popular por uma regulamentação rígida de suas instituições. Seu argumento, previsivelmente, era que o excesso de regulação iria sufocar a "inovação financeira", com consequências desastrosas para o crescimento econômico (um pouco como a máfia alertando contra a aplicação da lei por causa de suas consequências deflacionárias).

No luxuoso ambiente de uma conferência em uma noite fria de dezembro de 2009 em Nova York, todos os grandes jogadores institucionais de Wall Street estavam reunidos para ouvir Paul Volcker enfrentá-los. O comparecimento foi alto, porque o presidente Barack Obama tinha delegado a ele o planejamento do novo marco regulatório para os bancos. Volcker não perdeu tempo para começar a atacar com as palavras: "Eu gostaria que alguém me desse uma pequena prova de que a inovação financeira tem levado ao crescimento econômico: uma pequena prova". Um inconveniente banqueiro retrucou que o setor financeiro nos Estados Unidos tinha aumentado sua quota de valor crescendo de 2% para 6,5%. Volcker respondeu com uma pergunta avassaladora: "Isto é reflexo de sua inovação financeira ou apenas reflexo daquilo que você recebe?" Para acabar logo com ele, acrescentou: "A única inovação financeira da qual me lembro na minha longa carreira foi a invenção do caixa eletrônico".

A combinação de opção de compra, de cobertura [*hedge*] e alavancagem é um negócio de tal modo arriscado que, fosse no ramo farmacêutico, nem em um milhão de anos teria conseguido a aprovação da Food and Drug Administration norte-americana. Isto está agora bem compreendido. Bem menos compreendido é o fato de que, sem o Minotauro Global garantindo uma torrente constante de capital para os Estados Unidos (muitas vezes via Londres), estas práticas nunca teriam se afirmado como sistêmicas – nem mesmo em Wall Street.

Uma ideologia de preços baixos para a Era do Excesso: o efeito Walmart

O Walmart é um dos maiores conglomerados do mundo. Com um faturamento anual superior a US$ 335 bilhões, perde apenas para a gigante petrolífera ExxonMobil. O motivo para o destacarmos aqui é que o Walmart simboliza uma nova fase de acumulação capitalista – que se assemelha à lógica do Minotauro Global.

Ao contrário dos primeiros conglomerados, que evoluíram em 1900 na esteira de impressionantes invenções e inovações tecnológicas, o Walmart e seus congêneres construíram impérios com base em quase nenhuma inovação tecnológica, exceto uma longa cadeia de "inovações" que envolvem métodos engenhosos de esmagar os preços de seus fornecedores e, de um modo geral, cortar os rendimentos dos trabalhadores envolvidos em todas as fases da produção e distribuição de seus produtos. A importância do Walmart gira sobre um eixo simples: na era do Minotauro Global ele fazia negócios com base na frustração da classe trabalhadora norte-americana por ter perdido o sonho americano de um padrão de vida sempre crescente e na consequente necessidade de preços mais baixos.

Ao contrário daquelas corporações que focavam na construção de uma marca particular (por exemplo, Coca-Cola ou Marlboro), ou empresas que criam um setor totalmente novo por meio de alguma invenção (por exemplo, Edison com a lâmpada, a Microsoft com seu sistema operacional Windows, a Sony com o Walkman ou a Apple com o pacote iPod/iPhone/iTunes), o Walmart fez algo que ninguém nunca tinha pensado antes: atrelou uma nova *ideologia de preços baixos* a uma marca que se destinava a apelar para a classe média-baixa trabalhadora americana financeiramente abalada.

Tomemos, por exemplo, a Vlasic Pickles, uma marca de picles bem conhecida. A "inovação" do Walmart foi vender esses picles em vidros de 3,8 litros por US$ 2,97. Esta foi uma resposta inteligente de um varejista à demanda do mercado? Não, não foi. Quem iria querer comprar quase quatro litros de picles? Poucas famílias tinham o espaço necessário em suas geladeiras para tal item. Então, qual era o objetivo da venda? Era a *ideia* de uma quantidade enorme a um preço ultrabaixo. Clientes do Walmart, neste sentido, não estavam realmente comprando picles. Eles estavam embarcando na compra do valor simbólico dos preços baixos, na noção de terem se apropriado de uma quantidade tão grande de picles por tão pouco dinheiro. Na verdade, fazia com que se sentissem cúmplices do Walmart – associados a um ícone do poder corporativo norte-americano, os consumidores tinham forçado os produtores a disponibilizar tanto por tão pouco!

O gigantesco e barato vidro de picles na geladeira acabou representando uma pequena vitória em um tempo de derrotas para o atacado. Derrota de quem? Do trabalhador médio americano, cujos salários reais nunca haviam se recuperado desde 1973 (como vimos no capítulo anterior). Além disso, suas condições de trabalho se deterioravam à medida que empregadores copiavam fielmente, por toda parte, o modelo Walmart.

Agora, seria errado dizer que o Walmart maltrata seus empregados – e pela simples razão de que ele não tem nenhum! Pelo menos não de acordo com o Walmart, que descreve as pessoas que trabalham para ele como "associadas". O que isto significa é que a empresa não se julga propensa a considerar sua força de trabalho como humanos assalariados e vivos. Em vez disso, emprega uma linguagem orwelliana para explicar a proibição absoluta de qualquer atividade sindical em suas instalações. O resultado é uma variedade de alegações desagradáveis: a maioria dos "associados" do Walmart trabalha por menos de US$ 10 por hora,[56] habitualmente cumpre horas extras sem pagamento adicional e é muitas vezes trancada dentro dos armazéns nos turnos da noite. Estas denúncias resultaram em pelo menos 63 ações judiciais em 42 estados norte-americanos. De fato, a empresa optou por fazer acordos em todos eles, a um custo de US$ 352 milhões, uma grande quantia, mas uma mera fração dos salários "economizados".[57]

A situação nas oficinas e nos campos do Terceiro Mundo, onde as mercadorias são cultivadas ou produzidas em nome do Walmart, está, como se poderia imaginar, na fronteira com a criminalidade. Os defensores do tipo de globalização imposto ao resto do mundo pelo Walmart e o Minotauro Global vão argumentar que o crescimento tem sido forte por duas décadas em nível internacional, uma tendência que parece propensa a continuar. Certamente,

---

[56] Embora este seja superior ao salário mínimo nos Estados Unidos, também significa que os trabalhadores do Walmart vivem permanentemente abaixo da linha de pobreza, podendo ser incluídos no programa de vale-refeição do governo do norte-americano.

[57] A maior ação privada na história dos Estados Unidos envolveu uma remuneração distorcida e a não-promoção de 1,5 milhão de funcionárias mulheres.

isto é bom para os pobres. Mas o que esse argumento não percebe é o efeito distributivo de práticas semelhantes às do Walmart sobre os pobres.

Com base em vários relatórios sobre pobreza das Nações Unidas, um estudo de 2006 nos mostra que por volta de 1980, para cada US$ 100 de crescimento mundial, os 20% das pessoas de menor renda receberam US$ 2,20.[58] Duas décadas depois, em 2001, nos países mais pobres, a produção e o emprego relacionados a empresas multinacionais como o Walmart tinham aumentado substancialmente. Este é o argumento da defesa: "Nós aumentamos seu trabalho, impulsionamos o emprego", eles alegam (com alguma razão). No entanto, ao mesmo tempo, nós agora sabemos que, durante o mesmo período, um crescimento mundial adicional de US$ 100 traduziu-se em míseros US$ 0,60 extras para os 20% mais pobres. Além disso, quando se leva em conta o aumento desproporcional nos preços dos produtos básicos, bem como a diminuição nos serviços públicos, seguindo os programas de ajuste estrutural do FMI (na sequência da crise da dívida do Terceiro Mundo de 1980), não parece haver muitos motivos para comemoração no que diz respeito aos nossos semelhantes que estão enfrentando uma situação de pobreza.

No chocante documentário de 2005 de Robert Greenwald sobre a Walmart, *O Alto Custo do Preço Baixo*[59], uma mulher que trabalha em uma fábrica de brinquedos chinesa pergunta: "Você sabe por que os brinquedos que você compra são tão baratos?", e então prossegue sem fôlego para responder à sua própria pergunta: "É porque nós trabalhamos o dia todo, todos os dias e todas as noites."

Walmart: uma corporação com a cara do Minotauro

O efeito imediato do "modelo de negócio" do Walmart (que foi adotado por muitas outras empresas, por exemplo, a Starbucks) foi, obviamente, anti-inflacionário. Isto foi essencial para a manutenção da boa saúde do Minotauro Global, uma vez que o fluxo de capital estrangeiro para os Estados Unidos era parcialmente sustentado pelo fato da inflação norte-americana ser inferior àquela de outros centros capitalistas. Pode-se argumentar, em defesa do Walmart, que se estava simplesmente reagindo aos fatos. À medida que o Mi-

[58] New Economics Foundation (2006) *Growth Isn't Working: The unbalanced distribution of benefits and costs from economic growth*, London.
[59] N. do E.: Disponível em <https://youtu.be/YvURUfKLeG0>.

notauro ganhava força, os trabalhadores norte-americanos sentiam na carne a diminuição do seu poder de compra. O Walmart simplesmente respondeu a esta realidade, fornecendo-lhes produtos básicos a preços que refletiam sua reduzida capacidade financeira. Não seria essa uma ajuda decente de que as famílias norte-americanas ameaçadas pela pobreza necessitavam?

Os fatos vão em outra direção: o efeito geral do Walmart tem sido exatamente o contrário. Onde o Walmart se expandiu, as taxas de pobreza aumentaram. Considere, por exemplo, a década de 1990, um período de rápido crescimento nos Estados Unidos, cortesia do Minotauro Global e sua surpreendente capacidade de atrair para o país capital de outras regiões. Assim, as taxas de pobreza começaram a cair (apenas para subirem novamente a partir de 2001, sob a administração de George W. Bush). Durante aquela década de declínio, algo extraordinário aconteceu: as taxas de pobreza não só insistiram em se manter nas cidades onde o Walmart se estabeleceu, como inclusive aumentaram em muitas destas regiões, contrariando a tendência nacional!

Resumindo, então, o Walmart representa mais do que o capitalismo corporativo oligopolista. Ele representa uma nova forma de corporação, que evoluiu em resposta às circunstâncias provocadas pelo Minotauro Global. O modelo de negócio extrativista do Walmart retificou o barateamento e lucrou com a queda dos preços e queda do poder de compra da classe trabalhadora norte-americana. Trouxe o Terceiro Mundo para cidades e regiões norte-americanas e exportou empregos para o Terceiro Mundo (por meio da terceirização), causando o esgotamento tanto dos "recursos humanos" quanto do meio ambiente natural em todos os lugares por onde passou. Para onde quer que olhemos, mesmo nas corporações tecnologicamente mais avançadas dos Estados Unidos (por exemplo, a Apple e sua relação com a Foxconn), não podemos deixar de reconhecer a influência do modelo Walmart. O Minotauro Global e o Walmart alcançaram proeminência quase ao mesmo tempo. E não foi por acaso.

Casas infectadas, dinheiro tóxico: Wall Street gera seu próprio dinheiro privado

Com salários estagnados, em um contexto de notável especulação e de uma blitz promocional que incessantemente apresentava os novos dispositivos e apetrechos necessários para uma vida bem-sucedida, os bancos tiveram uma ideia: por que não usar suas crescentes entradas de capital (do exterior, mas também do acúmulo dos lucros internos) para estender crédito às famílias da classe média e trabalhadora sob a forma tanto de hipotecas e empréstimos pessoais quanto de cartões de crédito?

Havia um tempo em que as pessoas de renda relativamente baixa corriam o risco de aceitar linhas de crédito apenas na expectativa de futuros aumentos salariais. Na era do Minotauro Global, no entanto, não poderia haver expansão de crédito com base nisso. Enquanto o trabalhador norte-americano médio era bombardeado com relatos heroicos de altas taxas de crescimento nos Estados Unidos, qualquer esperança despertada por estes números era sempre esmagada pela crueldade de sua realidade pessoal. A única linha de comunicação com esse "outro mundo" onde a renda aumentava e os padrões de vida melhoravam era a aquisição da casa própria. Numa época em que o aumento dos preços dos imóveis parecia permanente, tijolos e argamassa tornaram-se a única real esperança de subir na escada rolante da riqueza.

Assim, milhões de norte-americanos tomaram empréstimos para comprar uma casa e, quase instantaneamente, usaram-na como garantia para comprar outras mercadorias (em sua maioria importadas). O resultado foi que os níveis da dívida privada aumentaram ainda mais rápido do que a rentabilidade das empresas nos Estados Unidos e em outras partes do mundo (principalmente aquelas com uma forte carga étnica anglo-celta) que tinham conseguido pegar carona no sucesso do Minotauro. Nos Estados Unidos, os aumentos nos níveis de dívida sem garantia foram impressionantes. Na década de 1970, dívidas de cartão de crédito pessoal aumentaram 238% em relação a 1960. Nos anos 1980, o aumento relativo a 1970 saltou para 318%. Na década de 1990, os níveis de dívida aumentaram de novo (em relação a 1980) "somente" em 180% (em grande parte por causa da recessão de 1991). E nos oito anos anteriores à Crise de 2008 observamos um aumento (em relação à já endividada década de 1990) de 163%.

O efeito mais amplamente sentido da ascendência do Minotauro Global foi o seu impacto sobre os preços das casas. Países anglo-celtas, com a liderança dos Estados Unidos, assistiram às maiores subidas nos preços dos imóveis. A combinação das entradas de capitais estrangeiros, dos lucros domésticos norte-americanos e do aumento da disponibilidade de empréstimos bancários empurrou os preços das casas para cima em uma velocidade vertiginosa. Entre 2002 e 2007, o preço médio de uma casa aumentou em cerca de 65% na Grã-Bretanha, 44% na Irlanda e entre 30% e 40% nos Estados Unidos, Canadá e Austrália.

Há uma antinomia interessante na forma como a cultura popular e os "comentaristas" financeiros lidam com os aumentos no mercado imobiliário. Enquanto a inflação é tratada como um flagelo e um inimigo da civilização, aumentos de preços de imóveis são quase universalmente aplaudidos. Os proprietários se sentem bem quando as imobiliárias lhes dizem que suas propriedades agora valem muito mais, mesmo sabendo muito bem que isto é semelhante a dinheiro de Banco Imobiliário[60] e que, a menos que eles estejam preparados para vendê-la e deixar o país (ou mudar para uma casa muito menor ou para uma área "pior"), eles nunca irão "converter" aquele "valor". No entanto, o aumento do valor nominal do ativo nunca deixa de fazer com que os donos da casa se sintam mais à vontade para tomar empréstimos a fim de financiar seu consumo. Isto é precisamente o que sustentou a impressionante taxa de crescimento em lugares como Grã-Bretanha, Austrália e Irlanda.

A figura 5.1 expõe com clareza a correlação entre a taxa de inflação dos preços médios dos imóveis e o crescimento do consumo. Os países anglo-celtas onde os preços das casas cresceram foram também os países onde o consumo aumentou rapidamente. Enquanto isso, nos dois *ex-protegidos* dos Estados Unidos – Alemanha e Japão (os dois países que estavam financiando os déficits americanos através da sua produção industrial, que os países anglo-celtas, por sua vez, estavam absorvendo) –, não só os preços das casas não aumentaram, como na verdade caíram, pelo menos no caso da Alemanha.

---

[60] N. do E.: Referência ao jogo de tabuleiro que usa dinheiro fictício para simular o mercado imobiliário.

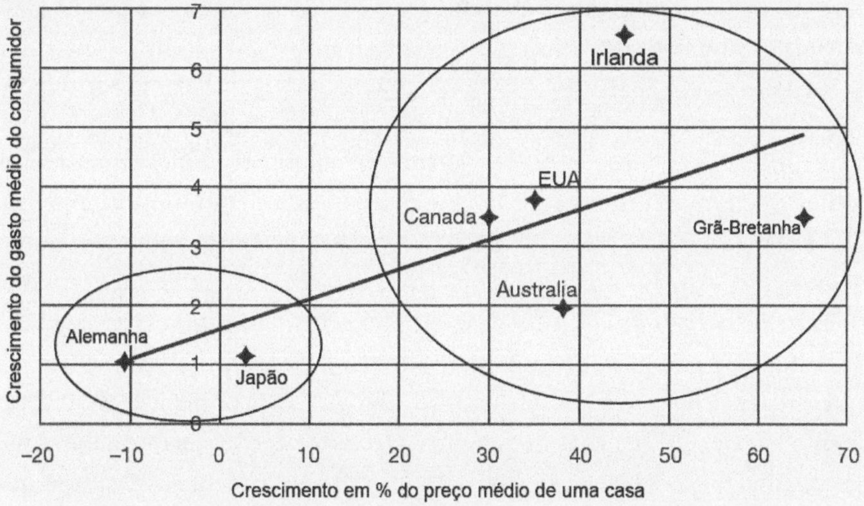

Figura 5.1 Correlação entre a inflação do preço médio dos imóveis e o crescimento no gasto do consumidor, 2002 2007

A correlação gráfica entre a bolha imobiliária e o crescimento impulsionado pelo consumo, mostrada na figura 5.1, foi reforçada por um famoso instrumento: derivativos securitizados ou obrigações garantidas pela dívida (aquelas CDOs novamente). Como é que eles conectaram a dívida imobiliária com o crescimento puxado pelo consumo? Para responder a esta pergunta, é útil começar com uma verdade autoevidente: o princípio fundamental dos bancos tem sido tradicionalmente "nunca emprestar a ninguém, a não ser que não precisem do dinheiro". Mas este princípio entrou em confronto com a ânsia de emprestar aos que eram pobres o suficiente para se disporem a pagar taxas de juros mais elevadas do que aqueles que tinham outras alternativas (ou seja, os ricos). Entram em cena as CDOs.

Sua função era permitir que os bancos emprestassem até para os indigentes, e a altas taxas de juros, sem medo de inadimplência. Não era uma fórmula mágica para proteger os pobres da pobreza, os que corriam o risco de demissão de se tornarem desempregados ou evitar a falência dos falidos. Era um truque para que as CDOs permitissem os bancos a criar e distribuir dinheiro, concedendo empréstimos e depois vendendo imediatamente aqueles empréstimos.

O truque era combinar diferentes tipos de empréstimos: empréstimos seguros (por exemplo, tomado por um advogado rico para comprar uma casa de férias), empréstimos que carregam algum risco (por exemplo, dinheiro emprestado a uma empresa com um histórico decente) e empréstimos de baixa qualidade e alto risco (*subprime*, uma hipoteca contraída por uma família que quase certamente não conseguiria honrar com seus pagamentos após o vencimento do período inicial de juros baixos) foram todos agrupados e em seguida divididos em pequenos pacotes, as CDO's, cada um contendo fatias (ou *tranches*) destes diferentes empréstimos, com cada fatia pagando diferentes taxas de juros e vindo com diferentes riscos de inadimplência.

A matemática que estimava quanto dinheiro o proprietário desta CDO deveria receber em sua data de vencimento era tão complexa que até mesmo seu criador não conseguia decifrá-la. No entanto, a mera sugestão de que brilhantes mentes matemáticas haviam projetado sua estrutura, e o sólido fato de que respeitadas e temidas agências de classificação de Wall Street lhes tinham dado seu selo de aprovação (que veio na forma da classificação Triplo-A), foram suficientes para que bancos, investidores individuais e fundos de *hedge* as comprassem e vendessem internacionalmente como se fossem títulos soberanos Triplo-A ou até mesmo dinheiro.

Este, como o leitor provavelmente já terá deduzido, é o triste conto das hipotecas *subprime*. A história de como Wall Street, não satisfeita em processar e desenvolver o tsunami de capital estrangeiro e lucros corporativos domésticos que o Minotauro estava lhe direcionando, tentou lucrar também com os pobres, vendendo-lhes hipotecas que nunca seriam realmente pagas. Até 2005, mais de 22% das hipotecas norte-americanas eram do tipo *subprime*. Em 2007, o percentual subira ainda mais, para 26%. Todas elas foram incorporadas às CDOs antes que a tinta secasse na linha de assinatura.

Em números brutos, somente entre 2005 e 2007, os bancos de investimento dos Estados Unidos emitiram cerca de US$ 1,1 trilhão em CDO. Em termos de valor, em 2008, os títulos assegurados por hipotecas chegaram a quase US$ 7 trilhões, dos quais pelo menos US$ 1,3 trilhão se baseava principalmente nas hipotecas *subprime*. A importância do número de US$ 7 trilhões é que é maior até mesmo que o tamanho total da dívida norte-americana (indiscutivelmente gigantesca). Mas, para pintar um retrato exato do desastre em formação, é importante olhar para estes valores astronômicos em relação a outros, bem como ao nível da renda global: em 2003, para cada US$ 1 de renda mundial, circulavam US$ 1,80 em derivativos. Quatro anos depois, em 2007, essa proporção havia aumentado 640%: cada US$ 1 da renda mundial correspondia a quase US$ 12 em derivativos. O mundo das finanças evidentemente havia crescido muito para ficar restrito ao planeta Terra!

Foi um tempo heroico, durante o qual dinheiro parecia florescer em árvores. As empresas tradicionais – aquelas que realmente produziam objetos físicos – foram ridicularizadas como velharias. Qual produtor de aço, fabricante de automóveis ou mesmo empresa de eletrônicos poderia competir com os lucros surpreendentes de Wall Street? Todos os tipos de empresas queriam participar. Corporações sérias, como a General Motors, entraram no esquema dos derivativos por esta razão. Primeiramente, permitiram a seu braço financeiro (cujo objetivo era fornecer empréstimos para ajudar clientes que não podiam pagar o preço total do produto da empresa, por exemplo, financiamento de carros) mergulhar um dedão no pote dos derivativos. Elas gostaram da sensação das verdinhas entrando. Logo, aquele braço financeiro tornou-se a parte mais lucrativa da empresa. Assim, acabaram confiando mais e mais sua rentabilidade aos seus serviços financeiros, e menos a seu produto real e físico.

Em pouco tempo, a economia mundial ficou viciada nesses instrumentos financeiros, dos quais as CDOs eram apenas um exemplo. Logo eles começaram a funcionar não só como "reservas de valor", mas também como "meio de troca": tinham se transformado em uma forma muito particular de dinheiro. Depois que a administração Bill Clinton liberou Wall Street de todas as restrições regulamentares (por uma decisão que é creditada ao secretário do Tesouro norte-americano Larry Summers), a economia global foi inundada com o empréstimo deste *dinheiro privado*. Sua fonte infinita manteve as taxas de juros baixas em todo o mundo, alimentando as bolhas de ativos (de Miami e Nevada à Irlanda e Espanha) e encorajando estados em déficit crônico (por exemplo, a Grécia) a tapar os buracos em seus orçamentos com empréstimos baratos.

Note a ironia: em um mundo ideologicamente dominado pelo conservadorismo monetário, e cheio de longos discursos a respeito dos perigos da impressão de dinheiro, a efetiva oferta de dinheiro tinha sido entregue a especuladores empenhados em inundar os mercados com dinheiro criado por eles mesmos. Como isso difere, realmente, de entregar máquinas de impressão do FED à máfia? A resposta honesta é: não há muita diferença.

De acordo com a teoria econômica conservadora tradicional, dinheiro demais entrando na economia, especialmente durante uma recuperação econômica, é uma receita para a perda catastrófica da capacidade do mercado de mandar sinais significativos aos produtores e consumidores sobre o que produzir e como poupar. E, no entanto, nenhum destes sacerdotes do conservadorismo fiscal e monetário demonstraram qualquer preocupação enquanto zilhões de dólares em dinheiro tóxico privado (sobre cuja quantidade e valor ninguém tinha o menor controle) estavam inundando o mundo. Pois eles, assim como o capitalismo corporativo nos Estados Unidos e em outros lugares, tinham também se tornado viciados no poder da modernosa moeda.

Quando a farra acabou, em 2008, e todo o dinheiro privado desapareceu da face da Terra, restou ao capitalismo global o que parecia uma enorme crise de liquidez. Era como se o lago tivesse evaporado e os peixes, grandes e pequenos, estivessem se debatendo na lama. O problema era, no entanto, mais profundo e mais amplo. A perda do dinheiro privado deixou o Minotauro Global de joelhos. Junto com ele desabou o único mecanismo que a economia mundial tinha para reciclar seus excedentes. O resultado é uma crise da qual nenhuma injeção de liquidez pelo FED e outros bancos centrais pode nos ajudar a escapar.

Teoria tóxica, Parte A: política *trickle-down*, economia pelo lado da oferta

Quando Ronald Reagan chegou à Casa Branca em 1981, o jovem Minotauro Global já estava em atuação – ou completamente no controle. Dentro dos Estados Unidos, seus serviçais cuidavam dele, preparando-o para o que estava por vir. Com os *déficits gêmeos* norte-americanos se expandindo gradualmente, a marca da besta sobre a sociedade norte-americana e sua influência sobre a economia mundial crescia dia após dia. O que Reagan indubitavelmente adicionou à mistura foi uma ecologia política e econômica que se mostrou muito conveniente ao Minotauro.

A retórica de Reagan teve impacto no final de uma década confusa, durante a qual o orgulho da nação norte-americana havia recebido a pior sequência de golpes em sua história: o país virou refém de um grupo de produtores de petróleo do Oriente Médio; foi derrotado no campo de batalha pelos vietcongues; extirpado do Irã pela revolução de Khomeini; e seguiu passivamente inerte enquanto o Exército Vermelho marchava para o Afeganistão. A sociedade norte-americana também sentiu nos ossos os efeitos nocivos de novas tensões sociais causadas pela interrupção do aumento dos salários reais. O público norte-americano estava sedento por uma inflamada convocação à luta, por um novo "paradigma" que restaurasse a autoestima. O presidente Reagan fez a vontade de seus "companheiros americanos", como ele gostava de chamá-los: suas ofertas foram impostos mais baixos, armamentos e um retorno aos bons e velhos valores puritanos.

A ideia básica não era nem nova nem complicada: tirar o governo do caminho dos norte-americanos, deixá-los com seus ganhos e permitir que continuassem com suas vidas. Na realidade, se tratava de um amplo abandono da noção inspirada por 1929 de que o mercado era caprichoso demais para ser deixado nas mãos das empresas e consumidores; e que o governo dos Estados Unidos deveria disciplinar, persuadir e orientar o progresso do setor privado, a fim de evitar outro colapso, não só em nível local mas também global. Em certo sentido, a mensagem de Reagan retomava a ideia anterior de Volcker: consistia em dizer que os interesses dos Estados Unidos exigiam uma "desintegração na economia mundial".

A única diferença era que o velho ator de filmes B expressou isto de maneira mais simples: não há sucesso coletivo sem o desimpedimento do livre sucesso individual. Se, aos olhos de muitos, os Estados Unidos pareciam estar estagnados, era porque o "Grande Governo" os estava contendo. Com um setor privado potencialmente produtivo puxando a carroça de um egocêntrico Leviatã, a única coisa necessária era que fossem cortadas as amarras e o Leviatã colocado em seu lugar. E qual era o seu lugar, o seu único papel legítimo? A defesa da nação. E isso só poderia ser alcançado se os militares norte-americanos fossem autorizados a projetar seu poder aos quatro cantos do planeta.

Uma vez totalmente aprovado pelo eleitorado americano, Washington deu início a políticas econômicas pelo lado da oferta, e a aumentos maciços no orçamento militar. Privilegiar o "lado da oferta" da economia era um sinal para a redução de todos os obstáculos à acumulação de capital. Na prática, isso significava grandes reduções de impostos para os mais ricos, reduções nos programas de gastos sociais e a remoção de muitas restrições em Wall Street que eram remanescentes da era do Plano Global. Enquanto isso, os recentes gastos militares se revelavam uma benção para a grande rede industrial ligada à indústria bélica e às aquisições para defesa do Estado.

Quando as vozes dissidentes apontaram que os cortes de impostos favoreciam os ricos (especialmente quando combinadas com cortes nas prestações sociais para os pobres), a resposta-padrão vinha na forma do chamado efeito *trickle-down*: enquanto os ricos se enriquecem ainda mais (assim dizia a teoria), seus gastos e investimentos escoam sobre os menos privilegiados de forma mais eficaz do que através de transferências financiadas pelos impostos cobrados dos mais ricos.

Quadro 5.4

O efeito *trickle-up*

O efeito *trickle-down* foi concebido para legitimar reduções nas taxas de impostos para os ricos, sugerindo que seu dinheiro extra escorreria para os pobres. Todas as evidências empíricas desmontam essa hipótese. Simplificando, isso nunca aconteceu. As riquezas crescentes dos visivelmente mais ricos nunca alcançaram a sofrida classe média baixa. Na verdade, aconteceu exatamente o oposto: um efeito bastante diferente, o efeito *trickle-up*, foi gerado pelo mercado dos derivativos securitizados. Como vimos, a securitização das dívidas com risco para os pobres (por exemplo, a conversão de hipotecas *subprime* em CDO) tem o efeito de tornar o credor inicial indiferente à possibilidade ou não do empréstimo ser reembolsado (pois já terá vendido a dívida para outra pessoa). Estes pacotes de dívidas securitizadas são depois vendidos e revendidos com enormes lucros (ou eram, antes da Crise de 2008). Os ricos, num sentido importante, tinham descoberto outra engenhosa forma para ficarem mais ricos – negociando ativos de papel que embalavam os sonhos, as aspirações e o eventual desespero dos mais pobres.

A combinação de enormes aumentos nos gastos militares (em uma magnitude bem acima dos débeis recursos economizados com os cortes no orçamento de serviços sociais) e reduções generosas na tributação dos ricos encheu as contas do governo dos Estados Unidos de tinta vermelha.

A ironia é verdadeiramente deliciosa: a maior expansão dos déficits orçamentários do pós-guerra foi efetuada por uma administração cuja retórica contra o esbanjamento do governo foi a mais acentuada da história.

O Minotauro Global não poderia ter imaginado possuir melhores vassalos na Casa Branca e nos diversos corredores do poder. À medida que o déficit orçamentário dos Estados Unidos explodia, ele acelerava o tsunami de capital estrangeiro para Nova York. Ansioso para comprar a segura dívida norte-americana em um momento de incerteza geral, o excedente do mundo estava sendo derramado nos Estados Unidos, permitindo que Wall Street criasse ainda mais dinheiro privado para alimentar ainda mais os gastos dos consumidores.

No ano anterior à vitória presidencial de Ronald Reagan, Margaret Thatcher tinha sido eleita no Reino Unido com um manifesto político similar. A diferença era que o governo dela herdou uma economia que havia estado em declínio durante quase um século. Além disso, era uma economia social, em que a classe operária tinha conseguido, especialmente após a Segunda Guerra Mundial, garantir um considerável poder sobre os assuntos econômicos (tanto através do estabelecimento de um grande estado de bem-estar como através da nacionalização de grandes setores industriais, por exemplo, carvão e aço).

Os "comentaristas" formadores da opinião pública saudaram a primeira-ministra Thatcher por ter transplantado com sucesso o milagre norte-americano ao solo europeu. A palavra dominante era que, se a Europa quisesse tornar-se competitiva novamente, deveria seguir o exemplo da Dama de Ferro privatizando indústrias, desregulamentando mercados de trabalho e reduzindo os custos do trabalho.

O problema era que esta narrativa não resistia a uma análise mais minuciosa. O governo de Margaret Thatcher nunca reduziu os custos unitários do trabalho. O que ele fez foi golpear a produção industrial, "livrando" a Grã-Bretanha de muitos de seus setores industriais tradicionais e, no processo, de seus incômodos sindicatos. Isto, sem dúvida, Thatcher conseguiu fazer. Mas que efeito a destruição dos sindicatos teve sobre os custos trabalhistas britânicos?

A resposta aqui é mais complexa do que a maioria dos comentaristas reconhece. Juntamente com as indústrias de mineração e siderurgia, que suportaram o peso das reformas, milhões de empregos em tempo integral desapareceram para sempre. A parcela da renda nacional que ia para os trabalhadores caiu dramaticamente e áreas inteiras da Grã-Bretanha foram tomadas por condições semelhantes às do Terceiro Mundo. Mas a única coisa que não aconteceu foi aquela pela qual Thatcher recebeu o crédito: o salário real por hora não caiu. De fato, e em nítido contraste com a experiência dos Estados Unidos, ele aumentou consideravelmente.[61]

Fica claro agora que o impressionante sucesso eleitoral de Thatcher em 1983 e 1987 (não obstante o sistema eleitoral da Grã-Bretanha de maioria simples) deveu-se a dois fatores. Em primeiro lugar, muitas das 4,5 milhões de pessoas sem emprego estavam desgostosas e desacreditadas demais para se preocupar em votar. Em segundo lugar, os trabalhadores que se seguraram em seus empregos viram seus salários reais aumentarem. Além disso, Thatcher dava-lhes regalias que os colocavam em um clima especulativo, em sintonia com o frenesi financeiro de Wall Street e da City de Londres.

As regalias vinham em duas formas: vendendo aos trabalhadores (a preços muito baixos) as *council houses* em que estavam vivendo[62] e oferecendo-lhes ações em empresas recentemente privatizadas (como a British Telecom, a British Gas e o Trustee Savings Bank) muito abaixo do preço de mercado[63]. Ambas as iniciativas incentivaram os segmentos da classe trabalhadora ainda relutante a aprovar uma economia que colocava todos os seus ovos na cesta da especulação – inclusive os preços das casas e os preços das ações.

Como previsto, a tão alardeada democracia dos acionistas durou apenas alguns dias, já que os cooptados trabalhadores imediatamente venderam suas

[61] O capítulo anterior destacou como o Minotauro Global se revelou brutal para o norte-americano médio. Poder-se-ia dizer com segurança que, como resultado de seu sucesso, nunca antes tão poucos norte-americanos tiveram tanto, enquanto outros tantos tiveram que sobreviver com tão pouco. Ver James Galbraith (1989) *Created Unequal: The crisis in American pay*, New York: The Free Press.

[62] N da T.: As *council houses*, típicas da Inglaterra, são moradias sociais ou públicas, construídas e operadas por conselhos locais. Para viver nelas, seus moradores pagam uma espécie de aluguel, subsidiado, sem nunca se tornarem seus proprietários.

[63] Estas últimas regalias foram chamadas de emissões "especulativas": vendas de ações a preços tão baixos que fortemente excederam a quantidade de subscrições e, portanto, tiveram que ser racionadas. Quando o Trustee Savings Bank foi vendido, ele nem sequer pertencia ao governo britânico, mas aos titulares de suas contas correntes. O governo teve que burlar a lei para privatizá-lo. Em alguns casos, como o da British Petroleum, os conselheiros do governo eram também os subscritores da emissão, e o desastre após uma forte queda da bolsa logo antes da programada oferta pública inicial de ações foi evitado com o governo garantindo o preço das ações.

ações para os conglomerados. Eles fizeram a mesma coisa com suas casas, numa tentativa de se mudarem para bairros melhores e fazer algum dinheiro extra no processo, uma vez que grande parte do preço da nova casa seria pago com uma hipoteca. A recente privatização das moradias encorajou os bancos a estender as facilidades de hipotecas e cartões de crédito às famílias que nunca as haviam tido. O concomitante aumento da procura por casas aumentou seus preços, e deu aos trabalhadores a ilusão de que estavam ficando mais ricos. Por trás de seus crescentes "ativos", os bancos corriam para emprestar dinheiro aos trabalhadores para que saíssem de férias, comprassem um carro, trocassem seu aparelho de som etc. No final, a dívida das famílias, os preços das casas e todos os níveis de gastos subiram simultaneamente.

Enquanto isso, a tradicional força exercida pela City de Londres na esfera das finanças, sua desregulamentação sob o governo Thatcher (também conhecida como Big Bang) e suas ligações com Wall Street asseguraram que uma parcela significativa da fuga de capital estrangeiro para os Estados Unidos passaria por ela. Essa passagem deu às instituições ligadas à City acesso a vultosas quantias de dinheiro, mesmo que por apenas um curto período de tempo. Nada excita mais os banqueiros do que o desafio de fazer dinheiro para si mesmos recorrendo a fundos transitórios. Ao lado dos recursos obtidos a partir das privatizações das indústrias do Reino Unido e do estoque nacional de *council houses*, assim como a montanha de empréstimos tomada pela população britânica, estes fluxos financeiros criaram uma potente torrente que fez com que a City de Londres prosperasse.

Concluindo, ao longo das últimas três décadas, muitas avaliações foram feitas sobre os anos Reagan-Thatcher. Do ponto de vista deste livro, basta dizer que a política da famosa dupla se mostrou imensamente útil para a ascensão do Minotauro Global. A imagem da Grã-Bretanha como uma sociedade empreendedora e todo o burburinho gerado pelos arrogantes agentes imobiliários e espertos banqueiros dependiam fortemente do mercado acionário da City e do aumento dos preços das casas. Estas bolhas gêmeas se desenvolveram pela simples razão de que Londres tinha habilmente se posicionado como uma estratégica parada na rota migratória que o capital do mundo tomava para reabastecer a bolsa de Nova York.

Teoria tóxica, Parte B: modelos econômicos e desilusões variadas

O Minotauro Global contava com que os governos fossem simpáticos a ele e se mantivessem fora de seu caminho enquanto sua musculatura ganhava forma. A política do neoliberalismo introduzida por Thatcher e Reagan foi-lhe bem útil. Mas ele precisava de mais: uma nova variante da teoria econômica que passasse um verniz de legitimidade científica às políticas reais.

Já discutimos a essência destas teorias econômicas (ver capítulo 1). Fosse qual fosse seu verdadeiro conteúdo, dois seriam os pré-requisitos que as teorias econômicas tinham que cumprir para serem consideradas *realista*s e *oportunas* numa época em que a economia mundial estava, como Paul Volcker sugeriu, prestes a sofrer uma deliberada desintegração. Em primeiro lugar, as teorias econômicas tinham que se distanciar da ideia de que uma economia pudesse ser racionalmente gerida. Em segundo lugar, tinham que apresentar um modelo de economia em que restrições regulamentares sobre a acumulação de capital e todas as formas de contenção democrática sobre livres mercados se mostrassem não somente ineficientes, mas absurdas.

Ambos pré-requisitos foram atendidos por um modelo formalista (que veio com múltiplos aspectos, todos adornados com uma impressionante complexidade matemática)[64] no qual o capitalismo aparecia sob uma de duas formas: ou como um sistema estático de mercados atemporais interligados em um estado de equilíbrio permanente, ou como um sistema dinâmico, movendo-se ao longo do tempo, mas constituído por um único indivíduo (chamado de *agente representativo*) ou um único setor. Em suma, uma geração de economistas cresceu com modelos econômicos que poderiam lidar com complexidade *ou* tempo, mas nunca com os dois ao mesmo tempo.

A grande vantagem destes modelos era que eles apresentavam uma descrição do capitalismo tão matematicamente complexa que os especialistas poderiam passar a vida inteira analisando suas estruturas formalistas extremamente complicadas sem nunca perceber que, pela forma como foram construídos, os seus modelos não poderiam sequer começar a simular o capitalismo existente.

---

[64] Lembre-se das três teorias que foram discutidas no capítulo 1: Hipótese do Mercado Eficiente (HME), a Hipótese das Expectativas Racionais (HER) e a Teoria dos Ciclos Reais de Negócios (TCRN).

É verdade que todos os modelos são abstrações e sua finalidade é simplificar. Em física, por exemplo, alguém começa com muitas hipóteses simplificadoras (por exemplo, que não há atrito ou mesmo gravidade) a fim de compreender algumas leis básicas da natureza. Mas, em seguida, começa-se progressivamente a flexibilizar os pressupostos irrealistas. À custa de maior complexidade, o físico obtém, portanto, variantes mais úteis à teoria.

Não é assim na economia. Na teoria econômica, o processo de flexibilizar gradualmente as hipóteses detêm-se antes mesmo de entrar em curso. Se a falta de gravidade é um exemplo de um dos pressupostos mais restritivos na física, o equivalente econômico seria de que não existe tempo. Ou que todos os consumidores e as indústrias são idênticos. Mas, ao contrário da física, que pode flexibilizar suas hipóteses para chegar mais perto da verdade, a economia não pode. De fato, há um notável teorema na economia provando que os modelos econômicos passíveis de solução não podem lidar com tempo e outras complexidades simultaneamente.[65]

A importância prática dessa impossibilidade não deve ser subestimada. Na verdade, ela explica em grande parte como a teoria econômica acabou tornando-se um dos mais leais serviçais do Minotauro Global. Pois, se nenhum modelo econômico matematizado consegue retratar as transações em tempo real de pessoas e indústrias diferentes, então a modelagem econômica deve se divorciar de qualquer teoria de crise.

Afinal, uma crise é, por natureza, um fenômeno dinâmico que afeta uma sociedade composta por muitas pessoas (e muitas indústrias) desdobrando-se em tempo real. Robinson Crusoé pode ter sofrido tristeza, fome ou uma crise existencial, mas nunca poderia passar por uma crise econômica (pelo menos não antes da chegada de Sexta-Feira).[66] Crises exigem uma falha de coordenação entre pessoas e setores diferentes, um colapso na capacidade de uma economia de utilizar coletivamente seus recursos individuais. Não é uma falha científica peculiar o fato da economia ma-

---

[65] Não é este o lugar para entrar nas provas detalhadamente. Caso haja interesse, por favor consulte Y. Varoufakis, J. Halevi and n. Theoca-rakis (2011) *Modern Political Economics: Making sense of the post 2008 world*, London and new York: Routledge.

[66] N. da T.: Outra personagem do livro de Daniel Defoe. No livro, Crusoé permanece solitário até que encontra o nativo Sexta-Feira, que fugia de uma tribo canibal. Ambos fazem o possível para vencer e reencontrar a paz.

temática não poder sequer começar a relacionar suas equações à ideia de uma Crise, apesar de toda sua incompreensível complexidade?

Tendo em conta que a história da economia matemática se resume a um dramático fracasso científico, por que estou afirmando que, como um corpo teórico, a economia acabou se tornando um dos serviçais da besta? Por duas razões. A primeira é fácil de discernir: quando o arcabouço da teoria econômica moderna não deixa um espaço lógico para as Crises e descreve o capitalismo como um sistema de mercados interligados num equilíbrio atemporal, ela serve como suporte ideológico ao fundamentalismo do livre mercado. A segunda e menos óbvia razão tem a ver com o dinheiro tóxico de Wall Street, cujo papel como um dos serviçais da besta já foi bem estabelecido.

As CDOs que foram fatiadas e depois remendadas em dívidas díspares, pertencentes a famílias e empresas heterogêneas, foram reunidas com base em certas fórmulas cuja finalidade era, supostamente, calcular seu valor e grau de risco. Estas fórmulas foram desenvolvidas pelos engenheiros financeiros que trabalhavam para Wall Street (por exemplo, para o JP Morgan, o Bank of America, o Goldman Sachs, etc.). Para tornar as fórmulas solucionáveis, certas hipóteses tinham que ser feitas. Em primeiro lugar havia a suposição de que a probabilidade de uma fatia de dívida dentro de uma CDO entrar em inadimplência estava muito afastada da probabilidade de um problema semelhante com as outras fatias na mesma CDO. Ou seja, pensava-se que o que aconteceu em 2007-2008 era... impossível! Que não era necessário levar em consideração a possibilidade de alguma Crise, durante a qual Zé perdeu sua casa por razões que aumentavam as chances de Maria vir a perder seu emprego e, eventualmente, também não pagar sua hipoteca.[67]

A pergunta inevitável, que todo mundo fez após a Crise, foi: por que os espertos e gananciosos operadores do mercado acreditaram nestas avaliações sobre as CDOs, cuja subsistência dependia da verdade desses pressupostos? A resposta é dupla. Em primeiro lugar, estes operadores do mercado estavam presos a um comportamento de manada e teriam corrido o risco de perder seus empregos se tivessem ido contra a corrente. Em segundo lugar, durante o auge do Minotauro Global, a profissão dos economistas vendeu eficaz-

[67] Em linguagem mais técnica, a fórmula usada para juntar as CDOs assumia que a correlação entre a probabilidade de inadimplência em diferentes *tranches* ou fatias de uma CDO era constante, pequena e conhecida.

mente uma forma de superstição matematizada, que armou os operadores com uma confiança sobre-humana – e super medíocre – necessária (talvez contrariando suas intuições e seus desejos) para derrubar o sistema que os nutria. Uma tragédia muito contemporânea, de fato.

Epílogo: os sinais

O fim do Plano Global e a desejada desintegração da economia mundial que se seguiu tiveram o seu homólogo ideológico: a doutrina de que as nossas tentativas coletivas de controlar o mundo estão condenadas; que os mercados estão determinados a superar os nossos melhores esforços para gerenciá-los.

Os neoliberais defendiam a ideia de que a "economia" é recalcitrante demais para ser planejada e, portanto, é melhor ser deixada às forças automáticas da auto-regulamentação do mercado. O que eles não perceberam foi que a fase que sucedeu o Plano Global era tudo menos um caso de ordem espontânea. Em vez disso, seus preciosos mercados estavam governados pelas garras de ferro do Minotauro Global, com a cumplicidade de um alegre grupo de serviçais, entre eles sucessivas administrações dos Estados Unidos, os efeitos da estagnação econômica sobre a família norte-americana de classe média, secretas operações de Wall Street e muita teoria econômica absurda.[68]

O novo credo era sustentado pela intuição de que as forças de mercado se parecem com o fluxo e refluxo dos grandes oceanos, e que qualquer um que tente entrar em seu caminho é um Messias tardio. O grande paradoxo da época era o incrível otimismo que acompanhava esta espécie de entusiasmo moral por soluções de mercado. Por um lado, analistas acreditavam que nada de bom pode vir do planejamento do governo, e ao mesmo tempo eles estavam convencidos de que a liberalização dos mercados sempre realizaria milagres.

Embora seja possível compreender a lógica de pessimismo em relação aos efeitos do governo sobre nossas vidas, sua coexistência com uma fé comovente e cega na capacidade do mercado em promover sucesso é desconcertante. Como pode um ceticismo radical sobre o Estado ser equi-

---

[68] Ver George Soros (2009) *The Crash of* 2008 *and What It Means: The new paradigm for financial markets*, New York: Public Affairs. Soros corretamente afirma que: "A crença de que os mercados tendem para o equilíbrio é diretamente responsável pela atual turbulência – ela encorajou os governantes a abandonarem sua responsabilidade e contarem com que o mecanismo de mercado fosse corrigir seus próprios excessos".

valente a uma devoção religiosa à noção de que os resultados do mercado são, por definição, ideais? Qual é o mecanismo que garante a perfeita imunidade dos resultados do mercado frente ao vingativo destino humano?

Do final dos anos 1970 até 2008, quem arrastou o mundo para crescer a um ritmo aparentemente estável foi o Minotauro Global. Enquanto a desregulamentação, a privatização e a financeirização estavam correndo soltas, a falta de um plano global discernível foi amenizada pelo papel ativo da besta como um mecanismo mundial de reciclagem de excedentes, sem o qual a economia mundial não poderia funcionar.

Sob o Minotauro, como este livro tem defendido, os Estados Unidos e seus satélites (por exemplo, a Grã-Bretanha) estavam acumulando dívida nacional externa, as famílias anglo-americanas acumulavam dívidas no varejo e Wall Street estava gerando *e* acumulando dinheiro podre. Enquanto isso, os países produtores de petróleo, Alemanha, Japão, Sudeste Asiático (especialmente após a crise da Ásia Oriental em 1998) e, por último, a China, todos foram acumulando gigantescas reservas em moeda para injetarem em Wall Street e na City. Em um ciclo interminável, estes fluxos de capital financiaram os *déficits gêmeos* americanos de maneira que possibilitaram a continuidade da produção de excedente na Europa e Ásia Oriental.

Foi um caso de mercados realizando seus milagres? Na verdade, não. Pois este tipo de MGRE precário nunca poderia ter nascido a partir de mercados que operassem de forma espontânea. Era um mecanismo projetado e supervisionado por proativos e entendidos políticos norte-americanos. Embora tenha havido muito poucos, este livro presta uma repetida homenagem a um dos mais inteligentes entre todos eles: Paul Volcker, ex-presidente do FED, que ocupou posições de poder desde 1971, quando o Minotauro era apenas uma ideia em Washington, até bem depois de sua queda, em 2008.

No capítulo introdutório, comecei com a pergunta da rainha Elizabeth aos economistas: "Por que vocês não viram que isso ia acontecer?" Bem, Paul Volcker viu. Como convém a um verdadeiro estadista que havia desempenhado um papel importante na criação da besta, ele tinha as qualidades necessárias para fazer o que outros (por exemplo, os europeus) não conseguiam: olhar nos olhos de sua criatura, o Minotauro, sem piscar. Em 10 de abril de 2005, quando ninguém estava interessado em "más notícias", ele escreveu:

O que sustenta [a história de sucesso econômico dos Estados Unidos] é um fluxo massivo e crescente de capital estrangeiro, alcançando mais de US$ 2 bilhões a cada dia útil, e aumentando... Enquanto nação, nós não imploramos ou tomamos empréstimos conscientemente nem os solicitamos. Nós não estamos nem mesmo oferecendo taxas de juros atraentes, nem temos que dar aos nossos credores garantias contra o risco de desvalorização do dólar (...)

Nós enchemos nossas lojas e garagens com mercadorias vindas do exterior, e a concorrência tem sido um poderoso limitador de nossos preços domésticos. Isto certamente ajudou a manter as taxas de juros excepcionalmente baixas, apesar das nossas poupanças cada vez mais reduzidas e do crescimento rápido.

E é confortável para os nossos parceiros comerciais e para aqueles que fornecem o capital. Alguns, como a China, dependem fortemente da expansão de nosso mercado interno. E geralmente, os bancos centrais do mundo emergente estão dispostos a segurar mais e mais dólares, que são, afinal de contas, a coisa mais próxima no mundo de uma moeda verdadeiramente internacional.

A dificuldade é que esse padrão aparentemente confortável não pode continuar indefinidamente. Eu não conheço nenhum país que tenha conseguido consumir e investir mais 6% do que produz por muito tempo. Os Estados Unidos estão absorvendo cerca de 80% do fluxo líquido de capital internacional.[69]

Eu não poderia ter explicado melhor. Se o Minotauro Global exige uma introdução, esta citação de Paul Volcker serve muito bem. Como mais uma prova de que os agentes do poder na Casa Branca estavam completamente conscientes e atentos às gigantes pegadas do Minotauro sobre a economia do planeta, aqui está o que Stephen Roach, economista-chefe do banco de investimentos Morgan Stanley, tinha a dizer três anos antes, em 2002:

Esta saga é (...) sobre o desenrolar de uma assimetria mais profunda na economia global, o reequilíbrio de um mundo centrado nos Estados Unidos (...) A história nos diz que tais assimetrias não são sustentáveis

[69] Paul Volcker, 'An economy on thin ice', *Washington Post*, 10 abril 2005.

(...) Pode a pouco poupadora economia norte-americana financiar uma expansão cada vez maior de sua superioridade militar? Minha resposta é um rotundo não. A confluência da história, geopolítica e economia deixam-me mais convencido de que um mundo centrado em Washington está num caminho insustentável.

Em retrospectiva, vemos que os criadores da besta (os principais administradores da Casa Branca e alguns dos melhores sacerdotes de Wall Street) conseguiam enxergar os sinais. Ao contrário dos ignorantes serviçais, eles haviam previsto a Crise. Em dolorosa câmera lenta.

6

COLAPSO

Blocos desabando

As crianças aprendem a dinâmica do empilhamento desde pequenas. Eles colocam um cubo sobre o outro e continuam até a sua pequena torre de cubos desabar. Dão uma feliz gargalhada e começam de novo. Isto não é muito diferente do que aconteceu em 2008. A única diferença é que – exceto para os banqueiros, que bem rapidamente começaram a construir uma nova pilha (uma cortesia do contribuinte) – não houve risos, e a maioria das pessoas ainda continua desesperada alguns anos após a maior pilha de todas ter desabado.

Os relatos de como a Crise de 2008 começou já é assunto histórico. Montanhas de livros sobre ela foram escritos e empilhados nas prateleiras das bibliotecas universitárias, nas livrarias dos aeroportos, nas bancas de grupos de esquerda que vendem nas esquinas produtos que tratam da revolução etc. Assim, não há necessidade de um aprofundamento na sequência de eventos, exceto para fornecer uma pequena cronologia que servirá como uma rápida retrospectiva dos acontecimentos. O verdadeiro propósito deste capítulo é lembrar-nos da velocidade do mergulho, da profundidade do abismo e da *aporia* em que o mundo foi envolvido. O truque é recordar os dramáticos acontecimentos ao mesmo tempo em que analisamos suas causas mais profundas a partir do fracasso do Plano Global e sua substituição pelo Minotauro Global.

Antes de 2008, como sabemos agora, Wall Street tinha conseguido estabelecer um sistema monetário paralelo, uma forma de *dinheiro privado*, drenado pelos fluxos de capital em direção ao Minotauro Global. A economia mundial tornou-se viciada naquele dinheiro tóxico, que, por sua natureza, se dividiu e multiplicou de forma insustentável. Assim, quando se transformou em cinzas, o capitalismo mundial desabou. Não fossem as lições que os bancos centrais tinham aprendido com a Crise de 1929, as repercussões teriam sido inimagináveis – e não apenas terríveis.

Crônica anunciada de um colapso: contração do crédito, resgates e a socialização de quase tudo

2007 – Os canários na mina

Abril – A New Century Financial, uma empresa de créditos hipotecários que tinha emitido grande número de hipotecas *subprime*, afunda, causando reverberações em todo o setor.

Julho – O Bear Stearns, respeitado banco comercial, anuncia que dois de seus fundos especulativos não seriam capazes de honrar pagamentos aos investidores. O novo presidente do FED, Ben Bernanke, que tinha acabado de substituir Alan Greenspan, anuncia que a crise *subprime* é grave e seu custo pode subir para US$ 100 bilhões.

Agosto – O banco comercial francês BNP-Paribas faz um anúncio similar ao do Bear Stearns em relação a dois de seus fundos de *hedge*. Sua explicação? Já não pode precificar seus ativos. Na realidade, é uma admissão de que seus cofres estão cheios de CDOs, cuja demanda caiu precisamente a zero, tornando assim impossível atribuir-lhes um preço. Quase imediatamente, os bancos europeus param de emprestar uns aos outros. O Banco Central Europeu (BCE) é forçado a jogar € 95 bilhões nos mercados financeiros para evitar sua imediata parada cardíaca. Logo ele coloca mais € 109 bilhões nos mercados. Ao mesmo tempo, o FED, o Banco do Canadá, o Banco da Reserva da Austrália e o Banco do Japão começam a injetar bilhões não revelados em seus setores financeiros. Em 17 de agosto, Bernanke reduz ligeiramente as taxas de juros, demonstrando uma grave falta de perspectiva sobre a dimensão do problema.

Setembro – A evidente relutância dos bancos em emprestarem uns aos outros é revelada quando a taxa pela qual eles fazem este empréstimo entre si (a LIBOR, abreviação de London Inter-Bank Offered Rate) ultrapassa a taxa do Banco da Inglaterra em mais de 1% (pela primeira vez desde a crise do Sudeste Asiático de 1998). Nesse ponto, nós testemunhamos a primeira corrida a um banco desde 1929. O banco em questão é o Northern Rock. Apesar de não ser detentor de CDO ou de contas de hipotecas *subprime*, o banco dependia fortemente de empréstimos de curto prazo dos outros bancos. Quando essa fonte de crédito se esgotou, ele já não podia satisfazer suas necessidades de liquidez. Quando os clientes suspeitaram disto, tentaram retirar seu dinheiro, fazendo o banco entrar em colapso antes de ser trazido de volta à "vida" pelo Banco da Inglaterra, a um custo de mais de £ 15 bilhões. Abalado por este acontecimento, Bernanke baixa ligeiramente as taxas de juros americanas, para 4,75%, enquanto o Banco da Inglaterra injeta o correspondente a £ 10 bilhões de liquidez na City de Londres.

Outubro – A crise bancária se estende para a mais estimada instituição financeira suíça, o UBS, e o mundo toma conhecimento. O UBS anuncia o pedido de demissão de seu presidente e CEO, que assume a culpa pela perda de US$ 3,4 bilhões de CDOs contendo hipotecas *subprime* norte-americanas. Enquanto isso, nos Estados Unidos, o Citigroup primeiramente revela uma perda de US$ 3,1 bilhões (novamente, em CDO garantidas por hipotecas) – um número que sobe para US$ 5,9 bilhões dentro de alguns dias. Em março de 2008, o Citigroup é forçado a admitir que o número real é uma impressionante perda de US$ 40 bilhões. Para não ficar de fora da briga, o banco mercantil Merrill Lynch anuncia uma perda de US$ 7,9 bilhões e seu CEO apresenta sua demissão.

Dezembro – Um momento histórico chega quando um dos maiores oponentes liberais da intervenção estatal que já alcançou a presidência dos Estados Unidos, George W. Bush, dá a primeira indicação da maior intervenção estatal do mundo (não muito diferente de Lenin após a Revolução Russa). Em 6 de dezembro, Bush anuncia um plano para evitar que um milhão de proprietários norte-americanos tenham suas casas confiscadas pelos bancos (ou seja, evitar o despejo ou execução hipotecária, no jargão norte-americano). Poucos dias depois, o FED se reúne com outros cinco bancos centrais (incluindo o BCE) para estender crédito quase infinito aos bancos. O objetivo? Lidar com a crise de crédito – ou seja, a interrupção completa dos créditos interbancários.

2008 – O evento principal

Janeiro – O Banco Mundial prevê uma recessão global, os mercados de ações desabam, o FED baixa as taxas de juros para 3,5% e os mercados de ações reagem em recuperação. Em pouco tempo, no entanto, a MBIA, uma companhia de seguros, anuncia que perdeu US$ 2,3 bilhões em apólices baseadas em títulos que continham hipotecas *subprime*. Estas apólices de seguro tornam-se, de repente, familiares a todos: são conhecidas como Credit Default Swaps (*swap* de incumprimento de crédito), ou CDS.

Quadro 6.1

Credit Default Swaps (CDS)

Se o Sr. Spock, famoso pela série Star Trek, avistasse uma CDS e tivesse de descrevê-la para o Capitão Kirk, ele teria dito em seu modo habitualmente inexpressivo: "Elas são apólices de seguro, capitão, mas não como nós as conhecemos." As CDS asseguram quantidades pré-estabelecidas de dinheiro caso alguém deixe de pagar sua dívida. A diferença entre uma CDS e uma apólice de seguro simples é a seguinte: para assegurar seu carro contra um acidente, você deve primeiro possuí-lo. O "mercado" de CDS permite que alguém compre uma "apólice de seguro" para o carro de outra pessoa, de modo que, digamos, se nosso vizinho sofre um acidente, então nós recebemos o dinheiro! Falando abertamente, uma CDS não é nada mais do que uma aposta na ocorrência de um evento desagradável – principalmente se alguém (uma pessoa, uma empresa ou uma nação) deixar de pagar uma dívida. Quando você compra uma CDS sobre a dívida da Joana, você está, para todos os efeitos, apostando que a Joana vai deixar de pagá-la, que ela será inadimplente. As CDS se tornaram populares entre os gestores de fundos especulativos (e permanecem assim até hoje) por razões estreitamente ligadas ao comércio de CDO.

Tomemos, por exemplo, um operador do mercado financeiro que invista em uma CDO de alto risco. Se o nosso investidor se comprometesse (nos bons e velhos tempos do pré-2008) em cobrir US$ 10 milhões em perdas pelo não cumprimento de um tranche desta CDO, ele poderia receber um pagamento inicial de US$ 5 milhões, mais US$ 500 mil por ano! Contanto que o calote não acontecesse, ele iria fazer um dinheiro enorme sem investir nada! Nada mal para um trabalho tão rápido – até que os calotes começassem a se acumular. Para se prevenir em relação a essa eventualidade, o operador compraria CDS, que lhe pagaria dinheiro se as hipotecas das CDOs que ele comprou não fossem pagas. Assim, a combinação de CDS e CDO fez fortunas para os comerciantes em um momento em que a inadimplência das hipotecas eram raras e não correlacionadas. Mas quando os calotes começaram a acontecer, os emissores de CDS perderam quantias enormes: eles tinham que pagar montantes impossíveis de dinheiro para aqueles que as tinham comprado. A falência da MBIA foi só um petisco. A American Insurance Group (AIG) foi o prato principal, servido até quando o Lehman Brothers faliu em setembro de 2008 – suas gigantescas CDOs estavam principalmente asseguradas pela AIG (que tinha emitido CDS contra as CDOs do Lehman).

Fevereiro – O FED divulga que está preocupado com o setor dos seguros, enquanto o G7 (grupo dos sete países mais desenvolvidos do mundo) prevê que o custo da crise do *subprime* alcançará a casa dos US$ 400 bilhões. Enquanto isso, o governo britânico é forçado a estatizar o Northern Rock. O quinto maior banco de Wall Street, Bear Stearns (que em 2007 fora avaliado em US$ 20 bilhões), é varrido do mapa e absorvido pelo JP Morgan Chase, que paga a bagatela de US$ 240 milhões por ele, com um subsídio do contribuinte na ordem de US$ 30 bilhões.

Abril – Relata-se que mais de 20% dos produtos baseados nas hipotecas na Grã-Bretanha estão sendo retirados do mercado, juntamente com a opção de contratar uma hipoteca de 100%. Enquanto isso, o FMI estima que o custo da crise de crédito será superior a US$ 1 trilhão. O Banco da Inglaterra responde com um novo corte na taxa dos juros de 5% e decide oferecer £ 50 bilhões para os bancos sobrecarregados com hipotecas problemáticas. Um pouco mais tarde, o RBS tenta evitar a falência, tentando levantar £ 12 bilhões com seus acionistas, enquanto ao mesmo tempo admite ter perdido quase £ 6 bilhões em CDO e afins. Neste mesmo período, os preços das casas começam a cair na Grã-Bretanha, Irlanda e Espanha, precipitando mais inadimplência (já que proprietários de imóveis em dificuldades não conseguem mais pagar suas hipotecas com a venda de suas casas a um preço superior à de sua dívida hipotecária).

Maio – O banco suíço UBS está de volta ao noticiário, com o anúncio de que perdeu US$ 37 bilhões em inúteis CDOs lastreadas em hipotecas, e de que pretende levantar quase US$ 16 bilhões com seus acionistas.

Junho – O Barclays Bank segue o RBS e o UBS na tentativa de levantar £ 4,5 bilhões na bolsa.

Julho – O pessimismo toma conta da City quando a Câmara de Comércio Britânica prevê uma feroz recessão e a bolsa cai. Do outro lado do Atlântico, Washington inicia uma ajuda maciça aos dois maiores provedores de hipotecas dos Estados Unidos (Fannie Mae e Freddie Mac). A conta total desta assistência, que assume a forma de injeções de capital e garantias de empréstimos, é de US$ 5 trilhões (sic!), ou cerca de um décimo do PIB anual do planeta.

Agosto – Os preços das casas continuam a cair nos Estados Unidos, Grã-Bretanha, Irlanda e Espanha, indicando mais inadimplência, mais estresse sobre as instituições financeiras e mais ajuda do contribuinte. O governo britânico, por meio de seu chanceler, admite que a recessão não pode ser evitada e que será mais "profunda e duradoura" do que até então se esperava.

Setembro – A bolsa de valores da City de Londres desaba, enquanto Wall Street é fustigada pelas estatísticas oficiais que revelam um nível crescente de desemprego (acima de 6% e subindo). Fannie Mae e Freddie Mac são oficialmente estatizados e Henry Paulson, secretário do Tesouro do presidente Bush (e ex-presidente do Goldman Sachs), aponta para o grave risco que se encontra todo o sistema financeiro graças ao nível de endividamento dessas duas empresas. Antes que seu dramático anúncio possa ser digerido, o gigante de Wall Street, Lehman Brothers, confessa uma perda de US$ 3,9 bilhões durante os meses de junho, julho e agosto. Isto é, evidentemente, a ponta do iceberg. Convencido de que o governo dos Estados Unidos não vai deixá-lo ir à falência e irá ao menos generosamente subsidiar alguém para comprá-lo (como tinha feito com o Bear Stearns), o Lehman Brothers começa a procurar um comprador. O Barclays Bank da Grã-Bretanha manifesta interesse, na condição de que os contribuintes norte-americanos financiassem todas as perdas que pudessem ser geradas por um acordo. O secretário Paulson, cuja antipatia em relação ao CEO da Lehman desde seus dias na Goldman Sachs é bem documentada, diz um raro "não". O Lehman Brothers então declara falência, iniciando a desabamento mais perigoso da crise.

Segunda-feira, 15 setembro de 2008: o dia em que o Lehman Brothers morre. O Lehman foi um dos principais geradores de CDOs. Um fundo do mercado financeiro independente detém as CDOs do Lehman e, uma vez que não dispõe de reservas, deve parar de converter as ações. Os depositantes entram em pânico. Na quinta-feira, uma corrida aos fundos do mercado financeiro está em pleno vapor.

Entretanto, o Merrill Lynch, que se encontra em uma posição semelhante ao lado do Lehman, consegue negociar sua aquisição pelo Bank of America por US$ 50 bilhões. Novamente com o generoso auxílio do contribuinte, essa assistência é prestada por um governo em pânico, após os efeitos trágicos sobre o setor financeiro mundial depois de sua recusa em resgatar o Lehman Brothers.

Desgraça pouca é bobagem. O resgate do Merrill Lynch não interrompe o efeito dominó. De fato, uma das maiores peças está prestes a cair: a American Insurance Group (AIG), que aparentemente assegurava muitas das CDOs do Lehman contra a inadimplência (emitindo incontáveis CDS) é incapaz de cumprir suas obrigações sob estes contratos de seguro (detidos por quase todas as instituições financeiras em todo o mundo). O FED anuncia um pacote de resgate de US$ 85 bilhões. Ao longo dos próximos seis meses, o custo total ao contribuinte para salvar o AIG dos lobos sobe para espantosos US$ 143 bilhões. Enquanto este drama está se desenrolando em Nova York e Washington, em Londres o governo tenta resgatar o HBOS, o maior credor hipotecário do país, organizando uma aquisição de £ 12 bilhões pelo Lloyds TSB. Três dias depois, nos Estados Unidos, o Washington Mutual, um significativo credor hipotecário com valor de mercado de US$ 307 bilhões, vai à falência, é gradualmente encerrado e sua carcaça é vendida ao JP Morgan Chase.

Domingo, 28 de setembro de 2008. Fortis, um gigante banco europeu continental, entra em colapso e é estatizado. No mesmo dia, o Congresso dos Estados Unidos discute um pedido do Tesouro americano para conceder-lhe o direito de requisitar US$ 700 bilhões de assistência ao abalado setor financeiro, para que este possa "tratar" seus "ativos podres". O pacote é nomeado de Plano Paulson, em referência ao secretário do Tesouro de Bush. Com efeito, é pedido ao Congresso que escreva um cheque para Paulson no valor de US$ 700 bilhões, para que ele distribuísse em Wall Street como lhe aprouvesse, a fim de substituir o dinheiro privado que o setor financeiro tinha criado e que tinha se transformado em cinzas em 2007-2008.

Antes que o fatídico setembro termine, o governo britânico estatiza o Bradford e Bingley (a um custo de £ 50 bilhões em dinheiro e garantias) e o governo da Islândia estatiza um dos três bancos da ilha (um presságio para a maior derrocada financeira provocada em 2008, em relação ao impacto *per capita*). A Irlanda tenta acalmar os nervos de seus correntistas e acionistas, anunciando que o governo irá garantir todos os depósitos e todos os títulos possuídos ou emitidos por *todos* os bancos que operam no país. Foi o erro do século, uma decisão fatal que apagou o progresso do pós-guerra da Irlanda em um dia. Nos meses que se seguem, verifica-se que os bancos irlandeses têm um buraco negro grande o suficiente para consumir várias vezes o orçamento do governo. A efetiva falência da Irlanda, dois anos depois, em dezembro de 2010, torna-se inevitável quando o Estado garantiu as dívidas dos bancos privados.

Nesse mesmo dia, 29 de setembro, Bélgica, França e Luxemburgo colocam € 64 bilhões em outro banco, Dexia, para impedir que feche permanentemente. Mas setembro ainda não acabou. No último dia do mês, o grande choque vem do Congresso dos Estados Unidos, que raivosamente rejeita o pedido do Tesouro para o resgate de US$ 700 bilhões com os quais Paulson vinha planejando salvar Wall Street. A bolsa de valores de Nova York cai vertiginosamente, e o mundo fica envolto em uma nuvem ainda mais densa de incerteza. O secretário Paulson começa tudo de novo e retorna com um plano mais detalhado, incluindo algumas propinas para determinados membros do Congresso. As condições se deterioram, os *spreads* dos *swaps* aumentam, o valor das CDS sobe inexoravelmente e instituições bancárias perdem qualquer acesso que ainda possuíam a crédito rápido ou de curto prazo. O FED responde concedendo crédito a todos!

Outubro – No dia 3 de outubro, o Congresso norte-americano sucumbe à dura realidade e aprova o pacote de resgate de US$ 700 bilhões, depois de seus membros assegurarem numerosos acordos para seus próprios eleitorados. Três dias depois, o governo alemão avança com € 50 bilhões para salvar um de seus próprios bancos, o Hypo Real Estate. Embora doloroso para um país que sempre se orgulhou de ser extremamente prudente, o incômodo não chega nem perto da agonia que os islandeses estão prestes a experimentar. O governo islandês declara que está assumindo todos os três bancos, dada a explícita incapacidade dessas instituições financeiras para continuarem a negociação como emprestadores privados. A falência dos bancos vai certamente causar a falência de todo o país, cujo rastro econômico é muito menor do que a de seus bancos falidos. O fracasso da Islândia tem repercussões em outros lugares – em especial na Grã-Bretanha e na Holanda, onde os bancos islandeses eram especialmente ativos. Muitas das autoridades locais do Reino Unido confiavam suas contas aos bancos islandeses (em troca de taxas de juros bastante altas), e por esta razão o seu fracasso contribui para o mal-estar geral.

Em 10 de outubro, o governo britânico injeta um adicional de £ 50 bilhões no setor financeiro e oferece até £ 200 bilhões em empréstimos de curto prazo. Além disso, o FED, o Banco da Inglaterra, o BCE e os bancos centrais do Canadá, Suécia e Suíça cortam suas taxas de juros ao mesmo tempo: o FED, para um nível muito baixo, de 1,5%; o BCE, para 3,75%; e o Banco da Inglaterra, para 4,5%. Na manhã seguinte, o FMI faz sua reunião anual em Washington. Líderes europeus partem para Paris no dia seguinte, onde anunciam que não permitirão que nenhuma grande instituição bancária fracasse. Mas eles não conseguem oferecer garantias à União Europeia. Cada Estado-membro terá que salvar seus próprios bancos – outra decisão fatal, cujo impacto continua a ser sentido na Europa e especialmente na Irlanda.

Um dia depois, em 13 de outubro, o governo britânico decide que os bancos estão em um estado tal que, apesar da enorme assistência que receberam, precisam de muito mais apenas para permanecerem em operação. Uma nova montanha de dinheiro, £ 37 bilhões, é entregue para o RBS, Lloyds TSB e HBOS. Isso não acontece apenas na Grã-Bretanha. Em 14 de outubro, o Tesouro dos Estados Unidos utiliza US$ 250 bilhões para comprar partes de diferentes bancos em dificuldade, a fim de fortalecê-los. O presidente Bush explica que esta intervenção foi aprovada para "ajudar a preservar o livre mercado". George Orwell teria se divertido: ele dificilmente poderia ter imaginado um exemplo melhor de descarado "duplipensamento".[70]

[70] N. do E.: No famoso romance do inglês George Orwell, "1984", o Ministério da Verdade falsificava linguisticamente as declarações do governo. O "duplipensamento" (*doublespeak*) faz menção à duplicidade da fala com sentidos opostos, em que ódio significa amor, paz é guerra e etc.

Ao final de outubro, é oficial: ambos, Estados Unidos e Grã-Bretanha, entram em recessão. A crise financeira se transformou numa crise da economia real. O FED reduz imediatamente as taxas de juros ainda mais, de 1,5% para 1%.

Novembro – O Banco da Inglaterra segue com outro corte na taxa de juros, embora covarde (de 4,5% para 3%), assim como o BCE (de 3,75% para 3,25%). A Crise está, enquanto isso, espalhando-se para mais longe, o que provoca uma crise na Ucrânia (que solicita ao FMI um empréstimo de US$ 16 bilhões) e faz com que o governo chinês coloque em ação seu próprio pacote de estímulo no valor de US$ 586 bilhões em dois anos – dinheiro a ser gasto em projetos de infraestrutura, alguns projetos sociais e reduções nos impostos das empresas.

A zona do euro anuncia que sua economia está em recessão. O FMI, a contragosto, empresta à falida Islândia US$ 2,1 bilhões, enquanto o Tesouro dos Estados Unidos dá mais US$ 20 bilhões para o Citigroup (cujas ações perderam 62% de seu valor em poucos dias). Durante este frenesi de intervenções políticas, o governo britânico reduz de 17,5% para 15% o Imposto sobre Valor Agregado (IVA) e o FED injeta mais US$ 800 bilhões no sistema financeiro. Para não ficar atrás, a Comissão Europeia aprova um plano para lançar € 200 bilhões na economia da Europa. O keynesianismo está de volta em solo continental depois de décadas de pregação neoliberal sobre os males do Estado socorrendo uma economia em dificuldades.

Dezembro – O mês começa com um anúncio do respeitado National Bureau of Economic Research de que a recessão da economia norte-americana havia se iniciado em dezembro de 2007. Durante os próximos dez dias, a França fornece o seu próprio pacote de ajuda ao seu setor bancário, no valor de € 26 bilhões, e o BCE, o Banco da Inglaterra e os bancos centrais da Suécia e da Dinamarca, reduzem as taxas de juros novamente. Nos Estados Unidos, o público fica chocado quando o Bank of America diz que sua aquisição do Merrill Lynch, financiada pelos contribuintes, irá resultar na perda de 35 mil postos de trabalho.

O FED responde com uma nova taxa de juros entre 0,25% e 0% (dependendo do credor). Situações de desespero obviamente exigem medidas desesperadas. No entanto, é um momento grave quando os Estados Unidos se tornam oficialmente envolvidos num quadro que os economistas tinham se convencido que jamais seria visto novamente: a típica *armadilha da liquidez*, não mais vista desde 1929.[71] Só que desta vez é pior. Pois, diferentemente de 1929, a armadilha da liquidez da *nossa* geração é global. As taxas de juros atingiram o fundo do poço, não só nos Estados Unidos mas em todo o Ocidente.

Como mais uma prova de que a doença (que começou com o mercado de CDO e consumiu o setor financeiro do mundo) se espalhou para a economia real, onde as pessoas realmente produzem coisas (ao invés de ficarem comercializando papéis por quantidades absurdas de dinheiro), o presidente Bush declara que cerca de US$ 17,4 bilhões do pacote de socorro de US$ 700 bilhões serão encaminhados para as montadoras americanas atingidas. Após alguns dias, o Tesouro dos Estados Unidos anuncia que o braço financeiro da General Motors (que havia se tornado tão "rentável" durante a idade de ouro da financeirização) receberá US$ 6 bilhões para evitar seu colapso.

Ao final do ano, em 31 de dezembro, a bolsa de valores de Nova York havia perdido mais de 31% do seu valor total desde 1º de janeiro de 2008.

Depois de 2008 – intermináveis consequências

Em janeiro de 2009, o recém-eleito presidente Obama declara que a economia dos Estados Unidos está "muito doente" e anuncia novos gastos públicos para ajudá-la a se recuperar. Como se quisesse provar a continuidade entre os governos dos Estados Unidos, sua administração segue no caminho aberto por Bush e Paulson: injeta outros US$ 20 bilhões no Bank of America e assiste horrorizada à divisão do Citigroup em dois, numa tentativa de ajudá-lo a sobreviver. O desemprego norte-americano sobe para mais de 7% e o mercado de trabalho perde um número de empregos não visto desde a Grande Depressão. As importações dos Estados Unidos caem e, como resultado, Japão, Alemanha e China veem a queda de seus superávits comerciais. Estas são as primeiras graves feridas infligidas ao nosso Minotauro Global.

---

[71] O termo *armadilha da liquidez* se deve a Keynes, que descobriu uma falha na teoria econômica convencional, segundo a qual as recessões curam a si mesmas à medida que as taxas de juros caem e os investimentos são automaticamente retomados. Keynes assinalou (ver capítulo 2) que, quando as taxas de juros chegam a zero, elas não podem cair ainda mais. E enquanto os preços continuam a cair durante uma recessão, a taxa de juros real (que é a taxa de juros que pagamos menos a taxa de inflação) sobe num momento em que a teoria diz que deveria cair. O resultado? A recessão se aprofunda.

Na Grã-Bretanha, o Banco da Inglaterra corta as taxas de juros para 1,5%, o nível mais baixo em seus 315 anos de história, e, enquanto o PIB recua cerca de 1,5%, o governo britânico oferece empréstimos de £ 20 bilhões a pequenas empresas para ajudá-las a sair da crise. A chanceler alemã Angela Merkel segue seu exemplo, com um pacote de estímulo de € 50 bilhões, ao mesmo tempo em que o BCE corta taxas de juros para 2%. A Irlanda estatiza o Anglo Irish Bank. Dadas as garantias que o governo estendeu a seus credores e correntistas (de que não iriam perder um único euro), o povo irlandês carrega o peso das perdas quase infinitas de seus banqueiros. A Irlanda não vai se recuperar dessa manobra traiçoeira. Ou pelo menos, não por mais uma geração.

Ainda em janeiro de 2009, o FMI alerta que o crescimento econômico global vai ficar negativo pela primeira vez desde 1945, e a Organização Internacional do Trabalho (OIT) prevê a perda de 51 milhões de empregos em todo o mundo. Ambas as estimativas serão confirmadas na prática.

Em fevereiro de 2009, o Banco da Inglaterra bate todos os recordes, reduzindo as taxas de juros para 1%. (No momento em que estas palavras estão sendo escritas, a taxa de juros atual é de 0,5%.) Logo depois, o presidente Obama assina seu plano de estímulo Geithner-Summers, no valor de US$ 787 bilhões, que ele descreve como "o pacote de recuperação mais abrangente da nossa história".[72] Este é um momento crucial (ao qual retornarei no capítulo 7). Enquanto isso, a AIG continua a divulgar terríveis notícias: a perda de US$ 61,7 bilhões durante o último trimestre de 2008. Sua "recompensa"? Mais US$ 30 bilhões do Tesouro dos Estados Unidos.

Em março, o G20 (grupo que inclui o G7, a Rússia, a China, o Brasil, a Índia e outras nações emergentes) se compromete a fazer "um esforço prolongado para tirar a economia mundial da recessão". Neste contexto, o FED decide que o tempo da intervenção fragmentada passou e diz que vai comprar outros US$ 12 trilhões de "dívidas podres" (ou seja, o agora inútil dinheiro privado de Wall Street).

---

[72] Tim Geithner foi a escolha do presidente Obama para secretário do Tesouro. Ele já havia servido como subsecretário do Tesouro quando Larry Summers foi secretário de Bill Clinton. Quanto a Larry Summers, sob a presidência de Obama ele retornou a Washington (depois de passar os anos Bush como presidente da Universidade de Harvard) em sua nova função como diretor do Conselho Econômico Nacional do presidente.

Em abril, o G20 reúne-se em Londres, em meio a grandes manifestações, e concorda em disponibilizar US$ 1,1 trilhão para o sistema financeiro global, principalmente com a ajuda do FMI, que, logo depois, estima que a Crise retirou cerca de US$ 4 trilhões do valor dos ativos financeiros. Em Londres, o chanceler Alistair Darling prevê que a economia da Grã-Bretanha contrairá 3,5% em 2009 e que o déficit orçamentário atingirá £ 175 bilhões (ou mais de 10% do PIB). A história provará que ele é otimista!

Em maio de 2009, a Chrysler, terceira maior fabricante de automóveis dos Estados Unidos, é forçada pelo governo a decretar falência e a maioria de seus ativos são transferidos para a fabricante italiana de automóveis Fiat por uma bagatela. As notícias do setor financeiro continuam a ser sombrias, e por isso o Tesouro norte-americano organiza outro pacote de ajuda, no montante de mais de US$ 70 bilhões.

Em junho é a vez da General Motors: a icônica fabricante norte-americana de carros vai à bancarrota. Seus credores são então forçados a "consentir" a perda de 90% de seus investimentos enquanto a empresa é estatizada (com o governo oferecendo um adicional de US$ 50 bilhões de capital de giro). Os próprios sindicatos da General Motors, que involuntariamente tornaram-se credores devido à incapacidade da empresa de assegurar os direitos de pensão dos seus trabalhadores, viram proprietários. O socialismo, ao menos no papel, parece bem vivo em Detroit!

No outro lado do Atlântico, a taxa de desemprego na Grã-Bretanha continua a subir, atingindo 7,1%, o que significa mais de 2,2 milhões de pessoas fora de atividade. Outra indicação do estado da economia global é que, em 2008, o consumo mundial de petróleo caiu pela primeira vez desde 1993.

A verdade nua e crua

A história acima termina abrupta e arbitrariamente em meados de 2009. Sua leitura é como uma história de horror de tirar o fôlego. Ao contrário de seus equivalentes hollywoodianos, no entanto, não possui nenhum fim natural, feliz ou não. É uma história sem fim, que começou em 2007 e está fadada a continuar por um longo, longo período. Eu tive que parar em algum ponto, a fim de voltar para o significado de tudo isso. Eu escolhi junho de 2009 sem qualquer razão particular.

Se eu quisesse resumir o estado do mundo após este momento, nada melhor do que citar o seguinte:

> *Estamos agora na fase em que o risco de possuir bens com dinheiro emprestado é tão grande que há um pânico competitivo para obter liquidez. E cada indivíduo que consegue mais liquidez empurra o preço dos ativos para baixo enquanto obtém liquidez, fazendo com que as margens de outros indivíduos sejam prejudicadas, e sua coragem, enfraquecida. E assim o processo continua (...) Temos aqui um exemplo extremo da desarmonia entre o interesse geral e privado (...)*

Estas palavras foram escritas por John Maynard Keynes em 1932. Mas elas se aplicam ainda mais ao nosso mundo pós-2008 do que ao pós-1929. Em 1929, o crédito total em circulação nos Estados Unidos era de 160% do PIB. Em 1932, quando Keynes rascunhou estas linhas, à medida que as dívidas subiam e o PIB caía, ele tinha subido para 260% do PIB. Por outro lado, os Estados Unidos, sob o regime do Minotauro Global, tinham entrado na Crise de 2008 com um volume de crédito de 365% do PIB. Dois anos depois, em 2010, tinha subido para estupendos 540% do PIB. (E isso não inclui derivativos, cujo valor nominal é pelo menos quatro vezes o PIB.)

Apesar dos números serem muito impressionantes, eles não transmitem a realidade corretamente. Na véspera da Crise de 2008, após três décadas servindo o mundo do Minotauro Global, o trabalhador norte-americano médio ganhava um salário real que ainda estava abaixo do nível observado no início dos anos 1970. Embora eles trabalhassem mais horas do que nunca e tivessem conseguido notáveis ganhos de produtividade, os trabalhadores não tinham benefícios tangíveis para mostrar. E então, de repente, pouco depois de 2008, eles são postos literalmente nas ruas aos milhares.

Quase 4 milhões de norte-americanos perderam seus empregos. De acordo com a Mortgage Bankers Association, estima-se que uma em cada 200 casas foi tomada pelos bancos. A cada três meses, de 2008 a 2011, cerca de 250 mil famílias tiveram que fazer as malas e sair envergonhadas de seus domicílios. Em média, uma criança em cada sala de aula dos Estados Unidos está correndo risco de perder sua casa porque os pais não conseguem pagar as hipotecas. Para piorar a situação, a Homeownership

Preservation Foundation, com base nos Estados Unidos, segundo uma pesquisa com 60 mil proprietários, informa que mais de 40% das famílias norte-americanas estão contraindo mais dívidas a cada ano (ainda que, como um todo, a economia dos Estados Unidos esteja em *desalavancagem*, ou seja, reduzindo seu volume de endividamento).

Qualquer um que queira compreender o descontentamento que permeia a Main Street (onde a classe média é representada) deve contrastar a situação de total angústia experimentada pelas famílias norte-americanas com a imagem de uma renovada Wall Street (o binário oposto à Main Street). Por um lado, multidões operárias que trabalharam duro durante o reinado do Minotauro foram recompensadas com retornos decrescentes e trabalho angustiante e, em seguida, após a decadência do Minotauro, foram jogadas fora como aparelhos descartáveis. Por outro lado, a pequena minoria que produzia ativos de papel sem valor e empobreceu o mundo com seus imensos pacotes de remuneração (e egos igualmente colossais) recebeu mais de US$ 10 trilhões em assistência propelida por impostos. É alguma surpresa que o Tea Party esteja tendo mais facilidade para recrutar entre os descontentes gente suficiente para acreditar que o "sistema" é podre até o caroço?

Enquanto isso, na Europa a crise está ganhando ritmo, ameaçando inclusive a existência da moeda comum (uma crise interessante à qual voltarei no capítulo 8). Para além dos Estados Unidos e da Europa, diz-se muitas vezes que os países emergentes (ou seja, as partes do Terceiro Mundo que começaram a crescer no final de 1990) estavam relativamente incólumes à Crise de 2008. Embora seja verdade que a China utilizou com sucesso métodos keynesianos simples para atrasar a crise, gastando mais de US$ 350 bilhões em obras de infraestrutura em um ano (e quase duas vezes mais em 2010), um estudo realizado pela Universidade de Pequim mostra que as taxas de pobreza na verdade aumentaram, a taxa de despesas privadas caiu (com o investimento público sendo o responsável pelo contínuo crescimento) e até mesmo o consumo diminuiu acentuadamente (como proporção do PIB). A próxima grande questão da nossa era é se este tipo de crescimento keynesiano é sustentável sem o Minotauro Global.

Países como Brasil e Argentina, que exportam grandes quantidades de *commodities* para a China, suportaram 2008 melhor que outros. A Índia também parece ter conseguido gerar suficiente demanda interna. No entanto, seria negligente não levar em consideração o fato de que o Terceiro Mundo havia estado em uma profunda crise, provocada pela escalada nos preços dos alimentos, por, pelo menos, um ano antes da Crise de 2008. Entre 2006 e 2008, os preços médios mundiais de arroz aumentaram em 217%, trigo em 136%, milho em 125% e soja, 107%. As causas deste aumento de preços eram múltiplas, mas também estavam interligadas com o Minotauro Global.

A financeirização e a ascensão meteóricas de opções, derivativos, securitização etc. levaram a Chicago Futures Exchanges a novas formas de especulação sobre a produção de alimentos. Na verdade, um intenso comércio de CDO, compreendendo não hipotecas, mas preços futuros do trigo, arroz e soja, ganharam força no aquecimento para 2008. O aumento da procura de biocombustíveis também teve importância, à medida que substituíram cultivos normais de comida por cultivos cuja colheita iria acabar dentro de um caminhonete 4x4 vagando por Los Angeles, Sydney e Londres. O mesmo aconteceu com muitos desastres naturais (por exemplo, inundações devastadoras no Paquistão e na Austrália, incêndios florestais na Rússia e Austrália – muito provavelmente as manifestações do aquecimento global), que serviram para inflar ainda mais os preços dos alimentos.

Um quadro mais completo surge quando consideramos também a determinação de multinacionais norte-americanas, como Cargill e Monsanto, para mercantilizar sementes na Índia e em outros lugares, os milhares de suicídios de agricultores indianos apanhados nas venenosas teias dessas multinacionais e os efeitos da extinção de serviços sociais a mando de programas de ajustes estruturais do FMI. Nesta perspectiva, a Crise de 2008 parece ter tornado uma situação já ruim (para a grande maioria das pessoas) em algo muito pior.[73]

Significativamente, quando o G20 reuniu-se em Londres em abril de 2009 e decidiu reforçar o fundo do FMI com US$ 1,1 trilhão, o objetivo declarado era ajudar as economias em todo o mundo a lidar com a Crise. Mas quem examinou com mais cuidado viu nas letras miúdas uma cláusula específica: o dinheiro seria usado exclusivamente para ajudar o setor

[73] Vandana Shiva, ecologista indiana que dirige a Research Foundation on Science, Technology and Ecology, nos oferece uma convincente explicação para a crise alimentar que tinha acometido as nações em desenvolvimento logo antes da Crise de 2008. Veja Vandana Shiva (2005) *Earth Democracy: Justice, sustainability, and peace*, Cambridge, MA: South End Press.

financeiro global. Agricultores indianos à beira do suicídio não estavam incluídos. Nem capitalistas interessados em investir na economia real.

Epílogo: o deslizamento até a *bancarrotocracia*[74]

A Crise de 2008 feriu seriamente o Minotauro Global. Desde 2008-2009, ela vem diminuindo, mas não desapareceu. A besta está enfraquecida e ninguém mais satisfaz sua função crucial de manter os *déficits gêmeos* dos Estados Unidos em atividade, absorvendo os excedentes do mundo. Portanto, a crise está em constante metamorfose, causando danos de formas diferentes em diferentes lugares. Isto já não é mais uma crise financeira. Não é nem mesmo uma crise econômica. Tornou-se uma crise política.

Nos Estados Unidos, o desemprego continua em um nível insustentável (especialmente para "a América") de 10%. O desemprego na Europa está lá no alto também. Ambas as entidades, da zona do dólar e da zona do euro, têm, entretanto, se tornado ingovernáveis por suas elites querelantes. Nos Estados Unidos, a administração Obama, após a vitória dos republicanos nas eleições parlamentares em novembro de 2010, está efetivamente ludibriada. Com o governo sendo incapaz de impulsionar a economia com estímulos fiscais, a tarefa solitária de atacar a Crise em desenvolvimento foi deixada para o FED de Ben Bernanke. Assim, o FED, infelizmente, ainda está tentando desesperadamente aumentar a quantidade de dinheiro em circulação na economia norte-americana por meio da compra de centenas de bilhões de dólares em ativos de papel (afrouxamento quantitativo[75] é o nome da jogada).[76] Bernanke sabe que isto está longe de ser uma situação

[74] N. da T.: *Bankruptocracy* em inglês. Bankrupt significa bancarrota, falência e cracy significa cracia, poder.

[75] N. da T.: Em inglês o termo se popularizou na literatura como "quantitative easing".

[76] O termo flexibilização quantitativa normalmente se refere a uma maneira de imprimir dinheiro. Ou quase. O que o FED está fazendo é comprando de bancos e outras instituições vários tipos de ativos financeiros (títulos do governo dos Estados Unidos, mais dívidas de empresas privadas). Ele o faz criando cheques especiais para essas instituições, os quais elas podem utilizar com o propósito de conceder empréstimos a outras. Mas se estas instituições não emprestarem às outras (por não encontrarem clientes dispostos), o resultado é zero. É por isso que eu digo que a flexibilização quantitativa é uma *tentativa* de criar dinheiro. O problema do FED é que ele está tentando imprimir dinheiro, mas com dificuldades!

ideal, mas ele não tem nenhuma escolha em um momento de impasse entre a Casa Branca e o Congresso.

Na Europa, a crise colocou em atividade forças centrífugas que estão destruindo a zona do euro, colocando as economias superavitárias, com a Alemanha à frente, contra os retardatários, cujos déficits estruturais não podem ser resolvidos, não importa o quanto os cintos sejam apertados. Incapazes de coordenar a política em algum nível central, a Europa hesita, suas economias ficam estagnadas, a fibra produtiva se degenera e, consequentemente, o sonho de uma união política, que foi semeado tão brilhantemente por administradores norte-americanos do pós-guerra, com base em avançadas perspectivas de crescimento, desvanece.

Três anos após a Crise de 1929, a eleição do presidente Roosevelt levou ao poder um governo determinado a resolver a crise por meios políticos. O setor bancário havia entrado em colapso e as novas autoridades não desperdiçaram a ocasião. Amplos controles regulatórios foram introduzidos e, por algum tempo, a vontade política para lidar com a crise de forma decisiva e racional e a todo custo encontraram pouca resistência dos exaustos especuladores e banqueiros – homens cuja antipatia para soluções políticas assume sempre uma relação proporcional direta ao ponto em que eles acreditam que seu poder será limitado.

Infelizmente, hoje, três anos depois de nossa própria 1929, o equilíbrio de poder é exatamente o contrário: a autoridade política se enfraqueceu após um ano ou dois da Crise porque gastou todo seu capital sustentando incondicionalmente o quase defunto setor financeiro. Em um cenário típico de filme de zumbis, os bancos mortos-vivos sugaram imensos recursos do nosso sistema estatal e, em seguida, imediatamente viraram-se contra ele! Tanto nos Estados Unidos como na Europa, os políticos estão tremendo de medo dos próprios bancos que ontem mesmo eles haviam salvado. Assim, os setores financeiros que se encontravam no centro do problema agora são temidos pelos nossos políticos. Isto não só faz com que seja impossível implementar políticas sensatas para lidar com a Crise em curso, mas também sufoca o debate público racional sobre tudo o que realmente aconteceu.

Caso sejam necessárias provas deste estado de terror-zumbi, considere o relatório sobre a Crise de 2008 entregue em 27 de janeiro de 2011 pela

Financial Crisis Inquiry Comission.[77] Dois anos de intensiva pesquisa e deliberação levaram à esfarrapada conclusão de que a Crise deveu-se à tomada de riscos excessivos e regulação inadequada. E, como se a mediocridade desta conclusão não fosse triste o suficiente, os membros da minoria republicana emitiram seu próprio veredicto: foi culpa do Estado! Por quê? Os dois provedores de hipotecas controladas pelo Estado, Fannie Mae e Freddie Mac, haviam encorajado muitos norte-americanos pobres a tomarem hipotecas *subprime*: outro caso em que o Estado bagunçou tudo ao se meter em um mercado do qual ele não entendia nada. A verdade evidente de que Fannie Mae e Freddie Mac eram controlados por Wall Street; que eles só entraram na onda de produção de CDO quando o problema já estava estabelecido; que a máquina geradora de dinheiro privado era um fenômeno global, concebido e dirigido por bancos privados de Wall Street; que a Europa teve exatamente o mesmo comportamento na ausência completa de Fannie Mae e Freddie Mac – nada disso importa. A única coisa que importa é que a verdade não pode obstruir o caminho do ressurgimento de Wall Street.

Uma similar nuvem de bobagens permeia os debates oficiais da Europa pós-Crise. Um visitante extraterrestre que lesse a imprensa séria europeia chegaria à conclusão de que a Crise da Europa aconteceu porque alguns Estados periféricos pegaram muitos empréstimos e gastaram demais. Porque a pequena Grécia, a arrogante Irlanda e os lânguidos ibéricos tentaram viver para além de suas possibilidades, fazendo seus governos se endividarem para financiar padrões de vida bem acima do que os seus esforços de produção conseguiam sustentar. Deixando de lado a ironia desta acusação, especialmente quando vinda de financistas norte-americanos (cuja dependência do Minotauro, antes de 2008, envergonharia qualquer pessoa que gostasse de viver do capital dos outros), o problema com este tipo de narrativa é que ela simplesmente não é verdadeira. Embora a Grécia estivesse, de fato, administrando um grande déficit, a Irlanda era um modelo de virtude fiscal. A Espanha estava até mesmo em *superávit* quando a Crise de 2008 atacou, e Portugal não estava pior do que a Alemanha na relação do desempenho entre déficit e dívida. Mas quem liga para a verdade quando as mentiras são muito

[77] A Comissão foi criada como parte do Fraud Enforcement and Recovery Act (Lei Pública 111-21) aprovada pelo Congresso dos Estados Unidos e assinada pelo presidente Obama em maio de 2009.

mais divertidas, para não dizer úteis, àqueles que estão desesperados para tirar os holofotes de cima do verdadeiro lócus da crise – o setor financeiro?

Houve um tempo em que a divisão esquerda-direita dominava o debate político e econômico. No lado vermelho, a esquerda argumentava que a vida econômica era importante demais para ser deixada às forças do mercado, e que a sociedade estaria melhor com a atividade econômica centralmente planejada. No lado azul, os liberais contrapunham que a melhor maneira de servir o bem-estar social era permitir que um processo darwiniano baseado no mercado eliminasse as práticas econômicas menos eficientes, de modo que os bem-sucedidos pudessem prevalecer. Em 1991, o lado vermelho sofreu uma derrota calamitosa, do qual nunca se recuperou. Em 2008, sem que a maioria soubesse, foi a vez do lado azul. Isso porque desde então, tendo em conta os desenvolvimentos pós-2008 em ambos os lados do Atlântico, nada parece alcançar tamanho sucesso como um grande fracasso.

Todavia, o processo darwiniano se inverteu. Quanto maior é o fracasso de uma organização privada, e mais catastrófica são suas perdas, maior é o poder que adquire de receber uma cortesia financiada pelo contribuinte. Resumindo, o socialismo morreu durante a época dourada do Minotauro Global, e o capitalismo foi silenciosamente assassinado no momento em que o animal deixou de governar sobre a economia mundial. Em seu lugar, temos um novo sistema social: a *bancarrotocracia* – o governo corrupto dos bancos falidos (se eu tivesse a oportunidade de utilizar o grego, eu chamaria isso de *ptocho-trapezocracy*).[78]

Em suma, as gerações futuras vão estudar a história da Crise de 2008 tentando compreender um ingrediente crucial de seu próprio presente. Nela, vão encontrar pistas importantes para um novo tipo de regime que mudou a textura e a dinâmica do capitalismo global para sempre. Se o termo que eu escolhi, *bancarrotocracia*, vai pegar, não faz diferença. O que importa é que 2008 marcou uma significativa descontinuidade: a vida depois dela não vai se assemelhar à vida antes dela. No contexto da narrativa deste livro, a nova era pós-2008 é marcada por uma grande ausência e uma presença

[78] *Ptochos* é a palavra grega para "pobre, mendigo", mas também (em grego moderno) para "falência". *Trapeza* é o grego para "banco". Originalmente significava "mesa" e está associada com bancos porque, nas antigas cidades-Estado gregas, as operações de empréstimo eram realizadas na ágora, com as partes negociantes sentadas ao redor de mesas compridas.

ameaçadora: a ausência é o Minotauro Global, que nos deu o mundo antes de 2008 e que nos levou para a Crise de 2008; a presença ameaçadora são os seus renascentes serviçais, que, desde 2008, estão de volta por vingança. Um mundo no qual os serviçais do Minotauro estão agindo livremente, libertos dos caprichos da besta, é o mundo do nosso futuro próximo.

7

OS SERVIÇAIS CONTRA-ATACAM

Com uma pequena ajuda dos amigos: o Plano Geithner-Summers

Se Crises são os laboratórios do futuro, os principais pesquisadores que experimentam os diferentes "tratamentos" desempenham um papel central nos resultados. Após a Crise de 2008, tais experiências e suas consequências foram formatadas – gerando aquilo que eu chamei de *bancarrotocracia*. Não podemos encontrar exemplo melhor destes métodos experimentais audaciosos do que o famoso Plano Geithner-Summers.

O Plano Geithner-Summers começou em fevereiro de 2009 e fazia parte do pacote do presidente Barack Obama de US$ 1 trilhão para salvar os bancos das CDOs sem valor em que estavam se afogando. O problema com um ativo que ninguém quer comprar é que ele não tem preço. Uma atitude honesta teria sido forçar os bancos a cancelarem as CDOs, considerando-as maus investimentos. Mas, se tivessem feito isso, suas perdas teriam excedido consideravelmente seus ativos, e todos os bancos teriam que ter pedido falência.

Quadro 7.1

O fracasso compensa

Nada é tão persistente como a determinação do privilégio a reproduzir-se. Durante os dias do Minotauro Global, Larry Summers (o secretário do Tesouro do presidente Clinton) deu sinal verde para a desregulamentação total de Wall Street. Na época, Timothy Geithner era seu subsecretário. Então, quando o presidente Obama chegou ao poder, oito anos mais tarde, quem iria ser convocado para limpar a bagunça que tinha ajudado a criar? Summers e Geithner, é claro! A explicação? Quem mais poderia assumir um trabalho tão grande e todos os privilégios que traria? Uma vez que o capitalismo tornou-se suficientemente complexo, o fracasso compensa. Toda crise aumenta o poder das autoridades, porque para o público eles parecem ser os únicos bons candidatos para fazer uma faxina. O problema é que as “soluções” implementadas pelos criadores originais do problema criam um poder ainda mais centralizado e complexo – o que, por sua vez, aumenta mais a indispensabilidade dos culpados...

Uma solução seria fazer com que o contribuinte, ou o FED, “comprasse” esses “ativos” a preços inventados, que teriam apenas o valor suficiente para prevenir a falência generalizada dos bancos. Isso era o que o secretário Paulson tinha em mente, embora ele nunca tenha conseguido dinheiro suficiente no Congresso para implementá-lo. Assim, após a mudança de governo, era a vez de Geithner e Summers agirem. E eles decidiram que tentariam algo novo – uma ideia brilhante que criaria um mercado para essas CDOs defuntas e pouparia o contribuinte do custo de socorrer os bancos novamente.

Sua ideia era simples: criar, em parceria com os bancos, fundos de *hedge*, fundos de pensão etc. – um *mercado simulado* para as CDOs tóxicas que produziriam *preços simulados*, os quais poderiam, então, ser utilizados para reestruturar as contas dos bancos.

Suponha que o Banco *B* possua uma CDO (vamos chamá-la *C*) que *B* comprou por US$ 100. Destes, US$ 40 era dinheiro do próprio *B* e os restantes US$ 60 eram de alavancagem (ou seja, uma soma que *B* pediu emprestado para comprar *C*). O problema de *B* é que, depois de 2008, não pode vender *C* por mais de US$ 5. Dado que seus cofres estão cheios de CDO, se cada uma for vendida abaixo de US$ 60, ele terá que pedir falência, pois a venda não irá nem mesmo produzir o suficiente para pagar a sua dívida de US$ 60 por CDO (ou seja, um caso de liquidez negativa). Assim, *B* não faz nada, fica com *C* e enfrenta uma morte lenta, já que os investidores, alarmados pela incapacidade de *B* de livrar-se das CDOs tóxicas, livram-se das ações de *B*, cujo valor na bolsa cai cada vez mais. *B* acumula desesperadamente cada centavo que o Estado lança para mantê-lo vivo. Assim, os grandes resgates dados aos bancos nunca chegam até as empresas que precisam de empréstimos para comprar máquinas, ou para os clientes que desejam financiar a compra de um novo lar. E isso torna uma recessão ruim ainda pior.

Agora entra em campo o Plano Geithner-Summers, que cria uma conta (vamos chamá-la *A*) que poderia ser usada por algum fundo de *hedge* ou de pensão (vamos chama-lo *H*) para fazer ofertas para a compra de *C*. A conta *A* equivale a um total de, digamos, US$ 60 (o valor mais baixo que *B* aceitará em troca de *C*), da seguinte forma: o fundo de *hedge* *H* contribui com US$ 5 a *A*, assim como faz o Tesouro dos Estados Unidos. A diferença de US$ 50 vem na forma de um empréstimo do FED.[79] O próximo passo envolve o fundo de *hedge* ou de pensão, o nosso *H*, participando de um leilão organizado pelo governo para vender a *c* de *B* – um leilão onde o maior lance levara *C*.

Por definição, este leilão deve ter um preço de reserva (ou mínimo) de pelo menos US$ 60 (ou seja, o mínimo do valor pelo qual *B* tem que vender *c* para que evite a falência). Suponha que *H* faça uma oferta de US$ 60 e ganhe. Então *B* recebe seus US$ 60, que ele devolve a seu credor (lembre-se que *B* havia tomado emprestado US$ 60 para comprar *c* no início). Embora perdendo o seu próprio capital aplicado em *c*, *B* está recuperado para continuar lucrando. Quanto aos fundos de cobertura *hedge* de *H*, seu retorno depende do quanto ele consiga na revenda de *c*. Vamos olhar agora para dois cenários – um que é bom para *H* e um que é ruim.

No bom cenário, os fundos de cobertura *hedge* de *H* descobrem que, poucas semanas após ter comprado *c* por US$ 60 (para o qual contribuiu apenas com US$ 5), seu valor aumentou para, digamos, US$ 80, à medida que o mercado simulado começa a decolar e atrair especuladores. Daqueles US$ 80, *H* deve US$ 50 ao FED e deve dividir o capital restante (US$ 30) com seu parceiro, o Tesouro dos Estados Unidos. Isso deixa *H* com US$ 15. Nada mal. Um investimento de US$ 5 tornou-se um retorno de US$ 15, um lucro líquido deu US$ 10. E se *H* compra um milhão destas CDOs, seu ganho líquido será de belos US$ 10 milhões.

No caso do cenário ruim, *H* está propenso a perder o seu investimento (US$ 5), mas nada além disso. Suponha, por exemplo, que só possa vender a CDO *c* (que comprou por US$ 60 usando a conta *A*) por US$ 30. Então *H* ainda deve US$ 50 ao FED com um retorno de apenas US$ 30. Normalmente, teria um prejuízo de US$ 20 (como também o Tesouro norte-americano). No entanto, o empréstimo de US$ 50 do FED para *H* é

[79] A contribuição de capital de US$ 5 do Tesouro dos Estados Unidos viria, na verdade, de algo chamado Troubled Asset Relief Program (TARP), enquanto os US$ 50 do FED viriam do Federal Deposit Insurance Corporation (FDIC), criado pelos *new dealers* (como parte do Glass-Steagall Act de 1933) para garantir as poupanças dos depositantes em caso de falência de um banco. O Plano Geithner-Summers disponibilizou US$ 150 bilhões para o TARP, US$ 820 bilhões para o FDIC e esperou que o setor privado (fundos de *hedge* e de pensão) entrasse com US$ 30 bilhões de seu próprio dinheiro.

conhecido como um "empréstimo sem recurso" *(non-recourse loan)*. Isto significa que o FED retém para si o dinheiro da venda de *c* por *H* (os US$ 30), mas não tem nenhuma forma de reaver de *H* o resto do seu dinheiro (os US$ 20 restantes do empréstimo de US$ 50).

Em suma, se as coisas funcionarem bem, os gestores de fundos provavelmente terão um ganho líquido de US$ 10 a partir de um investimento de US$ 5 (um retorno de 200%); se as coisas não derem certo, eles só irão perder seus US$ 5 iniciais. Assim, o Plano Geithner-Summers foi retratado como um esquema brilhante pelo qual o governo incentivou os gestores dos fundos de *hedge* e fundos de pensão a assumirem *alguns* riscos no contexto de um jogo concebido e administrado pelo governo que *poderia* funcionar e dar a todos uma vitória – aos bancos (que teriam se livrado das odiadas CDOs), aos fundos de *hedge* e fundo de pensão (que teriam uma lucrativa taxa de retorno de 200%) e ao governo (que recuperaria o dinheiro do resgate).

Isto tudo soa impressionante. Até que alguém faça a pergunta: que inteligente gestor de fundos avaliaria em mais de um terço a probabilidade das hipotecas se materializarem?[80] Quem iria pensar que há mais de uma chance em três de que aquela inútil CDO fosse vendida por mais de US$ 60, uma vez que ninguém quer mais adquirir uma CDO tóxica por mais de US$ 5? Quem participaria deste mercado simulado? Comprometer cerca de US$ 1 trilhão em um programa sem fundamento, baseado em puro otimismo, parece bastante estranho.

Seriam Tim Geithner e Larry Summers, duas das pessoas mais inteligentes do governo dos Estados Unidos, imprudentes? Claro que não.[81] O plano deles era brilhante – mas não para obter os efeitos pretendidos. Embora o propósito declarado fosse motivar os fundos de *hedge* e de pensão a comprarem o dinheiro tóxico dos bancos (as CDOs), como acabamos de ver, nenhum administrador prudente concordaria em participar. Geithner e Summers não sabiam disso? É claro que sim. Com quem, então, eles

[80] No cenário otimista, o retorno líquido de *H* é igual a US$ 10. Sob o cenário pessimista, os retornos líquidos de *H* são – US$ 5. A "distância" entre estes dois números é de US$ 15. Quem deveria fazer parte deste ganho simulado de mercado? Um cálculo simples sugere que *H* está propenso a ganhar somente se a probabilidade do cenário otimista for melhor do que a possível perda (US$ 5) dividida pela "distância" – ou seja, 5/15, ou um terço.

[81] Henry Kissinger disse uma vez que Summers "deveria receber um cargo na Casa Branca no qual ele tivesse a incumbência de rejeitar ou consertar ideias ruins".

contavam para concorrer na licitação dos derivativos tóxicos dos bancos, se os fundos de *hedge* e de pensão certamente ficariam longe? A estarrecedora resposta é: os próprios bancos!

Aqui está o que era realmente pretendido (e que, sem surpresa, aconteceu). Considere o banco *B* novamente. Ele está desesperado para tirar as CDOs *c* de seu balanço. O Plano Geithner-Summers então aparece. O banco *B* imediatamente estabelece seu próprio fundo de *hedge*, *H'*, usando parte do dinheiro que o FED e o Tesouro dos Estados Unidos já lhe haviam emprestado em um resgate anterior. *H'* em seguida entra no plano, ajuda a criar uma nova conta, *A'*, somando US$ 100 (dos quais *H'* contribui com US$ 7, o Tesouro dos Estados Unidos completa com outros US$ 7 e os empréstimos do FED, US$ 86) e, em seguida, imediatamente faz um lance de US$ 100 para o seu próprio *C*. Desta forma, ele se livrou de US$ 100 em CDOs tóxicas para sempre, a um custo de apenas US$ 7, que já era em si uma ajuda oferecida pelo governo![82]

Era um plano diabólico para permitir que os bancos não recebessem uma punição. No entanto, o significado do subterfúgio no Plano Geithner-Summers vai muito além de suas implicações éticas ou até mesmo fiscais. O Plano Paulson, que o precedeu, foi uma tentativa simplória mas honesta de transferir dinheiro para os bancos, sem que perguntas fossem feitas. Em contrapartida, Geithner e Summers tentaram algo diferente, permitindo a Wall Street imaginar que sua preciosa financeirização poderia, como a fênix, levantar-se das cinzas com base na força de um plano sancionado pelo governo para criar novos derivativos – novas formas de dinheiro privado subscritos por dinheiro público dos contribuintes.

Em essência, o governo permitiu que o serviçal mais forte e grotesco do Minotauro Global tivesse um retorno poderoso *após* a queda da besta. Foi apenas um movimento dentre muitos que os políticos fizeram ao longo de um caminho que, ironicamente, levou-os ao seu próprio desempoderamento. Ao fortalecer o lado dos bancos falidos, eles privaram-se de qualquer possibilidade para a elaboração de políticas eficazes. Com os poderes de Wall Street restaurados, a política perdeu sua capacidade de conter o avanço da Crise.

---

[82] Além disso, se por algum milagre sua subsidiária *H'* conseguisse vender *C* por mais de US$ 100, o banco ganharia uma quantia extra.

A versão europeia do Plano Geithner-Summers

A crise da Europa (que é tratada em detalhes no próximo capítulo) tem suas próprias peculiaridades. No entanto, é instrutivo dar uma rápida olhada no incrível poder que os derivativos tóxicos tinham sobre a imaginação das instituições europeias. Em um continente que supostamente desdenhava as CDOs de origem norte-americana, é fascinante descobrir que, quando a União Europeia decidiu criar uma linha de financiamento para seus Estados-membros fiscalmente sobrecarregados (por exemplo, Irlanda, Portugal e Espanha), encontrou sua inspiração na estrutura das desdenhadas CDOs.

Em maio de 2010, a UE criou uma Sociedade de Propósitos Específicos (SPE). Sua finalidade era pegar empréstimos em nome dos países solventes[83] da zona do euro e emprestar para os outros, que tinham sido excluídos dos mercados monetários. Isso evitaria inadimplências nas dívidas do Estado, o que teria dizimado os bancos, já que eles tinham emprestado grandes quantias a esses mesmíssimos Estados.

Esse SPE, mais tarde chamada de Fundo Europeu de Estabilidade Financeira (FEEF), seria originalmente um fundo temporário. À medida que a crise do euro se aprofundou, no entanto, foi decidido que ele iria evoluir, até 2013, para uma instituição permanente chamada Mecanismo Europeu de Estabilidade Financeira. A ideia era contrair empréstimos, em nome da zona do euro, de € 440 bilhões, que seriam emprestados aos Estados-membros sem liquidez em situação de insolvência.[84]

Duas características do FEEF tornam-no um exemplo fascinante de *bancarrotocracia*. A primeira (que examinaremos em detalhe no próximo capítulo) é que o FEEF está arrecadando dinheiro para socorrer não a Irlanda ou Portugal, mas os bancos falidos da Europa. A segunda, mais pertinente aqui, é que o FEEF está tomando empréstimos através da emissão de *eurobonds* (títulos europeus) tóxicos que estão estruturados de forma idêntica às errantes CDO do passado.

Lembre-se como as CDOs de Wall Street agrupavam fatias de diferentes hipotecas (e *subprime*) cada uma com taxas de juros diferentes e variados

---

[83] N. do E.: Termo econômico para designar pessoa ou entidade que paga ou pode pagar o que deve.

[84] O plano era que próprio orçamento da ue entraria com € 60 bilhões e o FMI, com outros € 250 bilhões, trazendo o pacote total para até € 750 bilhões.

riscos de inadimplência. Lembre-se, também, que a mistura era verdadeiramente tóxica (ou explosiva), porque se uma fatia dentro de uma determinada CDO fosse má (por exemplo, João deixou de pagar seu empréstimo), isto aumentaria o risco de calote por parte da próxima fatia (por exemplo, Maria ficaria inadimplente, porque as chances de ela perder o emprego aumentaram quando João perdeu o emprego e a casa).

O mesmo ocorria com aqueles títulos emitidos pelo FEEF, por exemplo, como empréstimo para o Estado irlandês, que em dezembro de 2010 estava à beira da falência, não tendo conseguido levantar o dinheiro para cumprir suas promessas e pagar as dívidas de seus bancos privados. Os empréstimos do FEEF para a Irlanda foram levantados a partir dos mercados monetários com base em garantias prestadas pelos quinze Estados restantes da zona do euro, na proporção de seu PIB (a Grécia já tinha sido excluída do mercado em maio de 2010). A soma total arrecadada foi então dividida em pequenos "pacotes", cada um contendo uma fatia garantida pela Alemanha, outra pela França, outra por Portugal, etc. Agora, dado que cada país tinha diferentes graus de credibilidade, a cada uma era cobrada uma taxa de juros diferente. Por último, esses "pacotes" foram vendidos como obrigações de dívida, principalmente para investidores asiáticos e aos próprios (quase falidos) bancos europeus.

Agora, vamos imaginar o que poderia acontecer se Portugal também fosse forçado a sair dos mercados monetários, assim como acontecera com a Grécia e a Irlanda. Uma razão pela qual isso pode bem acontecer (se já não tiver ocorrido no momento em que você está lendo esta frase)[85] é o próprio fato de que Portugal, já no limite, foi forçado a contrair empréstimos a altas taxas de juros em nome da Irlanda! Especuladores podem muito bem comprar CDS que irão pagar-lhes se Portugal ficar inadimplente, e o aumento no preço destas CDS podem empurrar para um nível insustentável as taxas de juros que Portugal tem de pagar por novos empréstimos. Assim, Portugal tem que mendigar ajuda ao FEEF!

O FEEF terá então que emitir novas dívidas, em nome dos países remanescentes na zona do euro, para ajudar Portugal. Assim, com Portugal fora

[85] N. do E.: Em abril de 2011, Portugal faz oficialmente um pedido de resgate e em meados de 2013 era patente que o país continuava com dificuldades para se financiar no mercado normal.

do grupo, uma carga maior será compartilhada pelos catorze países restantes para garantir as obrigações do FEEF. Como os mercados reagirão? Focando imediatamente no novo país "marginal", que estará tomando empréstimos às taxas de juros mais altas dentro do FEEF, a fim de emprestar o dinheiro para a Grécia, a Irlanda e, agora, Portugal. Assim, as taxas de juros da Espanha sobem até que Madri também seja empurrada para fora dos mercados. Então, haverá treze países restantes para tomar empréstimos em nome do FEEF, e os mercados vão se concentrar no mais novo país "marginal". E assim por diante, até que o grupo das nações dentro da FEEF seja tão pequeno que eles não conseguirão arcar com o ônus da dívida total (mesmo se quiserem).

No próximo capítulo eu utilizo a metáfora de um grupo de alpinistas, unidos por uma única corda, que despencam da face da montanha um após o outro até que os membros mais fortes também caem, incapazes de suportar o peso de todo o resto. Visto por este prisma, as ações do FEEF começam a soar desesperadoras. Seus títulos agruparam diferentes tipos de garantias (oferecidas por cada Estado individualmente) através de modos lamentavelmente difíceis de compreender. Esta é a forma como as CDOs surgiram, antes de 2008, com dois erros fatais.

Primeiro, estruturar os títulos do FEEF como as CDOs que causaram tantos problemas para a economia mundial soa no mínimo negligente. Uma repercussão imediata da dependência em relação à estrutura da CDO é que o FEEF deve pegar emprestado € 440 bilhões, mas só disponibiliza empréstimos no valor de no máximo € 250 bilhões. Os restantes € 190 bilhões devem ficar inertes, acumulando poeira! Por quê? Porque os investidores sabem que os títulos que estão comprando são tóxicos e só vão comprá-los se o FEEF mantiver um monte de dinheiro em reserva para reembolsá-los, em caso de calote por Portugal ou qualquer outro estado-membro da zona do euro. É, em suma, uma forma altamente ineficiente de compartilhar dívidas.

Em segundo lugar, este tipo de intervenção política, assim como o plano de Geithner-Summers nos Estados Unidos, não apenas absolve o *princípio* das CDOs (e, por extensão, seus progenitores de Wall Street), mas, mais importante, permite que bancos, seguradoras, fundos de *hedge*, especuladores etc. criem novas formas de dinheiro privado. Como se a Crise de 2008 nunca tivesse acontecido! Nós já vimos como, nos Estados Unidos, o Plano Geithner-Summers criou novos derivativos e, assim, injetou dinheiro privado novo em Wall Street, garantidos pelo bom e velho dinheiro público. Na Europa, algo igualmente sinistro ocorreu.

Quando ficou claro que as intervenções no estilo do FEEF, para socorrer países como a Grécia e a Irlanda, seriam financiadas por *eurobonds* tóxicos (e dado que os mercados não se convenceram nem por um instante que eles iriam, no final, lidar eficazmente com as questões das dívidas desses Estados), os bancos e os fundos de *hedge* agarraram com as duas mãos a oportunidade de transformar a incerteza em relação ao euro em outra onda de apostas. E isto é precisamente o que eles fizeram: apostas, sob a forma de CDS, contra os títulos dos países-membros europeus (por exemplo, da Grécia, da Irlanda, da Espanha, da Itália). No fim das contas, ambos os *eurobonds* tóxicos do FEEF e esta volumosa produção de novas CDS constituem uma nova rodada de geração insustentável de dinheiro privado. Quando a última pilha de dinheiro privado também virar cinzas – como certamente acontecerá –, o que será da Europa?

Mordendo a mão que os salvou: a ousadia extrema do serviçal mais repugnante

A essência do Plano Geithner-Summers, tanto na sua versão original como na europeia, era uma vingança daqueles que imprimem dinheiro em Wall Street. Em vez de declararem com honestidade e clareza "nunca mais", nossos líderes políticos têm efetivamente sinalizado aos bancos que se trata de um negócio como outro qualquer. Mais do que isso, é um negócio como outro qualquer *com fundos públicos*. Karl Marx uma vez ponderou que a história se repete, a primeira vez como tragédia e a segunda vez como farsa. Assim, se antes de 2008 Wall Street criou seus produtos financeiros sintéticos por conta própria (talvez com o governo fechando os olhos), na sequência da Crise de 2008, vem fazendo o mesmo novamente com enormes subsídios governamentais (norte-americanos e europeus).

Em resumo, já em fevereiro de 2009, a administração Obama soprou as velas de Wall Street, projetando um novo mercado para os velhos derivativos (que estavam repletos de dívidas hipotecárias de pessoas pobres). O meio de troca neste novo mercado era uma mistura dos velhos (encalhados) e novos derivativos (com base não em hipotecas das pessoas pobres, mas em impostos daqueles que não podem evitar pagá-los – muitas vezes as mesmas pessoas pobres). Assim, muitos dos ativos tóxicos dos bancos foram retirados de suas contas, enquanto a produção de um novo dinheiro tóxico privado tomou outro rumo. Um ano e meio depois, os europeus, para não ficar para trás, seguiram o exemplo com emissões de dívidas no estilo do FEEF e resgates bancários, dando sua própria contribuição para uma nova onda de "produtos" financeiros altamente tóxicos.

Com seus balanços limpos da maioria das CDOs tóxicas, Wall Street usou alguns dos rendimentos e parte do dinheiro do resgate das várias boias de assistência recebidas do Estado, para pagar o que devia ao governo. É claro que quando eu digo que pagaram os empréstimos ao governo, isto é um grande exagero. O que eles retornaram foi apenas uma pequena fração do que o Tesouro dos Estados Unidos e o FED lhes tinham dado. Pois a grande parte dos resgates vieram sob a forma de garantias gigantescas, mas nunca declaradas. E estas nunca foram pagas de volta, como também não foi reembolsado o custo gigantesco do Plano Geithner-Summers. Além disso, os bancos nunca reconheceram as centenas de bilhões de dólares de suas ações e outros ativos adquiridos pelo FED por debaixo da mesa, numa demonstração de solidariedade com Wall Street (também conhecida, como já vimos, por *afrouxamento quantitativo*). É sabido de antemão que nada disso jamais será reembolsado.

Em suma, primeiro os bancos foram reabilitados, pelo contribuinte, a retornar ao esquema de criar dinheiro privado tóxico, e então eles quitaram um pedacinho de suas dívidas com o governo – em um montante tal que servia apenas para legitimar os novos bônus de seus gestores. No momento em que os prêmios recomeçaram a correr e a bolsa de valores se recuperou, a imprensa começou a discutir animadamente o fim da recessão. A economia, segundo disseram, havia voltado a crescer. Analistas de mercado, economistas, especialistas nos assuntos de Wall Street – quase todos – pareciam respirar aliviados pelo fim do mundo ter sido evitado. Embora a maioria das vozes sérias peça cautela, e algumas expressem preocupação com uma nova recessão, o senso comum diz que estamos fora de perigo. No entanto, o desemprego está batendo recordes, as ações de despejo e os confiscos das casas continuam acontecendo, além de os salários reais permanecerem estáticos.

Em termos políticos, nossos governos têm cedido completamente aos bancos falidos. E, como geralmente acontece quando alguém cede a quem ameaça, não houve agradecimentos. Na verdade, o plano Geithner-Summers aumentou o poder de chantagem dos bancos em relação ao Estado. Enquanto a administração do presidente Barack Obama estava ocupada ouvindo a pregação de Wall Street contra estatizações definitivas (isto é, com o falso argumento de que recapitalizar os bancos por meio de estatizações temporárias, como acontecera na Suécia em 1993, minaria a confiança do público no sistema financeiro, criando assim mais instabilidade, o que poderia por sua vez, comprometer qualquer recuperação), os bancos de Wall Street já estavam conspirando contra a administração, empenhados em utilizar seu renovado vigor financeiro para promover os adversários políticos de Obama (que lhes prometiam uma regulação ofensivamente leve).

Esta reviravolta assumiu maior importância em janeiro de 2010, quando a Suprema Corte dos Estados Unidos, por uma diferença de votos de 5 a 4, revogou a Lei de Tillman de 1907, que o presidente Teddy Roosevelt tinha aprovado numa tentativa de proibir as empresas de usarem seu dinheiro para comprar influência política. Naquela fatídica quinta-feira, as comportas financeiras de Wall Street foram escancaradas quando o tribunal resolveu que os gestores de uma empresa podem decidir, sem consultar ninguém, passar um cheque para o político que lhes ofereça o melhor negócio, especialmente no que diz respeito à regulação do setor financeiro no rescaldo de 2008.

Em reação a esta "traição", o presidente Obama foi esperto: ele deu permissão a Paul Volcker (que ainda está em grande forma aos 80 anos) para criar a legislação regulamentar sob a qual Wall Street teria que trabalhar no futuro – de modo a tornar o controle das autoridades sobre Wall Street mais rígida em importantes aspectos. Volcker, em sua nova função como chefe do Conselho Consultivo de Recuperação Econômica (ERAB), elaborou a Regra Volcker, que a administração prometeu fazer com que o Congresso aprovasse. A Regra Volcker reativou o Glass-Steagall Act dos *new dealers*, da qual Larry Summers tinha se livrado na década de 1990. Ele teria proibido os bancos de se meterem com os derivativos e outros produtos financeiros exóticos. A ideia básica de Volcker era que os bancos que aceitam depósitos e são assegurados pelo Estado contra falência não devem ser autorizados a participar nem da bolsa de valores nem do comércio de derivativos. Embora se tenha feito um enorme esforço para aprovar a Regra Volcker, no fim das contas Wall Street saiu vitoriosa.

Ter que enfrentar um dos primeiros profetas do Minotauro Global, e seu guardião durante sua adolescência nos anos 1980 (lembre-se do papel de Volcker, descrito no capítulo 4), deixou os banqueiros de Wall Street sem dormir por algumas noites. Mas isto não durou muito tempo. Em janeiro de 2011, Volcker já estava aposentado, assim como o ERAB. É evidente que o breve momento em que Wall Street estava fraca o suficiente para ser forçada a fazer concessões significativas tinha passado. O serviçal mais repulsivo do Minotauro se emancipou. A questão que agora permanece é: como é que vai se sair sem o Minotauro Global? Deixaremos essa especulação para o final do livro.

O retorno da governança predatória, ciência econômica oca e a curiosa tragédia do fundamentalismo de mercado

O fundamentalismo sobre o livre mercado, tanto no nível das ideias políticas quanto da teoria econômica, já foi caracterizado como um dos serviçais do nosso Minotauro (ver capítulo 5, Teoria tóxica, partes A e B). Em certo sentido, de maneira não muito diferente como o marxismo foi aplicado sob o regime soviético: mais honrado na violação do que no seu cumprimento.[86] Em ambos os casos, ideais grandiosos, apoiados por tratados econômicos fascinantes, foram utilizados para fins imorais: legitimar a usurpação de poder e riqueza por um minúsculo grupo social.

Conquistar o aparelho do Estado em nome dos poderosos era um padrão bem estabelecido nos Estados Unidos antes de 1929 (lembre-se do capítulo 2). A Crise de 1929 foi o inimigo que a história soltou sobre uma sociedade que se permitiu ser capturada por um Estado predador – inicialmente capturada pelos barões ladrões, depois pelos novos magnatas empresariais e logo em seguida por Wall Street.[87]

Depois que o *New Deal* e a Segunda Guerra Mundial geraram o Plano Global, um novo realinhamento socioeconômico levou a um contrato social mais inclusivo entre as empresas, o governo e os trabalhadores norte-americanos. Isto durou por duas décadas – um período que quase todos ainda se lembram

---

[86] N. da T.: de Hamlet, Shakespeare: *more honoured in the breach than in the observance*

[87] Para entender a ideia do Estado predador neoliberal, veja James Galbraith (2008) *The Predator State: How conservatives abandoned the free market and why liberals should too*, new York: The Free Press.

como o da "Idade de Ouro" do capitalismo.[88] No entanto, quando o Plano Global entrou em colapso, em 1971, e ambas as economias, norte-americana e mundial, foram deliberadamente "desintegradas" para pavimentar o caminho para o Minotauro Global, o acordo do pós-guerra se esfacelou.

Isto não aconteceu por acaso. Seu desmantelamento, como vimos, foi um pré-requisito para atrair aos Estados Unidos os fluxos de capital que iriam manter os *déficits gêmeos* para sempre em elevação. A implosão orçamentária era um *requisito* para a dominação do Minotauro Global. Mas quem realmente se beneficiou com a besta? Os escalões mais bem-remunerados, as frações da sociedade norte-americana que trabalhavam dentro ou em torno das instituições financeiras, a indústria de combustíveis fósseis, os setores industriais ligados ao complexo industrial-militar (principalmente os setores de eletrônico, tecnologia da informação, engenharia aeronáutica e mecânica). Também se beneficiaram aqueles que tinham a "sorte" de possuir uma parte de uma empresa altamente exploradora como o Walmart. O Minotauro trabalhava para eles. E o fundamentalismo do livre mercado era seu serviçal ideológico.

Em relação aos verdadeiros ideais que sustentam o fundamentalismo do mercado livre, seu destino foi idêntico ao do marxismo em Moscou: eles se tornaram as primeiras vítimas da escalada ao poder de seus defensores políticos. De fato, quando, em 1981, Ronald Reagan chegou à Casa Branca, ele falava a língua da *economia impulsionada pelo lado da oferta*, orçamentos equilibrados, enxugamento do grande governo (ironicamente, uma expressão primeiramente cunhada por Marx) etc. No entanto, depois de passar alguns meses flertando com essas políticas, e quando o desemprego disparou, em 1981, Reagan deu uma meia-volta abrupta, assim como fez Lenin ao adotar sua Nova Política Econômica (NEP), quando descobriu que socializar as fábricas não dava tão certo quanto haviam planejado. Em vez de encolher o governo e equilibrar o orçamento, o presidente pôs o pé no acelerador. Os *déficits gêmeos* se inflaram e, como consequência de algumas práticas keynesianas, o desemprego diminuiu e o Minotauro Global seguiu adiante.

[88] Embora seja ofensivo para a comunidade negra e outras minorias chamar os anos 1950 e 1960 de "Idade de Ouro", ainda é verdade que o crescimento estável daquela era ajudou o movimento dos direitos civis a erguer-se e fazer-se ouvir.

Com a Crise de 2008, três coisas mudaram. Em primeiro lugar, o Minotauro foi deixado ferido, deitado em seu labirinto, doente demais para continuar consumindo a produção excedente da Europa, Japão, China e Sudeste Asiático em níveis suficientes para evitar que suas economias se estagnassem. Em segundo lugar, os mercados financeiros entraram em colapso e o dinheiro privado que haviam criado desapareceu como poeira, levado pelos fortes ventos da Crise. Em terceiro lugar, os políticos eram ou encorajados a conter os serviçais do Minotauro ou substituídos por outros que prometiam fazê-lo.

Destes três efeitos de 2008, apenas o primeiro ainda permanece. Tanto nos Estados Unidos quanto na Europa, os políticos que queriam manter-se independentes e acima dos derrotados serviçais do Minotauro vacilaram. Enquanto hesitavam, outros políticos (menos escrupulosos) entraram em ação. Seu primeiro passo foi pegar o recém-impresso dinheiro público que estava sendo derramado nos bancos para mantê-los vivos e usá-lo para permitir que Wall Street e o resto dos bancos do mundo começassem a produzir novas formas de dinheiro privado tóxico. Tendo restabelecido o esquema para restaurar o poder político dos bancos. Os políticos que queriam fazer diferente perceberam que era tarde demais. E assim eles recuaram, preferindo manter-se vivos do que viverem mortos politicamente.

Epílogo: o pior dos dois mundos

O que acontece quando o mestre opressor adoece e os serviçais assumem o poder? Depende dos serviçais. Infelizmente, aqueles com os quais temos que lidar governam de uma forma que preserva os piores aspectos do domínio do Minotauro Global (as desigualdades, a grosseria e a instabilidade) sem garantir a importante função que costumava cumprir – manter suficiente geração de demanda global para a produção de excedentes da Europa e Ásia através da reciclagem de excedentes do mundo.

Até 2008, enquanto os desequilíbrios no comércio internacional cresciam ininterruptamente, o Minotauro Global atraiu capital suficiente de todo o mundo para reciclar os excedentes dos outros e, portanto, para manter sua rematerialização ano após ano. Além disso, Wall Street, por conta destes fluxos, gerou seu dinheiro privado, que posteriormente deu ao mundo a liquidez gigantesca que permitiu um aumento constante nos superávits agregados. Pode ter sido um esquema instável e insustentável, mas possuía uma certa lógica pelo menos enquanto durou.

Hoje em dia, o Minotauro já não consegue mais executar este ato "equilibrista". A economia norte-americana está funcionando muito abaixo da sua capacidade plena, o desemprego está corroendo a demanda por bens, casas e serviços, e Wall Street, apesar da plena recuperação graças à cooptação política, se encontra na impossibilidade de gerar, como no passado, dinheiro privado o suficiente para criar outro *boom* de consumo e investimento – o *boom* que Europa, Japão e até mesmo a China *precisam* para que possam retornar a um caminho de crescimento sustentável[89].

Somos, essencialmente, governados pelos serviçais do Minotauro sem nos beneficiarmos das influências estabilizadoras da besta. Se o período pré-2008 era insustentável, o período pós-2008 está repleto de tensões que ameaçam as gerações futuras com uma desordem que a mente não pode sequer chegar a imaginar.

---

[89] O leitor poderá objetar que a China está em pleno funcionamento. No próximo capítulo vou argumentar que não. Seu crescimento se baseia em estímulos insustentáveis que não têm o poder de criar a demanda de longo prazo que poderá manter seu ritmo.

8

O LEGADO DO MINOTAURO GLOBAL

O SOL OFUSCADO, OS TIGRES FERIDOS, UMA EUROPA VOLÚVEL E UM DRAGÃO ANSIOSO

O sol ofuscado: as décadas perdidas pelo Japão

Como um dos pilares do Plano Global, e sob o patrocínio gentil dos Estados Unidos, o crescimento japonês do pós-guerra, liderado pelas exportações, pode ser considerado milagroso. Ele veio em duas fases: no final dos anos 1950, o Japão já estava exportando bens industriais leves, enquanto importava bens industriais pesados dos Estados Unidos, além de matérias-primas de outros lugares. Muito rapidamente ele alcançou um padrão mais maduro de comércio, exportando bens industriais pesados e limitando suas importações às matérias-primas escassas.

Os salários japoneses subiram ao longo do período pós-guerra, mas nunca tão rápido quanto o crescimento e a produtividade. Os excedentes que esta lacuna resultou foram direcionados pelo governo de Tóquio ao desenvolvimento da infraestrutura em benefício do setor privado (por exemplo, transportes), pesquisa e desenvolvimento, formação etc., e, numa medida bem menor, em direção a uma rede de segurança social para a população em geral.

A produção era baseada em grandes investimentos de capital que produziam economias de escala impressionantes. Ocorreu dentro de estruturas oligopolistas altamente concentradas, conhecidas como *keiretsu* (por exemplo, Mitsui, Mitsubishi e Sumitomo). Os *keiretsu* eram conglomerados verticais – organizações hierárquicas, que incluíam seu próprio grande banco e fábricas, além de um intrincado sistema de subcontratação que envolvia inúmeras pequenas e médias empresas (PME) ou *chusho-kigyo*. Embora as PME's fossem responsáveis por até 80% do emprego total, sua contribuição para a produtividade geral era bastante baixa, com menos da metade do nível médio das empresas de maior porte.

O milagre econômico japonês foi construído sobre esta combinação de grandes conglomerados interconectados, as inúmeras pequenas empresas que giravam em torno deles e um governo que cuidava das necessidades de infraestrutura e financeiras de ambos. A partir desta perspectiva, é fácil entender a dependência do Japão em relação à demanda estrangeira. Com tanta ênfase no investimento e produção, com salários defasados e um gasto social mínimo, a economia japonesa conseguia consumir apenas uma fração de sua produção. É por isso que, após o falecimento do Plano Global, o Minotauro Global era tão importante para a economia do Japão. É por isso que, com o Minotauro sangrando no chão, o Japão está tão seriamente desestabilizado.

Evidentemente, o Japão iniciou sua trajetória de um longo declínio na década de 1990. Comentaristas apontavam os holofotes para seu setor bancário em busca de pistas sobre o que tinha dado errado. Os aficionados pelo livre mercado acharam que tinham encontrado o problema, ao descobrirem que os bancos japoneses eram em grande parte controlados pelo Estado. No entanto, a dependência estatal dos bancos não é somente um problema para a economia do Japão, mas também a razão para o seu sucesso. Na verdade, a longa aliança entre o governo e os bancos possibilitou a alavancagem dos investimentos pelas autoridades, tendo como resultado uma implementação relativamente fácil da "política nacional" de industrialização no período pós-guerra. O milagre japonês não teria sido possível sem essa forte parceria. Ela fez com que o governo conseguisse desencorajar a financeirização das empresas japonesas, enquanto o Ministério das Finanças realizava essa tarefa em seu nome, associado ao Banco do Japão. A indústria foi instruída a se concentrar em sua atividade principal (fazer as "coisas" bem feitas), enquanto o governo e cada banco afiliado a cada *keiretsu* eram responsáveis pelo fluxo e circulação de capital para dentro e em torno destes grupos industriais.

Durante o Plano Global, e sob a tutela dos Estados Unidos, a autoritária realidade unipartidarista do governo japonês (o quase invencível Partido Democrático Liberal) assegurou que o Estado fosse parcialmente afastado da sociedade civil. Seus estrategistas políticos tiveram um importante papel no drama que se desenrolou após a substituição do Plano Global pelo Minotauro Global, depois de 1971. Particularmente, a economia social japonesa enfrentava uma extensa reforma em resposta à desvalorização inicial do dólar. As autoridades japonesas reagiram rapidamente à perspectiva do colapso das exportações para os Estados Unidos de duas maneiras. Primeiro, descobriram novas soluções tecnológicas para manter a competitividade. Em segundo lugar, exportavam capital para os Estados Unidos sob a forma de investimento direto estrangeiro, compras de Títulos do Tesouro norte-americano e posicionamento na bolsa de valores de Nova

York. Em suma, para garantir a continuidade de sua indústria oligopolista, o Japão escolheu alimentar o Minotauro Global, exatamente como as autoridades americanas tinham antecipado.

O acordo tácito entre os Estados Unidos e o Japão era simples: o Japão continuaria a reciclar seus superávits comerciais através da compra da dívida norte-americana e investimentos no país; em troca, teria a garantia do acesso privilegiado ao mercado doméstico dos Estados Unidos, proporcionando assim à indústria japonesa a demanda agregada que sua sociedade era incapaz de produzir. No entanto, havia um senão: quando se compra ativos no exterior, em algum momento esses ativos começam a gerar renda, que deve, em algum momento, ser repatriada. O Japão corria então o risco de perder a capacidade de continuar a ser um exportador de capital líquido e se transformar em uma nação rentista. Esta perspectiva estava em desacordo com a estratégia de crescimento japonesa após a crise do petróleo, que deveria se concentrar em indústrias de alto valor agregado e pouco consumo de energia, como a eletrônica, circuitos integrados, computadores e mecatrônica (robôs industriais).

Em 22 de setembro de 1985, os Estados Unidos, o Japão, a Alemanha Ocidental, a França e a Grã-Bretanha assinaram o Acordo Plaza. O propósito expresso no acordo era desvalorizar o dólar americano em uma tentativa de reduzir o déficit comercial dos Estados Unidos (e, por extensão, o seu déficit orçamentário) – em outras palavras, queriam conter o Minotauro Global. Hoje, muitos analistas recordam o Acordo Plaza como um modelo de acordo que os Estados Unidos deveriam impor aos chineses, a fim de reverter o grande superávit comercial chinês com os Estados Unidos. Embora seja verdade que o Acordo Plaza conseguiu desvalorizar o dólar em relação ao iene em mais de 50% (dois anos após a sua assinatura), estes analistas não conseguiram perceber o propósito real do acordo. O seu objetivo era, pelo menos em parte, impedir que o Japão se tornasse uma nação rentista, um desenvolvimento que colocaria em risco tanto os próprios planos de longo prazo do Japão como o Minotauro Global, cujo objetivo era permanecer como o inquestionável rentista mundial.[90]

[90] O outro objetivo do Acordo Plaza era acomodar a determinação norte-americana de que suas multinacionais deveriam desempenhar um papel maior no mercado global de eletrônicos que o Japão e a Alemanha já ameaçavam dominar.

A subida do iene após 1985 colocou a economia japonesa em uma grande desaceleração sustentada. Como as exportações japonesas tornaram-se mais caras nos Estados Unidos, o Banco do Japão, em uma tentativa de manter a taxa de investimento, injetou muita liquidez no sistema *keiretsu*. O resultado foi o maior acúmulo de excesso de liquidez na história moderna. O efeito colateral foi uma enorme atividade especulativa no mercado imobiliário japonês. E quando, no início de 1990, as autoridades tentaram esvaziar a bolha imobiliária, aumentando um pouco as taxas de juros, os preços das casas e dos escritórios despencaram. Os bancos do país acabaram com enormes empréstimos que ninguém conseguia pagar.

Argumenta-se que as autoridades do Japão não conseguiram forçar os bancos a admitir a verdade em relação a estes empréstimos. Embora isto seja verdade, ignora-se o fato de que os bancos estavam intimamente ligados, através da estrutura *keiretsu*, a uma intrincada rede de empresas, pequenas e grandes. Se o Estado permitisse que os bancos se livrassem dessas dívidas incobráveis, o setor bancário do país teria falido e o milagre industrial japonês teria terminado ali mesmo. Em vez disso, o governo e o Banco do Japão injetaram toda a liquidez necessária nos bancos. Lamentavelmente, a maioria dessas injeções foram absorvidas pelos buracos negros dentro dos bancos (os empréstimos improdutivos) sem gerar novos investimentos substanciais.

Pela primeira vez desde meados da década de 1930, uma economia capitalista avançada tinha sido pega em uma armadilha de liquidez recessiva. Apesar dos melhores esforços das autoridades monetárias para aumentar o investimento, empurrando as taxas de juros para quase zero e injetando liquidez nos bancos, os bancos-zumbis do Japão não conseguiam produzir os investimentos esperados. O governo tentou um estímulo fiscal após o outro. Estradas foram construídas, pontes foram erguidas, projetos ferroviários atravessaram as ilhas da nação. Mesmo que esta atividade tenha ajudado a sustentar as fábricas, o "mal-estar" não podia ser remediado.

Curiosamente, antes de 2008, o "mal-estar" japonês impulsionou ativamente o Minotauro Global. As taxas de juros próximas a zero do Japão resultaram na migração acelerada de capital de Tóquio para Nova York, em busca de melhores rendimentos. Para além das já grandes quantidades de capital que o governo do Japão estava investindo na dívida do governo dos Estados Unidos e das igualmente grandes quantidades de capital que as empresas japonesas estavam desviando para o país sob a forma de investimento estrangeiro direto (por exemplo, a compra de ações norte-americanas, de empresas inteiras, ou a criação de instalações de produção em solo americano pela Sony, a Toyota, a Honda etc.), um terceiro fluxo de capital fora agora adicionado: o chamado *carry trade* por especuladores financeiros, que faziam empréstimos no Japão a pequenas taxas de juros e, em seguida, transferiam o dinheiro para os Estados Unidos, onde seria emprestado a ganhos muito mais elevados. Esta operação de *carry trade* expandiu significativamente as entradas de capitais no Minotauro, acelerando assim o processo de financeirização que deveria, paradoxalmente, derrubar o Minotauro.

E não foi apenas a crise induzida no Japão que contribuiu para a rápida expansão do Minotauro. A financeirização, juntamente com repetidas tentativas de atrelar moedas nacionais ao dólar norte-americano (o chamado *câmbio fixo* ou *indexação ao dólar*), levou a uma longa cadeia de crises financeiras, cujo efeito final foi um colapso econômico real em cada elo da cadeia. A cadeia começou em 1994 com a crise do peso mexicano, em seguida mudou-se para o Sudeste Asiático (com o colapso do baht tailandês, o won sul-coreano e a rúpia indonésia), seguiu para a Rússia e logo acabou voltando para a América Latina (sendo a Argentina sua vítima mais trágica). Todas estas crises começaram com uma grande entrada de capital estrangeiro barato que gerou bolhas nos mercados imobiliários. No entanto, ao estourarem, com uma saída violenta de capital e a amigável visita da boa gente do FMI, transformaram essas economias no equivalente financeiro de terras queimadas.

Assim, naturalmente, quando estas nações finalmente ressurgiram de suas cinzas, elas pouparam, pouparam e pouparam, de modo a impedir qualquer repetição daquele pesadelo. E o que aconteceu com essas economias? Elas migraram para Nova York, alimentando ainda mais a contínua ascensão do Minotauro. Paradoxalmente, o espírito de "nunca mais" que emergiu dos destroços das crises do Sudeste Asiático e da América Latina mostrou que as crises financeiras periféricas que atravessaram o globo em cadeia entre 1994 e 2002 eram parte de um elaborado ensaio geral para a Crise de 2008.

Depois de 2008, e da abdicação forçada do Minotauro Global, os Estados Unidos e a Europa descobriram, para seu horror, que a armadilha da liquidez japonesa também os tinha capturado. Naquele ponto, toda a condenação que as autoridades japonesas tinham recebido dos comentaristas norte-americanos e europeus por não terem adotado medidas duras contra os seus bancos-zumbis foi discretamente esquecida. Com efeito, a Europa e os Estados Unidos seguiram as mesmas receitas que provocaram a década perdida no Japão. Bancos-zumbis espalharam-se por todo o Ocidente. Além disso, ao contrário dos bancos-zumbis japoneses, que permanecem politicamente fracos, os bancos-zumbis norte-americanos e europeus são os donos e senhores da nova configuração socioeconômica que eu chamo de *bancarrotocracia*.

Os tigres feridos: Japão, América e a crise do Sudeste Asiático

Desde que a Guerra da Coreia e, mais significativamente, a Guerra do Vietnã fizeram com que o capitalismo avançado se enraizasse no Sudeste Asiático, o Japão tem assumido o papel hegemônico na região (veja o capítulo 3). O Japão forneceu aos tigres do Sudeste Asiático a tecnologia necessária e impulsionou seu crescimento inicial. No entanto, seria falso argumentar que o Japão foi para o Sudeste Asiático aquilo que os Estados Unidos foram para a Alemanha e Japão, seja sob o Plano Global, seja sob o Minotauro Global. A diferença é que o Japão não desfrutou dos superávits comerciais em relação aos países do Sudeste Asiático (como os Estados Unidos tinham com a Europa e o Japão no âmbito do Plano Global), nem passou por um período de absorção dos superávits comerciais do Sudeste Asiático (como os Estados Unidos fizeram, novamente, com a Europa e o Japão sob o Minotauro Global). Em vez disso, o Sudeste Asiático estava sempre em um déficit comercial estrutural de longo prazo com o Japão, tendo que contar com as receitas líquidas de exportação para os Estados Unidos e Europa para o seu crescimento.

Durante os melhores anos do Minotauro Global, especialmente entre 1985 e 1995, o declínio no valor do dólar foi acompanhado por uma mudança no investimento estrangeiro direto do Japão para a Ásia. Em poucos anos, o *keiretsu* japonês tinha se espalhado para Coreia, Malásia, Indonésia e Taiwan, através da exportação de bens de investimentos utilizados tanto na produção como na construção de novas infraestruturas. Este desenvolvimento foi sempre parte da intenção por trás do Acordo Plaza de 1985, uma compensação parcial para a aceitação de Tóquio em relação aos imperativos norte-americanos. O governo americano, o FMI e o Banco Mundial – na verdade, toda a gama do avançado capitalismo ocidental – pressionava os governos do Sudeste Asiático, fazendo uma inexorável pressão a favor da liberalização completa dos seus mercados de capitais. A ideia era, simplesmente, facilitar o investimento japonês no Sudeste Asiático, mas também espalhar o alcance e a especulação de Wall Street naquela parte do mundo (onde crescimento rápido significava retornos maiores do que no Ocidente).

O Sudeste Asiático cedeu à pressão. O capital estrangeiro entrava, empurrando para cima os preços do mercado imobiliário e das ações e causando o aumento dos déficits comerciais desses países em relação ao Japão. E, como os japoneses sempre foram incapazes de gerar demanda agregada suficiente para sua própria produção, a pressão para encontrar mercados de exportação para a produção do Sudeste Asiático *fora* do Japão cresceu ainda mais. A esta altura, mais uma vez, os Estados Unidos vieram em socorro. Isso porque, diferentemente do Japão (que conseguia produzir tudo, exceto a demanda necessária para absorver seus brilhantes e maravilhosos produtos industriais), a América, sob o olhar do Minotauro, tinha dominado a arte de criar níveis imensos de demanda por bens de outros povos. Assim, os Estados Unidos tornaram-se *o* mercado de exportação para a região como um todo, inclusive o Japão, enquanto a Coreia do Sul e Taiwan importavam principalmente do Japão. Este processo criou, talvez pela primeira vez, o *espaço vital* japonês que os designers do Plano Global tinham imaginado no final de 1940, mas que nunca fora implementado devido à inesperada vitória do presidente Mao na China.

Após o Acordo Plaza, a abundância de liquidez japonesa e de investimentos estrangeiros espalhou-se rapidamente para o Sudeste Asiático. Estas entradas de capital nas economias dos tigres juntavam-se às crescentes receitas provenientes do saldo das exportações para os Estados Unidos. Porém, em pouco tempo, encabeçaram uma bolha imobiliária. Perto do final da década de 1990, esta bolha estourou e o capital estrangeiro partiu muito mais rápido do que tinha chegado, mergulhando esses países em um terrível pesadelo. Locais de construção foram abandonados, as moedas foram desvalorizadas precipitadamente, o investimento secou, o desemprego aumentou, as tensões sociais e a pobreza voltaram a subir e, pior do que tudo, o FMI foi chamado. Seus empréstimos eram condicionados a políticas que haviam sido projetadas para países com um setor público improdutivo e corrupto. A tragédia foi que estas políticas eram completamente inadequadas para as economias dos tigres, cujos problemas não eram gastos sociais em excesso ou corrupção, mas instituições financeiras sobrecarregadas e uma crise de liquidez.

Depois de um horroroso e totalmente desnecessário período de austeridade, imposto pela lógica fundamentalista do FMI, os tigres do Sudeste Asiático recuperaram-se gradualmente – em parte por causa da saúde de ferro do Minotauro e em parte por causa das grandes desvalorizações das moedas locais. Seus governos saíram da crise no fim da década de 1990 com um compromisso definitivo em mente: nunca mais pediriam ajuda ao FMI. Nunca mais permitiriam que Wall Street e os vários banqueiros estrangeiros destruíssem seu suado progresso.

Dali em diante, o Sudeste Asiático fez questão de acumular reservas em dólar para algum momento futuro de dificuldade. Aquelas reservas foram, então, incorporadas ao tsunami de capital direcionado a Nova York, que mantinha o Minotauro vibrante, insolente e, em última instância, dominante.

Após a Crise de 2008, o iene revalorizou-se substancialmente, dando mais um golpe nos planos do Japão de impulsionar seu crescimento pelas exportações. Os tigres, por outro lado, mantiveram suas moedas indexadas ao dólar. A sabedoria convencional é que, em um momento de crise, os fluxos de capitais regressam às maiores economias em busca de um porto seguro – e é por isso que o dólar e o iene subiram em 2008. Mas isso não responde a questão de por que o iene subiu assim tão rápido em relação ao dólar (e, portanto, em relação às moedas do Sudeste Asiático). A explicação é que, com as taxas de juros na Europa e nos Estados Unidos competindo com as taxas de juros japonesas em uma corrida frenética para o zero, o capital privado japonês já não tinha um bom motivo para ficar no exterior. Assim, um repatriamento em massa do capital japonês (a parte que não "queimou" durante a Crise) revalorizou o iene, colocando a indústria japonesa em desvantagem em relação aos Estados Unidos e ao Sudeste Asiático.

O efeito a longo prazo deste repatriamento da poupança japonesa tem uma importância mundial. Por um lado, ele aprofundou a estagnação do Japão, por meio da valorização do iene; por outro lado, o fim do *carry trade* do iene acabou empurrando as taxas de juros para as alturas num momento em que a economia global está lutando contra poderosas forças recessivas. O trágico tsunami e abalo sísmico de 11 de março de 2011 vai intensificar este mesmo processo de entrada de capitais no Japão, enquanto ao mesmo tempo reduz a atividade econômica no curto prazo e a impulsiona a médio prazo (à medida em que a vasta reconstrução ganha ritmo). Entretanto, em meio a toda esta inquietante volatilidade, a repatriação contínua de capital japonês é a verdadeira razão pela qual a China vem resistindo às tentativas ocidentais de tornar a sua moeda convertível e desatrelá-la do dólar norte-americano: o dragão aprendeu sua lição a partir da amarga experiência dos tigres.

Para o Leste Asiático, o único lado positivo da Crise de 2008 é que o Sudeste Asiático reforçou a sua posição em relação ao Japão, mesmo que enfrente uma grande incerteza em termos da demanda por suas exportações. Sua luta para manter as exportações líquidas com o resto do mundo irá revelar-se particularmente desafiadora, especialmente por ter que agir sob a longa sombra do Grande Dragão ao norte.

Resumindo, o calcanhar de Aquiles do capitalismo japonês foi que, ao contrário dos Estados Unidos, ele nunca conseguiu cultivar uma posição hegemônica em relação ao Sudeste Asiático. Enquanto Coreia, Taiwan, Malásia, Cingapura etc. dependiam do Japão para obter tecnologia e bens de capital, não podiam considerá-lo como uma fonte de demanda. Toda a área permaneceu ligada ao Minotauro Global e seus modos caprichosos. A China tornou-se uma superpotência neste contexto. Ela está determinada a não ser pega nem pelo mal-estar do tipo japonês, nem por uma armadilha como aquela em que os tigres do Sudeste Asiático encontravam-se presos no final de 1990.

A Europa da Alemanha

Convém agora voltarmos para o segundo pilar do Plano Global: a Alemanha e suas sortes distintas durante e depois da Era do Minotauro. Há uma diferença importante entre ela e o Japão. Na tentativa de proteger seu próprio crescimento, liderado pelas exportações a partir da desvalorização do dólar no pós-1971, a Alemanha tinha algo que faltava ao Japão: o acesso a seu próprio *espaço vital*, um espaço que os Estados Unidos tinham trabalhado tanto para criar em prol da Alemanha – o Mercado Comum Europeu, a União Europeia de hoje. O papel das exportações alemãs para o resto da Europa permaneceu como os arquitetos norte-americanos do Plano Global tinham imaginado: apoiar um marco alemão forte e, ao mesmo tempo, ser fundamental para o desenvolvimento industrial do resto da Europa. De fato, as exportações alemãs não eram apenas Volkswagens e frigoríficos, mas também bens de capital essenciais para o funcionamento normal de cada um dos aspectos do aparelho produtivo da Europa.

No entanto, a Alemanha não era a locomotiva da Europa. De 1973 em diante, o modelo de desenvolvimento da Europa continental baseou-se no efeito combinado da manutenção de uma poderosa indústria de bens de capital, conectada através das corporações globais da Alemanha. No entanto, a demanda agregada que sustenta essas empresas era sempre mais escassa na Alemanha do que nos países vizinhos, para onde estendia suas operações. Como o Japão, a Alemanha também mostrou uma magnífica capacidade para produzir, com eficiência, os mais desejados e inovadores produtos industriais. Do mesmo modo, também falhou na tentativa de gerar internamente a demanda necessária para eles. Mas, ao contrário do Japão, a Alemanha tinha a vantagem de sua periferia europeia, ou espaço vital, que gerava uma parcela significativa da demanda por sua produção industrial, tornando, portando, a Alemanha menos dependente (do que o Japão) do Minotauro.

Muita tinta tem sido gasta nos últimos anos na discussão sobre a heterogeneidade fundamental da Europa. Mas como poderia ser de outra forma? A zona do dólar é homogênea? Será que a própria Alemanha consiste em um *Länder* igualmente desenvolvido e dinâmico? Claro que não. Em termos gerais, a pré-ampliação da UE é composta por três diferentes espécies de economia: países que geram excedentes persistentes (Alemanha, Holanda, a parte flamenga da Bélgica, Áustria e os países escandinavos), países de tendência deficitária persistente (Itália, Grécia, Espanha e Portugal) e a França, um país em uma categoria própria.[91] A razão pela qual a França é um caso à parte tem a ver com o fato de que, embora falhe sistematicamente em se juntar ao grupo de países que geram excedentes, goza, contudo, de duas grandes forças: o calibre de suas instituições políticas, que (talvez devido ao seu passado napoleônico) foram o mais próximo

[91] Eu deixo a Grã-Bretanha fora dessa taxonomia. Após sua desindustrialização sob o governo de Thatcher, a única coisa separando a Grã-Bretanha dos retardatários da Europa é a City de Londres, com a sua posição central no mundo das finanças. A Irlanda é também excluída porque está atualmente passando por uma crise que pode muito bem alterar o seu status de modo significativo.

que a Europa chegou de uma capacidade de elaboração política capaz de rivalizar com o de Washington; e seu grande setor bancário, que é mais avançado do que o dos países superavitários. Por causa da seriedade de seus bancos, a França tinha alcançado uma posição central na facilitação dos fluxos comerciais e de capital dentro da economia europeia.

A partir de 1985, a determinação do Minotauro Global em aumentar o déficit comercial norte-americano traduziu-se em uma grande melhora na balança comercial da Alemanha. Esta se transferiu para o resto da UE, que viu a sua posição comercial coletiva tornar-se superavitária. Este foi o ambiente em que as forças que criariam a moeda comum, o euro, ganharam ritmo. Cada grupo tinha diferentes razões para querer a união monetária.

De 1970 em diante, a Alemanha fez questão de reforçar sua posição no quadro geral europeu, como uma grande exportadora líquida tanto de bens de consumo como de capital e um importador líquido de demanda agregada. A chave para o sucesso foi a política de segurar a sua taxa de crescimento abaixo do resto da Europa, enquanto, ao mesmo tempo, mantinha os investimentos num nível muito mais elevado do que o dos seus vizinhos. O objetivo desta política era simples: acumular mais e mais superávits comerciais a partir de seu espaço vital europeu, a fim de alimentar o Minotauro no outro lado do Atlântico, de modo a, por sua vez, financiar a própria expansão de suas exportações para os Estados Unidos e, mais tarde, para a China.

A única pedra no sapato desta estratégia alemã era a ameaça de desvalorizações cambiais competitivas, que a Itália (e outros países) estava praticando, com bons resultados, para limitar seus déficits comerciais em relação à Alemanha. Idealmente, a partir da perspectiva alemã, Berlim preservaria o seu querido marco alemão, mas também criaria um mecanismo monetário europeu que iria manter as flutuações cambiais dentro de certos limites. Esse mecanismo ficou conhecido como o Mecanismo Europeu de Taxas de Câmbio (METC), um breve acordo que fracassou depois de um enorme ataque especulativo no início de 1990. Foi nesse momento que a Alemanha cedeu e concordou com uma moeda comum: uma união monetária permanente que faria com que os especuladores parassem de especular contra a incidência e a extensão das flutuações cambiais.

O resto dos europeus tinha suas próprias razões para querer uma moeda comum. As elites nos países deficitários estavam particularmente cansadas de desvalorizações. Pura e simplesmente. O fato de o valor do marco e suas belas casas de verão estarem sujeitas a grandes e inesperadas desvalorizações os incomodava. E como suas classes trabalhadoras também estavam cansadas de ver a inflação comer seus aumentos salariais duramente conquistados, foi fácil para as elites gregas e italianas convencê-las a compartilhar do sonho de uma moeda comum. Certamente havia um preço muito alto a pagar. A fim de reduzir a inflação para o limite de 3%, que era um pré-requisito para entrar na zona euro, os países deficitários tiveram que induzir uma estagnação nos setores produtivos de suas próprias economias. A queda no rendimento salarial foi, no entanto, amenizada por um aumento na concessão de empréstimos, que ficaram mais baratos à medida que as taxas de juros caíram. Assim como nos Estados Unidos na década de 1970 e 1980, quando os trabalhadores foram forçados a aceitar salários reais mais baixos em troca de reluzentes cartões de crédito, os mais desfavorecidos nos países deficitários da Europa foram obrigados a contrair mais dívidas.

No entanto, a chave para o projeto do euro não era outro senão o glorioso caso especial da Europa, a França. A elite francesa tinha três razões para desejar uma forte amarra entre o franco e o marco alemão. Primeiro, ela iria fortalecer a capacidade de negociação da elite política em relação aos poderosos sindicatos franceses, tendo em vista os moderados aumentos de salário por todo o Reno que os sindicatos alemães negociavam com o patronato e o governo federal. Em segundo lugar, ela daria sustentação ao seu já importante setor bancário. E, em terceiro lugar, daria às elites políticas a oportunidade de dominar a Europa em uma esfera onde a expertise francesa ultrapassava a da Alemanha: a construção de instituições políticas transnacionais.

A nova roupagem do marco alemão

A formação do euro gerou um aprofundamento da estagnação nos países deficitários, assim como na França. Permitiu também que a Alemanha e as nações superavitárias da zona do euro alcançassem mais superávits. Estes tornaram-se os meios financeiros através dos quais as empresas alemãs internacionalizaram suas atividades nos Estados Unidos, China e Leste Europeu. Assim, a Alemanha e os outros países superavitários tornaram-se o oposto europeu do Minotauro Global – um simulacro[92]. À medida que o Minotauro criava demanda para o resto do mundo, o simulacro esvaziou-a do resto da Europa. Ele manteve o dinamismo global da Alemanha por meio da exportação da estagnação para o seu próprio quintal europeu.

No nível mundial, a zona do euro estava fazendo um bom progresso. Os rendimentos totais estavam subindo, mas, nos bastidores, os setores industriais da França e dos países deficitários entravam numa lenta recessão. Foi o preço que os retardatários e a ambiciosa França tiveram que pagar para atrelarem suas moedas ao marco alemão. Sua recompensa? Empréstimos mais baratos e consumismo movido pelo endividamento.

Antes da Crise de 2008, a inveja da Europa sobre o Minotauro (ver o início do capítulo 5) manifestava-se em longos estudos sobre a lentidão do crescimento continental e da superioridade do modelo anglo-celta. Na realidade, as letárgicas taxas de crescimento europeias, que de fato caíram durante cada uma das quatro décadas anteriores, não tinham nada a ver com mercados de trabalho inflexíveis, um sistema financeiro artrítico ou um sistema de segurança social generoso demais. Deviam-se, simplesmente, à maneira pela qual a maior parte da Europa estava caindo no feitiço dos superávits alemães. O único alívio que os países deficitários da Europa tiveram durante o sucesso do Minotauro Global veio das exportações líquidas para os Estados Unidos. Mas quando 2008 chegou, até mesmo este lado positivo desapareceu.

A aparência institucional do simulacro veio na forma do famoso Tratado de Maastricht, que estabeleceu as regras para a adesão à zona do euro. Ele estipulou limites para os déficits orçamentários dos Estados-membros em 3% do PIB, relação dívida-PIB inferior a 60%, política monetária que seria decidida e executada pelo BCE "independente" e, por último, mas não menos importante, uma cláusula de *nenhuma transferência* (ou de nenhum "resgate", no jargão pós-2008). Este último elemento significava que, se os Estados-membros começassem a ter problemas fiscais, não de-

[92] O filósofo francês Gilles Deleuze define simulacro como um "sistema no qual diferentes se relacionam com diferentes por meio da própria diferença". Ver G. Deleuze (1968) *Difference and Repetition*, New York: Columbia University Press.

veriam esperar alguma assistência de instituições do euro (BCE, Eurogrupo etc.) ou de outros membros da zona do euro.

O Tratado de Maastricht foi vendido ao público e às elites da Europa como medida razoável para proteger o euro do *parasitismo*. A metáfora mais utilizada era a de uma conta bancária conjunta onde cada titular poderia retirar dinheiro, independentemente dele ou dela terem contribuído, e sem acordo prévio. Reza a história que a conta em questão logo se esvaziaria. O equivalente para a zona do euro seria o desregramento dos Estados-membros que debilitava a credibilidade e valor da moeda comum. Embora tal mecanismo de prevenção do *parasitismo* seja necessário para qualquer união monetária, ele certamente não é suficiente. Alguma coisa estava faltando. Esse "algo" fora acidentalmente deixado de fora, ou havia intenções secretas? Creio que se tratou da última hipótese. Na verdade, era a mesma agenda que estava por trás da rejeição de Harry Dexter White à proposta da União Internacional das Moedas, feita por Keynes em Bretton Woods, em 1944 (ver capítulo 3). Assim como os norte-americanos insistiram em preservar seu direito de controlar grandes excedentes no âmbito do Plano Global, também a Alemanha exigiu que o Tratado de Maastricht não incluísse qualquer mecanismo explícito de reciclagem de excedentes. O objetivo? Usar a criação da zona do euro como um mecanismo através do qual se estabeleceria a "obrigação" dos países deficitários (mais a França) em proporcionar à Alemanha uma demanda líquida eficaz para suas exportações.

A grande diferença entre a hegemonia norte-americana no mundo e o domínio alemão na UE era que os Estados Unidos compreendiam bem a importância da reciclagem de excedentes. A única desavença dos norte-americanos com Keynes era que eles não queriam que o mecanismo de reciclagem de excedentes fosse formalmente instituído. Assim, no âmbito do Plano Global, eles excepcionalmente apoiaram a Alemanha e o Japão com generosas injeções de capital. E quando o Plano Global morreu ignominiosamente, o Minotauro Global tomou, satisfeito, seu lugar na reciclagem, apesar de inverter os fluxos de capital e comércio superavitários em favor de Wall Street. Enquanto essa besta ecumênica seguiu adiante, a arquitetura defeituosa da zona do euro também se sustentou.

Quando a Crise de 2008 feriu o Minotauro, o euro sucumbiu. A Grécia era o seu elo mais fraco, mas o problema estava profundamente enraizado em todo o projeto e, particularmente, na falta de um mecanismo de reciclagem de excedentes. Mas antes de dizer mais sobre isso, devemos recuar um pouco até o momento em que as duas Alemanhas do pós-guerra tornaram-se uma.

Quadro 8.1

A fuga da Europa

É tentador ampliar a metáfora central deste livro de modo a incluir o mito da Europa. De acordo com a mesma mitologia que nos deu o Minotauro, a Europa era uma bela princesa fenícia por quem Zeus se interessou. Transformando-se em um touro branco, ele a atraiu para montá-lo e, antes que ela tivesse uma chance de descer, ele correu para o Mar Egeu e levou-a para Creta. O Rei Minos foi o produto de sua união. O que torna a Europa a mãe do padrastro do Minotauro (ver a história do nascimento do Minotauro no capítulo 1).

Um outro problema com essa história é que, antes de retornar para sua esposa, a deusa Hera, Zeus concedeu certos regalos à Europa. Um deles era Laelaps, um cão que sempre capturava sua presa. (Outro foi um dardo que nunca errava seu alvo.) Algumas gerações mais tarde, foi dada a Laelaps a tarefa de caçar a raposa de Teumessian – um temido animal concebido pelos deuses para que nunca fosse capturado. A impossibilidade da disputa entre Laelaps e a raposa de Teumessian perturbou tanto a mente de Zeus que ele decidiu transformá-los ambos em pedra e colocá-los no céu da noite. Enquanto quebram a cabeça em busca de políticas que solucionem os problemas do euro, os operadores políticos da Europa talvez achem graça em recordar esta metáfora de tarefas impossíveis.

A reunificação alemã e seu significado global

A implacável desintegração da União Soviética, que começou de forma inesperada ao final dos anos 1980, logo levou à demolição do Muro de Berlim. O chanceler alemão Helmut Kohl rapidamente aproveitou a oportunidade para anexar a Alemanha Oriental. O senso comum diz que o custo exorbitante da reunificação da Alemanha é responsável pelos males econômicos do país e por sua estagnação na década de 1990. Esta não é a minha visão.

Embora seja indiscutivelmente verdade que a reunificação tencionou as finanças públicas da Alemanha (em cerca de US$ 1,3 bilhão), e até mesmo levou-a a violar o Tratado de Maastricht que ela própria tinha insistido em assinar, a reunificação também ajudou a reduzir o poder de barganha dos trabalhadores alemães. Aquilo que as crises do petróleo, o Walmart e algumas táticas corporativas agressivas tinham alcançado nos Estados Unidos na década de 1970, a reunificação trouxe para a Alemanha na década de 1990. Também é importante notar que a Alemanha Oriental não foi a única parte do antigo império soviético cujo colapso impulsionou o capital alemão. Da Polônia à Eslováquia e da Hungria à Ucrânia, uma mão de obra baratíssima se tornou disponível para empresas alemãs.

De modo mais geral, a resposta da Alemanha ao custo exorbitante da reunificação foi a busca da *deflação salarial competitiva*. De fato, enquanto a zona do euro estava sendo preparada, a Alemanha, graças à reunificação, foi inserindo em seus mercados de trabalho salários substancialmente reduzidos (em relação aos salários em outros lugares da zona do euro). Quase em uma tentativa de copiar a estratégia nacional do Minotauro Global, o simulacro alemão promoveu uma estratégia de restrição ao crescimento dos salários a uma taxa significativamente abaixo do crescimento da produtividade. Uma vez que o euro fora introduzido, e a indústria alemã estava protegida da depreciação cambial competitiva de países como a Itália, seus ganhos com a queda dos salários tornaram-se permanentes.

Além disso, o sistema da Alemanha de negociação salarial coletiva, com base em um acordo corporativista e neomercantilista entre o capital alemão e os sindicatos alemães, possibilitou que a diferença entre produtividade e crescimento salarial fosse mais favorável ao capital do que no resto da Europa. Essencialmente, o baixo crescimento reforçava a competitividade das exportações alemãs na esteira da contínua deflação dos salários reais e do vigoroso investimento. Quando o Minotauro Global começou a crescer, depois de 2004, o superávit comercial da Alemanha decolou analogamente, a acumulação de capital aumentou, o desemprego caiu para 2 milhões (depois de ter chegado quase ao dobro) e os lucros corporativos alemães aumentaram em 37%.

No entanto, mesmo que a paisagem parecesse bastante cor-de-rosa para as elites alemãs, algo de podre estava dominando seu setor bancário – um vírus desagradável que o simulacro do Minotauro tinha propositadamente contraído do Minotauro Global. E quando a Crise de 2008 aconteceu em Nova York e Londres, este vírus se fortaleceu.[93] Seria o início da crise existencialista do euro.

Primeiro como história, depois como farsa: os resgates bancários europeus

Apesar de a Europa se gabar de que a Crise de 2008 era uma crise anglo-celta, e que os seus próprios bancos não tinham sido tomados pela equivalente febre do ouro da financeirização, a verdade logo apareceu. Os bancos alemães foram pegos com um índice de alavancagem médio de € 52 emprestados para cada € 1 de fundos próprios – uma proporção ainda pior do que aquela acumulada por Wall Street ou pela City de Londres. Mesmo os bancos estatais mais conservadores e sólidos, reunidos no *Landesbanken*, demonstrou ser um buraco negro financeiro para o contribuinte alemão. Aconteceu algo semelhante na França, onde os bancos tiveram que admitir que tinham investido pelo menos € 33 bilhões em CDOs. A esta soma triste devemos acrescentar a exposição dos bancos europeus aos Estados endividados da zona do euro[94] (€ 849 bilhões), ao Leste Europeu (mais de € 150 bilhões), à América Latina (mais de € 300 bilhões) e às dívidas incobráveis islandesas (cerca de € 70 bilhões).

O BCE, a Comissão Europeia (o "governo" real da UE) e os Estados-membros correram para fazer pelos bancos europeus o que a administração americana havia feito por Wall Street. Só havia duas diferenças profundas. A primeira era que o euro é bem distinto do dólar: ao passo que o dólar continua sendo a moeda de reserva do mundo, o FED e o Tesouro dos Es-

[93] O IKB Bank e seu banco originário, KfW, foram os primeiros a serem queimados pelas fraudes de Wall Street que explodiram em 2008. Eles correram para Berlim atrás de assistência do governo. A conta chegou a € 1,5 bilhão. Era a ponta do iceberg. O Minotauro Global, sem o conhecimento do povo alemão (e da maioria de seus políticos) havia infectado o capital alemão com o vírus da financeirização. Quando a doença se espalhou, o contribuinte alemão teve de pagar uma conta enorme.

[94] Grécia, Irlanda, Portugal, Espanha, Itália e Bélgica.

tados Unidos podem passar cheques em branco, seguros por saberem que isto fará muito pouca diferença para o valor do dólar, pelo menos a médio prazo. Em tese, os dados do FMI mostram que a participação do dólar nas reservas mundiais era de 62% no final de 2009, e desde então tem crescido em resposta à crise da dívida da Europa após 2012.

A segunda diferença refere-se à arquitetura problemática da zona do euro, e especialmente a maneira pela qual, apesar de seus Estados-membros estarem unidos por uma moeda comum, suas dívidas públicas são estritamente separadas. Os bancos são responsabilidade única dos Estados e não há nenhum mecanismo de reciclagem de excedentes para evitar o desenvolvimento de falhas estruturais. Para resumir, imagine o que teria acontecido em 2008 se, na zona do dólar, cada estado (por exemplo, a Califórnia ou Nevada) tivesse que socorrer os bancos registrados em seu território e não houvesse nenhuma maneira de financiar suas dívidas públicas com o dinheiro de Washington!

Dentro deste quadro institucionalmente problemático, o BCE e a Comissão Europeia enfrentaram dificuldades para conter a crise bancária. Entre 2008 e 2009, eles "socializaram" as perdas dos bancos e as transformaram em dívidas públicas. Enquanto isso, a economia da Europa entrou em recessão, como esperado. Em um ano (2008-2009), o PIB da Alemanha caiu 5%, o da França, 2,6%, o da Holanda, 4%, o da Suécia, 5,2%, o da Irlanda, 7,1%, o da Finlândia, 7,8%, o da Dinamarca, 4,9% e o da Espanha, 3,5%.

De repente, os fundos de *hedge* e os bancos igualmente tiveram uma ideia perspicaz: por que não utilizar uma parte do dinheiro público usado para resgatá-los para *apostar*, já que, mais cedo ou mais tarde, a pressão sobre as finanças públicas (causada, por um lado, pela recessão, que reduzia a receita dos governos, e, por outro, pelo enorme aumento da dívida pública, da qual os bancos eram eles mesmos os responsáveis) faria com que um ou mais Estados da zona do euro ficasse inadimplente?

Quanto mais eles exerciam esse pensamento, mais satisfeitos ficavam. O fato de a adesão ao euro impedir que os países mais endividados (a Grécia e outros) desvalorizassem suas moedas (o que significa que eles suportavam o peso da combinação de dívida e recessão) levou os banqueiros a mira nesses países. Então eles decidiram começar a apostar, modestamente no início, que o elo mais fraco da cadeia, a Grécia, ficaria inadimplente.

Como os famosos apostadores de Londres não podiam lidar com apostas de bilhões de libras, os bancos e fundos de *hedge* se viraram para as confiáveis CDS, apólices de seguros que pagam quantias preestabelecidas de dinheiro se alguém não conseguir pagar a dívida (veja o capítulo 6 para obter uma descrição completa das CDS).

Obviamente, ao passo que o volume de comércio desta nova forma de dinheiro privado aumentava, também a crise se agravava. Havia duas razões para isso. Em primeiro lugar, o aumento do preço das CDS contra a Grécia ou a Irlanda aumentou as taxas de juros que Atenas e Dublin tinham de pagar pelos empréstimos, empurrando-as, assim, ainda mais para o vermelho (e para a falência efetiva). Em segundo lugar, quanto mais dinheiro era gasto com estas CDS, mais capital era desviado tanto de corporações que procuravam empréstimos para investir em atividades produtivas como de Estados que tentavam refinanciar sua crescente dívida.

Em suma, a variante europeia do resgate bancário deu ao setor financeiro a oportunidade de criar dinheiro privado mais uma vez. Novamente, assim como o dinheiro privado criado por Wall Street antes de 2008 era insustentável e estava fadado a transformar-se em cinzas, a marcha progressiva do novo dinheiro privado iria levar, com precisão matemática, a outra crise. Desta vez era a crise da dívida pública (também conhecida como a *crise da dívida soberana*), cujos primeiros sinais foram sentidos no início de 2010, em Atenas, na Grécia.

Rolamento das dívidas gregas

Em outubro de 2009, o recém-eleito governo socialista da Grécia anunciou que o verdadeiro déficit do país era superior a 12% da renda nacional (em vez do número projetado de 6,5%, valor que já era mais que o dobro do limite estabelecido pelo Tratado de Maastricht). Quase imediatamente, as CDS que previam uma moratória grega explodiram, assim como a taxa de juros que o Estado grego teve que pagar para obter crédito para refinanciar sua dívida de € 300 bilhões. Em janeiro de 2010, estava claro que, sem ajuda institucional, o governo grego não conseguiria pagá-la.

Informalmente, o governo grego procurou a ajuda da zona do euro. A chanceler alemã Angela Merkel proferiu o seu famoso *nein* ao cubo: *nein* a um resgate para a Grécia; *nein* a alívio da taxa de juros; *nein* a um calote grego. Este *nein* triplo foi único na história das finanças públicas (ou mesmo privadas). Imagine se, em 15 de setembro de 2008, o secretário Paulson tivesse dito ao Lehman Brothers: "Não, eu não irei resgatá-lo" (algo que de fato ele disse); "Não, eu não vou conseguir empréstimos a taxas de juros muito baixas" (algo que ele provavelmente também disse); e "Não, você não pode pedir falência" (algo que ele *nunca* teria dito). Esse último "não" é inconcebível. E, no entanto, isto é precisamente o que o governo grego ouviu. O governo alemão não conseguia conceber nem a ideia de ajudar a Grécia nem a ideia de que a Grécia não conseguiria pagar tamanha dívida detida pelos bancos franceses e alemães (cerca de € 75 bilhões e € 53 bilhões, respectivamente).

Durante cinco meses de agonia, o Estado grego teve que pedir emprestado a taxas usurárias, se afundando cada vez mais na insolvência e fingindo que poderia encontrar uma forma de lidar com a tempestade. Merkel parecia preparada para deixar a Grécia se debater ao vento até o último momento. Esse momento veio no início de maio de 2010, quando os mercados de títulos do mundo entraram em algo parecido com a Crise de Crédito de 2008. A crise da dívida grega tinha deixado os investidores em pânico e fez com que eles não comprassem títulos de *ninguém*, com medo de um calote em dominó semelhante ao de 2008. Então, em 2 de maio de 2010, a zona do euro, o BCE e o FMI concordaram em conceder um empréstimo de € 110 bilhões para a Grécia a uma taxa de juros alta o suficiente para tornar muito pequena a probabilidade de que o cofre público grego fosse capaz de reembolsar este novo empréstimo, assim como os já existentes.

Compreensivelmente duvidosos de que dar novos e caros empréstimos para um governo insolvente que estava governando uma economia em profunda recessão de alguma forma mágica fosse torná-la solvente, os investidores continuaram a apostar em um calote por parte da Grécia (e por outros Estados vulneráveis da zona do euro). Então, alguns dias mais tarde, a UE anunciou a criação do Fundo Europeu de Estabilidade Financeira (o FEEF, cuja estrutura tóxica foi discutida no capítulo 7), supostamente com um orçamento de guerra de € 750 bilhões, que estaria no aguardo, caso um ou outro membro da zona do euro precisasse de assistência com os seus pagamentos da dívida pública.

Os mercados, depois de alguns dias de calma, deram uma boa olhada no FEEF e decidiram que era apenas uma medida paliativa. Assim, a crise do euro continuou como uma vingança. O motivo foi, é claro, que novos e caros empréstimos não lidam com a possibilidade de falência dos Estados deficitários, e eles certamente não têm ação sobre a arquitetura defeituosa, o nocivo simulacro, cujo potencial destrutivo foi libertado no momento em que o Minotauro Global se viu eliminado pela Crise de 2008.

Se eu estiver certo, a crise do euro é uma falha sistêmica que começou como uma crise bancária. Logo, o remédio europeu é pior que a doença. É como mandar um fraco nadador ao mar para salvar um banhista se afogando: tudo o que você pode esperar é a triste visão dos dois nadadores agarrados tentando salvar suas vidas, ambos afundando rapidamente.

Os dois nadadores são, naturalmente, os Estados deficitários da zona do euro e o sistema bancário europeu. Sobrecarregados como os bancos estão com dívidas de papel quase sem valor emitidas por países como a Grécia e a Irlanda, eles constituem os buracos negros nos quais o BCE continua a injetar oceanos de liquidez, o que, naturalmente, só rende uma pequena gota de empréstimos adicionais para as empresas. Enquanto isso, o BCE, os países superavitários e o FMI firmemente se recusam a discutir a crise bancária, concentrando suas energias apenas em impor enorme austeridade sobre os Estados deficitários. Em um círculo sem fim, a austeridade agrava a recessão que aflige esses Estados deficitários e, assim, inflama as já sérias dúvidas dos banqueiros sobre se eles algum dia serão reembolsados por Grécia, Irlanda etc. E assim a crise se reproduz.

Alpinistas em queda e a crise do euro

O efeito dominó, com um país deficitário caindo sobre o outro, até que não reste nenhum de pé, é a metáfora comumente usada para descrever a crise da zona do euro. Eu acho que há uma melhor: um grupo de alpinistas díspares, trepados na face de um penhasco íngreme, ligados uns aos outros por uma única corda. Alguns são mais ágeis, outros estão em pior forma, mas todos estão unidos em um estado forçado de solidariedade. De repente, acontece um terremoto (a Crise de 2008) e um deles (vamos chamá-la de Helena) é derrubado, tendo apenas a corda compartilhada para impedir sua queda. Sob a pressão do peso do membro ferido enquanto balança no ar, e com pedras soltas caindo de cima, o próximo montanhista mais fraco (ou "marginal") esforça-se para se segurar; em certo momento, Pedro se solta também. A pressão sobre os alpinistas restantes aumenta muito, e o próximo membro "marginal" agora oscila à beira de outra mini queda livre que causará outro forte puxão na corda restante dos "salvadores".

É precisamente por isso que a crise do euro não tem sido resolvida. A estrutura do FEEF foi comparada (no capítulo 7) à estrutura das tóxicas CDOs de Wall Street. À medida que cada país deixa os mercados de títulos e procura abrigo no FEEF, o próximo país "marginal" enfrenta maiores taxas de juros e os encargos médios do país também sobem. Esta é uma dinâmica muito difícil. É como ver um trágico acidente acontecer em câmera lenta. Só que a realidade da crise do euro é, de fato, muito pior, pois há outro aspecto que a analogia do montanhismo não captura: a crise bancária, que se intensifica em cada "transformação" de um país para receber os "remédios" do FEEF.

Sem dúvida, à medida que a tragédia na face do penhasco se aprofunda, o drama na arena bancária também se intensifica. Déficits orçamentários crescem, a austeridade provoca mais ansiedade bancária, ao passo que acelera a contração das economias deficitárias, e, em um cruel efeito de retroalimentação viciosa, este drama paralelo derruba o próximo país "marginal" da encosta do penhasco.

O mais intrigante é que esta é uma crise que a Europa poderia resolver em poucas semanas. Como? E, se eu estiver certo, por que vacila a Europa?

Por que a Europa hesita se a crise poderia ser resolvida simples e rapidamente?

Vou começar explicando como a crise dupla na zona do euro – a que envolve os Estados endividados e a outra, que aflige o setor bancário – poderia ser resolvida sem demora. A abordagem da Europa falhou porque ignorou o modo como a crise da dívida e a crise bancária se reforçam mutuamente, enquanto fechava os olhos para a causa mais profunda da crise: a falta de um mecanismo de reciclagem de excedentes no coração da zona do euro. Aqui estão três passos simples em que soluções eficazes poderiam ser postas em prática.

O primeiro passo seria o BCE continuar com sua generosa assistência aos bancos sob a condição de os bancos terem de perdoar uma parcela significativa das dívidas que os países deficitários têm com eles.[95] (O BCE tem amplo poder de barganha para efetuar isto, já que está constantemente mantendo a liquidez dos bancos europeus efetivamente falidos).

A segunda etapa seria fazer com que o BCE assumisse em seu balanço, com efeito imediato, uma parcela da dívida pública de *todos* os Estados-membros, iguais em valor à dívida que o Tratado de Maastricht permite que eles tenham (ou seja, até 60% do PIB). A transferência seria financiada por títulos emitidos pelo BCE, que são de *responsabilidade* do próprio BCE, em vez de serem garantidos pelos Estados-membros. Assim, os Estados-membros continuariam a pagar suas dívidas, mas, pelo menos em relação à parte da dívida que siga as regras de Maastricht, com juros mais baixos garantidos pela emissão de títulos do BCE.

Finalmente, a terceira etapa coloca em cena outra instituição venerável da UE, o Banco Europeu de Investimento (BEI). O BEI tem o dobro da capacidade do Banco Mundial para investir em projetos rentáveis. Infelizmente, ele é subutilizado, porque, sob as regras existentes, os Estados-membros devem adiantar uma proporção do investimento. Dado a horrível situação em que se encontram, os Estados deficitários da zona do euro não têm condições financeiras para fazê-lo. Mas ao concederem aos Estados-membros o direito de financiar sua contribuição para os projetos de investimento financiados pelo BEI por meio de títulos emitidos para esta finalidade pelo BCE (veja o passo dois acima), o BEI pode tornar-se o mecanismo de reciclagem de excedentes do qual a zona do euro não dispõe atualmente. Seu papel seria o de tomar emprestado, com a assistência do BCE, os excedentes provenientes de países superavitários europeus e não europeus e investi-los em regiões deficitárias da Europa.

Em suma, as duas primeiras etapas fariam a crise da dívida se dissipar, e a terceira sustentaria a zona do euro, fornecendo seu elo perdido – o mecanismo que ela nunca teve e cuja falta provocou a crise do euro, em resposta à Crise de 2008.

---

[95] Tecnicamente isso poderia ser feito trocando os títulos de Estados deficitários que os bancos da Europa detêm, por novos com um valor nominal muito inferior.

Mas, caso eu esteja certo sobre tudo isso, por que é que a Europa não aceita esta sugestão, ou algo nesse sentido? A resposta está nas páginas anteriores, mas talvez seja hora de explicar mais claramente. Se a crise do euro fosse resolvida rapidamente e sem sofrimento, a Alemanha (e os outros países superavitários da zona do euro) perderia o imenso poder de barganha que a crise ofereceu ao governo alemão em relação à França e aos países deficitários.

Para expressar a mesma ideia de forma diferente, os países superavitários agora têm um pé dentro da zona do euro e outro fora dela. Por um lado, eles se ligaram ao resto da zona do euro por meio de uma moeda comum, assegurando, assim, grandes excedentes dentro do euro. Por outro lado, eles sabem que a crise em curso afeta desproporcionalmente os países deficitários e, por isso, desde que os países superavitários disponham da opção de sair da zona do euro, seu poder de negociação em fóruns da Europa é imenso. Por exemplo, sempre que a chanceler alemã quer retirar algum item da agenda europeia, ela o faz sem oposição. Mas, se a crise terminasse amanhã, de forma que impedisse os países com superávit de algum dia deixarem a zona do euro, então a chanceler da Alemanha seria apenas uma de quase duas dezenas de chefes de governo em torno de uma grande mesa.

Agora observe como o segundo passo da minha solução para a crise do euro impediria a Alemanha de deixá-la: uma vez que o BCE, uma instituição comum, adquirisse grandes dívidas (por meio da emissão de seus próprios títulos), tornar-se-ia impossível distribuir essa dívida comum aos diferentes Estados-membros[96]. Assim, é impossível para qualquer um sair. Além disso, se o terceiro passo for adotado, e se a Europa estiver equipada com o mecanismo de reciclagem de excedente que falta, o simulacro da Alemanha será verdadeiramente reduzido.

Então parece que a crise do euro é totalmente desnecessária do ponto de vista econômico, mas serve aos interesses de manter na Europa o papel que a Alemanha desenvolveu para si mesma durante o reinado do Minotauro Global. E agora que o Minotauro está *quebrado* e a Europa está em crise, a Alemanha nega uma solução.

---

[96] Suponhamos, por exemplo, que a Califórnia quisesse sair dos Estados Unidos da América. Como eles poderiam decidir que parte da dívida federal corresponde à Califórnia, para que o Golden State possa pagar suas dívidas e sair graciosamente? Isto simplesmente não tem como ser feito. Da mesma forma com a Alemanha depois que um *eurotítulo* comum é emitido: ele tornaria a operação de saída da zona do euro muito confusa.

O dragão vai às alturas, depois mergulha deprimido

Em 4 de dezembro de 2010, o Wikileaks postou um comunicado oficial relatando a conversa (por volta de 28 de março de 2009) entre a secretária de Estado dos Estados Unidos, Hillary Clinton, e o primeiro-ministro australiano, Kevin Rudd. Nele, lemos: "A secretária também destacou os desafios colocados pela ascensão econômica da China, perguntando: 'Como é que se lida duramente com o nosso banqueiro?'"

O leitor pode, compreensivelmente, protestar sobre uma alarmante omissão deste livro: ao mesmo tempo que se propõe a abordar o futuro da economia mundial, tem feito pouca menção à China. Sem dúvida, a reemergência fantástica daquela que foi historicamente uma das maiores potências mundiais é a grande história dos nossos tempos. Sua influência sobre o futuro será tão significativa quanto a dos Estados Unidos no século XX. Disso não tenho nenhuma dúvida. No entanto, nem a natureza da ascensão da China nem seu impacto futuro podem ser entendidos sem uma boa compreensão da maneira como o Minotauro Global formatou o mundo. Aliás, pensando nisso, o ascendente dragão não só cresceu em um ambiente moldado pelo Minotauro Global, mas também amadureceu em um mundo cuja instabilidade foi ocasionada por sua morte.

O novo rumo que Deng Xiao Ping deu para a China foi modelado a partir do Japão e dos tigres do Sudeste Asiático. O princípio orientador por trás do plano chinês para o crescimento foi o de uma economia dualista, na qual Zonas Econômicas Especiais pontilhariam a China com pequenas Cingapuras ou Hong Kongs – ilhas de intensa atividade capitalista num mar de força de trabalho ilimitado. Enquanto isso, o centro iria dirigir o investimento (de forma semelhante às linhas do modelo japonês), mas também negociar a transferência de tecnologia e o investimento estrangeiro diretamente com corporações multinacionais ocidentais e japonesas. Em relação ao posicionamento global da China, ele seria semelhante ao do Sudeste Asiático, buscando fontes de demanda nos Estados Unidos e da Europa para seu crescimento liderado pelas exportações.

Podemos seguramente afirmar que a China deve seu *élan* ao Minotauro Global. Multinacionais norte-americanas, europeias e japonesas tiveram um papel crucial abrindo negócios na China e usando seus baixos custos para exportar para o resto do mundo e, especialmente, para os Estados Unidos. Ao mesmo tempo, baratas exportações chinesas para os Estados Unidos ajudaram companhias norte-americanas no estilo Walmart a espremer os preços para níveis incrivelmente baixos, auxiliando a minimizar a inflação relativa do salário americano e da energia, um requisito fundamental (como vimos no capítulo 4) para a continuidade do fluxo de capital aos Estados Unidos, o que manteve o Minotauro feliz e alegre.

À medida que a China aprendia o ofício, tornando-se um dos alimentadores favoritos do Minotauro, seus líderes se tornaram atentos observadores das políticas norte-americanas que tinham potencial para afetar o crescimento da China. Em particular, eles aprenderam lições importantes a partir do Acordo Plaza de 1985 (o qual, como vimos, condenou o Japão a uma posição insustentável) e da crise do Sudeste Asiático de 1998, que foi causada pela tentativa bem sucedida da América de livrar os tigres da regulamentação financeira e expor os tentáculos de seus mercados financeiros aos caprichos de Wall Street, da City e dos bancos europeus.

Uma hipótese atual amplamente aceita é que, devido a essas experiências, os chineses estão resistindo à pressão asfixiante dos Estados Unidos para revalorizar a moeda chinesa (o renminbi, ou RMB). Aparentemente, após a Crise de 2008, os Estados Unidos estão pressionando por uma reavaliação do RMB, pelas mesmas razões que forçaram os japoneses na década de 1980 a assinar o Acordo Plaza. A visão convencional é de que o governo norte-americano, em sua pressa para fazer algo sobre o baixo nível de demanda em seu mercado interno, está tentando fazer o que todos os governos fazem em um clima de recessão: angariar demanda no exterior, geralmente através da desvalorização da sua própria moeda (ou, de forma equivalente, persuadindo os estrangeiros a revalorizar as deles). Mais uma vez, não acredito que a explicação mais tosca padrão seja a melhor.

Embora as empresas norte-americanas que têm sua base predominantemente nos Estados Unidos façam pressão por uma valorização do RMB (pelas razões expostas acima), não é de todo claro que as referidas guerras cambiais entre a China e os Estados Unidos sejam do tipo tradicional que acaba de ser descrito. Existem duas razões para sermos céticos sobre esta questão. Em primeiro lugar, não está nítido se os estrategistas políticos dos Estados Unidos tenham aceitado que o Minotauro Global esteja acabado, e que a estratégia de expansão (ou pelo menos de não redução) dos *déficits gêmeos* norte-americanos deva ser abandonada. Em segundo lugar, algumas das maiores, mais bem dotadas e mais dinâmicas corporações norte-americanas seriam duramente atingidas se o RMB fosse revalorizado. Pois eles já realizam uma boa quantidade de sua produção na China, antes de exportá-la para o resto do mundo. Uma valorização do RMB cortaria suas margens de lucro. Cada iPad, cada computador HP e até mesmo carros norte-americanos (muitos dos quais usam peças fabricadas na China) ficaria mais caro. De fato, enquanto o governo americano faz lobby para que Pequim revalorize o RMB, inúmeras multinacionais ocidentais estão ameaçando se retirar da China (e se mudar para a Índia ou mesmo a África) caso o RMB possa subir significativamente em relação ao dólar norte-americano.

Além do vínculo entre Estados Unidos e China, o surpreendente crescimento chinês deixou uma marca indelével no resto das nações em desenvolvimento. Algumas foram devastadas pela concorrência, mas outras foram libertadas de uma relação de dependência com o Ocidente e suas corporações multinacionais. O México foi um dos primeiros a sofrer com a ascensão da China, porque ele tinha optado por investir muita energia para se tornar um fabricante a baixos salários na periferia dos Estados Unidos (e um membro, ao lado dos Estados Unidos e o Canadá, do Acordo de Livre Comércio da América do Norte, o NAFTA). A emergência da China foi um pesadelo para os fabricantes mexicanos. No entanto, foi uma dádiva para outros países – da Austrália (que efetivamente colocou os seus vastos recursos minerais à disposição das empresas chinesas) à Argentina e do Brasil à Angola (que em 2007 recebeu mais financiamento, como investimento direto, principalmente para sua indústria petrolífera, do que o FMI havia emprestado ao mundo inteiro).

A América Latina é, possivelmente o único continente que foi mudado para sempre pelo surgimento da China como principal alimentador do Minotauro Global. Argentina e Brasil transformaram seus campos em unidades de produção que fornecem alimentos para 1,3 bilhão de consumidores chineses, ao mesmo tempo em que cavam seu solo em busca de minerais para alimentar as famintas fábricas da China. A barata mão de obra chinesa e o acesso mercantil da China ao Ocidente (uma cortesia da filiação à Organização Mundial do Comércio) permitem que os fabricantes chineses consigam preços mais baixos do que seus concorrentes mexicanos e outros latino-americanos na fabricação de produtos de baixo valor agregado, como calçados, brinquedos e têxteis. Este duplo efeito está fazendo com que a América Latina se desindustrialize e retorne ao status de produtor de bens primários.

Estes desenvolvimentos têm um alcance global. Se Brasil e Argentina voltarem seus olhos para a Ásia, como já começaram a fazer, podem abandonar seu longo esforço de inserção nos mercados de alimentos dos Estados Unidos e da Europa, do qual são barrados por rígidas medidas protecionistas em favor de agricultores norte-americanos, alemães e franceses. A mudança nos padrões comerciais da América Latina já está afetando a orientação de uma região que era, até muito recentemente, considerada o quintal dos Estados Unidos.

Os governos da América Latina estão optando por não resistir à transformação de seus países em produtores de bens primários para China. Eles podem não gostar muito da desindustrialização, mas ela é preferível à perspectiva de outra crise como a de 1998-2002, e outra visita de um FMI em busca de extorquir mais de seu povo.

Voltando ao comentário da secretária de Estado Hillary Clinton, é evidente que ela estava referindo-se à China como o banqueiro da América. Como podemos ver na Figura 8.1, os Estados Unidos, desde 2000, mudaram sua dependência de financiamento para seu déficit orçamentário, da Europa e do Japão, agora para a China. Mas a que exatamente estava se referindo Hillary Clinton quando sugeriu "lidar duramente" com a China? Ela quis dizer, mais uma vez, pressionar Pequim para que valorizasse sua moeda? E a razão seria o propósito declarado de limitar o déficit comercial dos Estados Unidos com a China?

Possivelmente. No entanto, uma razão ainda mais urgente é preservar os lucros das multinacionais norte-americanas, que, na década de 1980 e após, criaram instalações de produção em países como o México e o Brasil, e que agora estão sob ameaça da forte concorrência chinesa.[97]

---

[97] Em uma entrevista de rádio à Australian Broadcasting Company, o economista mexicano Rogelio de la O declarou em 2009: "Mesmo fortes empresas que são subsidiárias de empresas internacionais estão muito desanimadas com a forma como os seus volumes caíram e suas margens foram espremidas. O efeito China é bem avassalador".

Quadro 8.2: banqueiros da América

A Figura 8.1 examina quatro anos distintos e desconstrói a propriedade dos ativos norte-americanos (públicos e privados) por parte de instituições financeiras controladas ou não pelo governo norte-americano. É claro que, desde 2003, os antigos protegidos da América – Europa e Japão – vêm desaparecendo como seus apoiadores financeiros. O Estado chinês está, por sua vez, aumentando drasticamente a sua contribuição. Neste sentido, as dificuldades recentes do Minotauro representaram uma ameaça grave para os ativos norte-americanos que a China já possui.

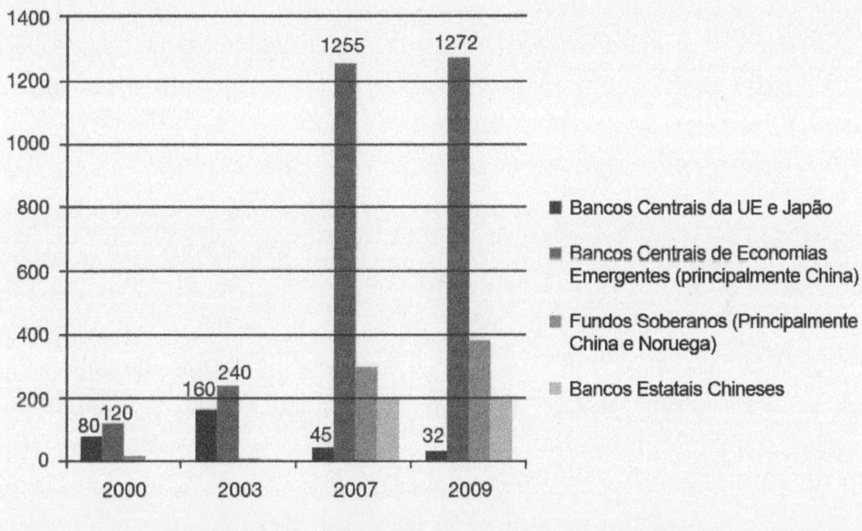

Figura 8.1 Aumento nos ativos norte-americanos pertencentes a instituições estatais estrangeiras (em bilhões de dólares)

O drama norte-americano ante o estupendo crescimento chinês é que a Crise de 2008 fez com que o Minotauro não conseguisse mais controlar os chineses. Até então, os chineses dependiam do Minotauro para seus excedentes comerciais, e eram assim forçados a reinvesti-los nos Estados Unidos, seja comprando a dívida pública do governo norte-americano ou no setor privado. Com o Minotauro deixando de ser capaz de absorver quantidades crescentes de produtos chineses, em ritmo nada parecido com a taxa anterior a 2008 (especialmente agora que a China mudou a produção para produtos altamente tecnológicos, de maior valor agregado, como ferrovias de alta velocidade), a China não precisa automaticamente enviar todo o seu capital para Nova York.

Isso deixa a China com apenas uma razão para investir pesado em ativos dos Estados Unidos: o fato de que ela já investiu enormemente em ativos norte-americanos e não quer ver o trabalho duramente acumulado de seu povo perder muito do seu valor caso os Estados Unidos viessem a ser atingidos por uma crise da dívida pública. Ao mesmo tempo, e apesar das suas proclamações públicas, a Casa Branca não tem o apoio de um grande segmento de empresas norte-americanas para perseguir um acordo do tipo Plaza, que promoveria o aumento do RMB em relação ao dólar. Impossibilitados de expandir seus déficits (como fizeram quando o Minotauro estava explodindo no auge do vigor juvenil) e sem influência para fazer com a China o que fizeram com o Japão em 1985, os Estados Unidos estão encontrando dificuldades para decidir como lidar com o dragão oriental.

A China, também, incapaz de assegurar demanda suficiente para suas indústrias, na ausência de um Minotauro capaz de rugir, está numa situação difícil e acabou respondendo de maneira surpreendente. Por exemplo, o Banco Central do Brasil revelou que, enquanto em 2009 o investimento estrangeiro direto da China no país latino-americano foi de apenas US$ 300 milhões, em 2010 subiu para US$ 17 bilhões. Por quê? O que a China está tramando?

Como todos sabem, já há algum tempo, Brasil, Argentina etc. têm enriquecido com as compras chinesas de minério de ferro, soja, óleo, carne etc. Mas, quando o Minotauro Global foi gravemente ferido, em 2008, e essas economias continuaram a crescer com base em suas exportações de produtos primários para a China, suas moedas subiram em relação ao dólar. Houve três efeitos imediatos a partir disto.

Primeiro, as altas taxas de crescimento da América Latina atraíram um novo *carry trade*, desta vez a partir dos Estados Unidos, cuja taxas de crescimento e de juros giravam em torno de zero, motivando, assim, uma fuga de capital da América do Norte.

Em segundo lugar, novas importações industriais chinesas invadiram Brasil e Argentina à medida que seus preços caíam devido à valorização de suas moedas locais frente ao dólar (e, por associação indexada, o RMB).

Em terceiro lugar, para perpetuar este ciclo, a China aumentou seus investimentos na América Latina. Agora, este terceiro desenvolvimento é bem significativo. Até recentemente, a China investia na África e em outros lugares em projetos cuja última finalidade seria garantir matérias-primas para suas indústrias domésticas. Com estes novos investimentos em países como o Brasil, a China parece estar desenvolvendo uma nova estratégia de criar algo parecido com seu próprio Plano Global! Ela está direcionando parte de seus fluxos de capitais externos para outros países que não os Estados Unidos, em um esforço para estimular a demanda por produtos chineses nesses outros lugares.

O significado mais amplo do relacionamento da China com o resto das nações emergentes vem na forma de pistas de como Pequim procurará lidar com o buraco deixado na demanda global por suas exportações com a tragédia do Minotauro em 2008. O que está claro é que a China, os Estados Unidos e o resto das nações emergentes irão, de agora em diante, se envolver em um triangular jogo da galinha[98]. Sem um lado dominante à vista, e nenhum objetivo claro por parte de nenhum deles, as perspectivas de um novo e eficiente (formal ou informal) mecanismo mundial de reciclagem de excedentes parece fraco e distante. O que significa que o legado do Minotauro é um tanto sombrio para a economia mundial.

Epílogo: entre a *bancarrotocracia* do Ocidente e a frágil força do Oriente

A julgar pelo humor nos centros de poder, o que costumávamos chamar de "Terceiro Mundo" está tendo uma boa crise. As "economias emergentes" estão crescendo às custas da Europa e dos Estados Unidos, os dois *centros* do capitalismo há muito estabelecidos, que, infelizmente, têm gerado o novo "sistema" socioeconômico da *bancarrotocracia*.

O momento de 2008 do Minotauro Global elevou a perspectiva de um realinhamento mundial. E, no entanto, o Minotauro ainda está na sala, ameaçando causar grandes estragos. Pode estar ferido, talvez mortalmente,

[98] N. da T.: Jogo da galinha é um jogo assimétrico, desenvolvido pela teoria dos jogos. O jogo se baseia numa história em que dois rapazes disputam o amor de uma garota e se desafiam numa competição de automóveis. O termo "galinha" é usado nos Estados Unidos para se referir a uma pessoa covarde, ou seja: jogo dos covardes.

mas sua marca ainda está no mundo todo. Quando estava machucado, e a quase destruição de Wall Street minou sua energia, os protegidos abandonados pelos Estados Unidos não conseguiram lidar com a situação.

A Europa entrou numa crise criada por ela mesma – que está colocando em risco 60 anos de integração europeia. O Sudeste Asiático viu-se mais dependente do que antes de um poderoso vizinho, mesmo que desta vez não seja o Japão, mas a China. O próprio Japão, que sofreu sua própria recessão bem antes da enfermidade do Minotauro, parece ter feito as pazes com a estagnação.

De todas as grandes potências econômicas não americanas, apenas a China é dinâmica o suficiente para aspirar ao trono do Minotauro. Mas a China sabe que ainda não pode ocupar esse papel ilustre, pois é incapaz de criar demanda até mesmo para sua própria produção. Seus esforços mais recentes para criar seu próprio Plano Global, particularmente em relação à América Latina, provocaram tensões com os seus potenciais *protegidos* (por exemplo, o Brasil), lembrando-nos que o próprio Plano Global da América só veio a acontecer, com resistência mínima, porque no momento da sua concepção e implementação o resto do mundo estava em ruínas.

Alguns pensam que a China só precisa esperar, certos de que, na plenitude do tempo, ela irá prevalecer. A liderança chinesa não está tão certa. Ela entende intimamente a escassez da demanda total no mundo pós-Minotauro. Ela sabe que a Alemanha, o Japão e a própria China são completamente dependentes, para sua própria sobrevivência, da manutenção agressiva de crescentes excedentes. Mas isso também requer que alguém absorva esses excedentes como déficits.

Esse alguém costumava ser o Minotauro Global. Agora ele se foi, e nada parece apto a substituí-lo. Para ganhar tempo, o governo chinês está estimulando o crescimento de sua economia e a mantém protegida de apreciações da moeda, na esperança de que seu vibrante crescimento possa continuar. Mas ele vê os presságios. E eles não são bons. Por um lado, a relação consumo-PIB da China está em queda; um sinal claro de que o mercado interno não consegue gerar demanda o suficiente para as fábricas gigantescas da China. Por outro lado, suas injeções fiscais estão causando bolhas imobiliárias. Se estas não forem controladas, podem explodir e assim provocar um desdobramento interno catastrófico. Mas como você desinfla uma bolha sem sufocar o crescimento? Essa foi a pergunta de multi trilhões de dólares que Alan Greenspan não conseguiu responder. Todavia, não está claro se as autoridades chinesas conseguiriam.

9

UM MUNDO SEM O MINOTAURO

Um mundo sem o minotauro

Quase dois anos se passaram desde que a primeira edição deste livro foi escrita.[99] Seu prognóstico para nossa besta atormentada não era bom. Será que os acontecimentos confirmaram desde então que as feridas do Minotauro Global eram profundas demais para permitir que ele continuasse a executar sua milagrosa reciclagem de excedentes globais? Isso ainda é a melhor explicação disponível sobre o porquê das economias norte-americana, europeia e, sem dúvida, a economia global estarem engasgadas, e porquê a insegurança generalizada tornou-se a "nova norma".

Para ser digna de uma apreciação séria, uma teoria sobre o que deu errado com a economia global deve não só oferecer uma explicação lógica do passado, mas também descrever os desenvolvimentos futuros que a *falseariam*. Será que o argumento que era o cerne da primeira edição deste livro passaria por tal teste à luz dos últimos dois anos? Antes de abordar a questão, pode ser útil reafirmar claramente (e com a ajuda de um diagrama) a "Hipótese do Minotauro Global", central a este livro. Uma vez que o leitor se lembre dela, uma série de "fatos" que a teriam falseado serão apresentados. Como espero demonstrar no restante do capítulo, o teor explicativo original da Hipótese do Minotauro Global sobrevive muito bem ao teste empírico do falseamento bastante disseminado. E, ao fazê-lo, utilmente ilumina os debates sobre a política atual que se desdobram em três palcos paralelos do drama: Estados Unidos, Europa e China.

A Hipótese do Minotauro Global: um resumo[100]

Desde os anos 1970, os Estados Unidos começaram a absorver uma grande parte do resto dos produtos industriais excedentes do mundo. As importações líquidas da América eram, naturalmente, as exportações líquidas dos países su-

[99] Este é um capítulo novo, escrito para esta edição atualizada (2013).
[100] Para a história completa, o leitor é aconselhado a reler o capítulo 6.

peravitários, como Alemanha, Japão e China: sua principal fonte de demanda. Por sua vez, os lucros auferidos pelos empresários das nações excedentes eram devolvidos, diariamente, para Wall Street em busca de uma maior rentabilidade. Wall Street, então, ultilizava esse fluxo de capital estrangeiro para três propósitos: (a) fornecer crédito para os consumidores norte-americanos, (b) como investimento direto nas empresas norte-americanas e, é claro, (c) para comprar títulos do Tesouro (isto é, para financiar os déficits do governo norte-americano).

Centrais a este mecanismo global de reciclagem de excedentes (MGRE), que eu comparei a um Minotauro Global, eram os dois gigantescos déficits dos Estados Unidos: o déficit comercial e o déficit fiscal do governo federal. Sem eles, o livro argumenta, o fluxo circular global de bens e capital (veja o diagrama 9.1) não teria "fechado", desestabilizando a economia mundial.

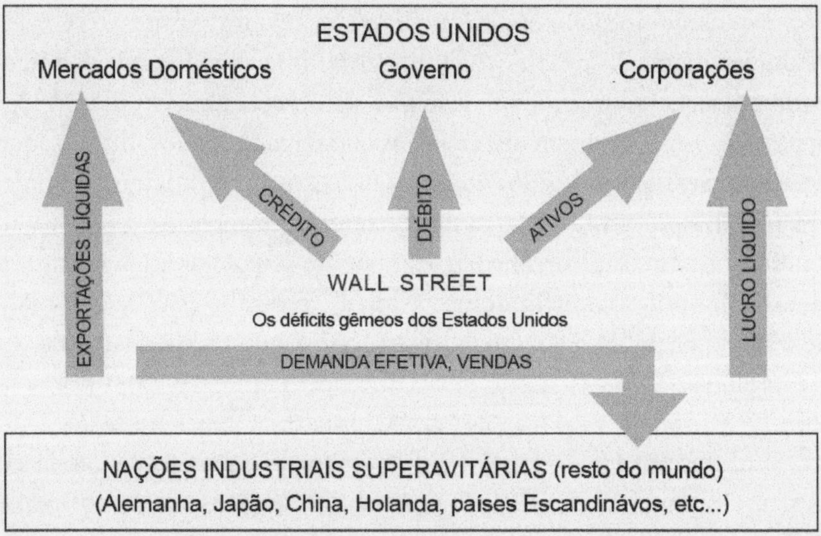

Diagrama 9.1 O mecanismo da reciclagem de excedentes do Minotauro Global

Este sistema de reciclagem quebrou, pois Wall Street se aproveitou de sua posição central para construir colossais pirâmides de dinheiro nas costas do lucro líquido que fluía do resto do mundo para os Estados Unidos. O processo de emissão de dinheiro privado por bancos de Wall Street, também conhecido como *financeirização*, acrescentou muita energia ao esquema de reciclagem, já que produzia uma grande quantidade da nova vitalidade financeira, alimentando assim um nível cada vez mais acelerado da demanda dentro dos Estados Unidos, na Europa (cujos bancos logo embarcaram no trem da emissão de dinheiro privado) e na Ásia. Infelizmente, ele também provocou sua destruição.

Quando, no outono de 2008, as pirâmides de dinheiro privado de Wall Street se auto-consumiram e se transformaram em cinzas, a capacidade de Wall Street para continuar "fechando" o círculo da reciclagem mundial desapareceu. O setor bancário norte-americano já não conseguia controlar os *déficits gêmeos* (comercial e orçamentário) dos Estados Unidos com o propósito de financiar demanda suficiente dentro do país para sustentar as exportações líquidas do resto do mundo (um processo de financiamento que, até o outono de 2008, absorveu o resto dos lucros excedentes que essas exportações líquidas produziam). Desse momento difícil em diante, seria impossível para a economia mundial recuperar o seu equilíbrio – pelo menos não sem um mecanismo global alternativo de reciclagem de excedentes que substituísse o ferido Minotauro Global.

Esta era, em resumo, a hipótese central da primeira edição do livro. Será que ela resistiu ao teste da história?

O Minotauro está morto! Vida longa aos déficits norte-americanos!

Se a economia global tivesse se estabilizado sem algum MGRE para substituir o Minotauro, não teria havido nenhuma nova edição deste livro (já que um pedido de desculpas pelo primeiro teria sido suficiente). Da mesma forma, se a zona do euro tivesse se recuperado, com base em suas políticas de austeridade, ou se a China tivesse descoberto alguma força interior com a qual pudesse deter o declínio da taxa de consumo por sua população, o pilar central do livro teria ficado em ruínas. Infelizmente, não foi isso que aconteceu: o mundo continua sua jornada nas águas não cartografadas de um oceano escuro, continuamente chicoteado pelos maléficos ventos do horror e do medo.

O fato de a recuperação não ter aberto suas asas sobre nós não prova, é claro, que a "Hipótese do Minotauro Global" se sustenta. Para chegarmos à conclusão de que os dois últimos anos a mantiveram viva e potencialmente correta, precisamos expor com cuidado alguns detalhes das suas previsões e, em seguida, compará-los com os fatos. Então, vamos começar: que observações teríamos que fazer a respeito dos últimos dois anos ou mais para concluir que a "Hipótese do Minotauro Global" não era correta?[101]

Imaginemos que, apesar da crise, os déficits norte-americanos permanecem elevados, mas que continuam a absorver as exportações líquidas de bens e capital do resto do mundo, e em um ritmo não muito diferente da era pré-2008. Se é isso que observamos em 2009 e nos anos seguintes, então a "Hipótese do Minotauro Global" seria refutada: seria então impossível afirmar (a) que o Minotauro Global está destruído e (b) que seu desaparecimento deve ser responsabilizado pelos problemas econômicos que continuam a afligir o mundo.

Então, vamos olhar para os fatos: a primeira observação válida é que os *déficits gêmeos* dos Estados Unidos estão vivinhos da silva. No auge do reinado do Minotauro, em 2005, a Casa Branca registrou um déficit de US$ 574 bilhões. No mesmo ano, os consumidores e as empresas norte-americanas absorveram impressionantes US$ 781 bilhões em importações líquidas do resto do mundo. Quase 70% dos lucros que os produtores não-americanos obtiveram destas mercadorias voltaram a Wall Street. Uma vez nas mãos dos banqueiros, eles foram turbinados (através da chamada "engenharia financeira") e, assim, financiaram os déficits norte-americanos, com o resíduo sendo exportado para os quatro cantos do globo (onde ajudou a construir uma variedade de bolhas).

Após a catástrofe de 2008, os déficits da América do Norte divergiram substantivamente. À medida que todos os tipos de rendimentos (de trabalho, capital e renda) despencavam, os valores dos ativos caíam para níveis muito baixos e a retomada de casas e as filas de desempregados aumentavam, era inevitável que os norte-americanos reduzissem drasticamente seu consumo de bens importados. De fato, em 2009, o déficit comercial caiu de US$ 781 bilhões, em 2005, para US$ 506 bilhões. Contudo, no mesmo ano, o déficit federal dos Estados Unidos decolou (partindo de US$ 574 bilhões, em 2005) para US$ 1,4 trilhão, enquanto o governo se esforçava para escorar Wall Street e estimular a Main Street. Em 2011, o déficit comercial tinha se recuperado para mais ou menos seu nível de 2005 (chegando a US$ 738 bilhões), enquanto o déficit fiscal se estabilizou na gigantesca marca histórica de US$ 1,228 trilhão.

Considerando-se que a Crise não abalou os déficits norte-americanos (na verdade, ela aumentou seu valor), a questão pertinente é a seguinte: os

---

[101] A maior parte dos dados utilizados na primeira edição paravam em 2009. Esta edição foi escrita com a ajuda dos dados de 2010, 2011 e dos três primeiros trimestres de 2012.

Estados Unidos conseguiram, após 2008, continuar reciclando produtos e lucros excedentes de outras pessoas em um ritmo que, a julgar pelo período anterior a 2008, é necessário para manter alta a demanda mundial total por bens produzidos? A resposta que surge a partir de um exame minucioso das estatísticas oficiais é inequivocamente negativa. Em resumo, os fatos confirmam a hipótese de que o Minotauro Global está agora extinto. Duas informações confirmam isso.

Em primeiro lugar, os Estados Unidos perderam sua capacidade de reciclar o resto das exportações líquidas do mundo no ritmo pré-2008. Mais precisamente, em 2011, os Estados Unidos estavam gerando menos de 23,7% de demanda pelas exportações líquidas do resto do mundo do que mantinham antes da Crise de 2008. (Veja a Figura 9.2, em que fica evidente que em 2011 os Estados Unidos estavam absorvendo quase 24% menos das exportações líquidas dos principais exportadores do que deveria estar absorvendo se permanecesse a tendência anterior).

Em segundo lugar, e ao mesmo tempo, os Estados Unidos não estavam conseguindo atrair (através de Wall Street) o nível necessário de fluxos de capital para manter o ritmo pré-2008 de investimento em seu setor privado. Em especial, até 2011, os Estados Unidos haviam perdido *56,48% dos ativos detidos por estrangeiros* em comparação com o nível (tendencial) que existiria se a Crise de 2008 não tivesse acontecido (veja a Figura 9.3). A principal e sem dúvida crucial razão para esta queda acentuada foi a de que os fluxos líquidos de capital estrangeiro que acabavam como empréstimos às corporações norte-americanas caíram drasticamente de cerca de US$ 500 bilhões, em 2006, para US$ 50 bilhões, em 2011 (ver Figura 9.4).

Concluindo, uma imagem cristalina está surgindo: a Crise não alterou a posição deficitária dos Estados Unidos. O déficit do orçamento federal mais ou menos dobrou, enquanto o déficit comercial norte-americano, depois de uma queda inicial, se estabilizou no mesmo nível. No entanto, os déficits dos Estados Unidos não são mais capazes de manter o mecanismo que mantinham os fluxos globais de bens e lucros equilibrados a um nível planetário. Enquanto que, até 2008, os Estados Unidos foram capazes de atrair para o país montanhas de importações líquidas de mercadorias e um volume similar de fluxos de capital (de modo que os dois se equilibrassem), isso não está acontecendo no pós-2008. Mercados americanos estão sugando 24% menos importações líquidas (gerando, assim, apenas 66% da demanda a que o resto do mundo estava acostumado antes da Crise) e estão atraindo para o setor privado americano 57% menos capital do que eles teriam caso Wall Street não tivesse entrado em colapso em 2008.

Em suma, a única lembrança que resta do poderoso Minotauro Global é o fluxo ainda em aceleração do capital estrangeiro para a dívida pública dos Estados Unidos (veja a Figura 9.5), prova de que o mundo está em desordem e o dinheiro está desesperadamente procurando um refúgio seguro no seio da moeda de reserva, nestes tempos de turbulência. Mas, enquanto o resto do mundo estiver reduzindo sua injeção de capital no setor empresarial e imobiliário norte-americano, enquanto o país reduz suas importações frente suas exportações líquidas, podemos ter certeza que a besta está morta – e absolutamente nada com a mesma capacidade de reiniciar o essencial processo de reciclagem de excedentes tomou o seu lugar. Daí o triste lamento: *O Minotauro Global está morto! Vida longa aos déficits norte-americanos!*

A morte do Minotauro em imagens

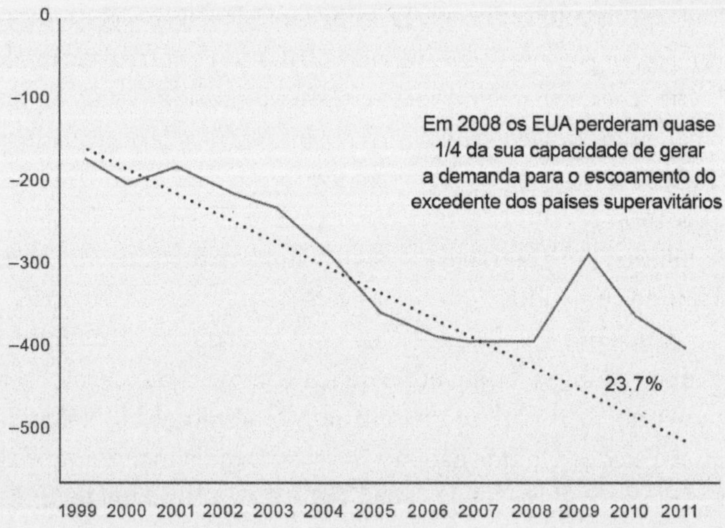

Figura 9.2 Déficit comercial norte-americano de bens com grandes países superavitários, incluindo os Estados-membros excedentes da zona do euro, China, Hong Kong, Japão e Coreia (US$ bi).

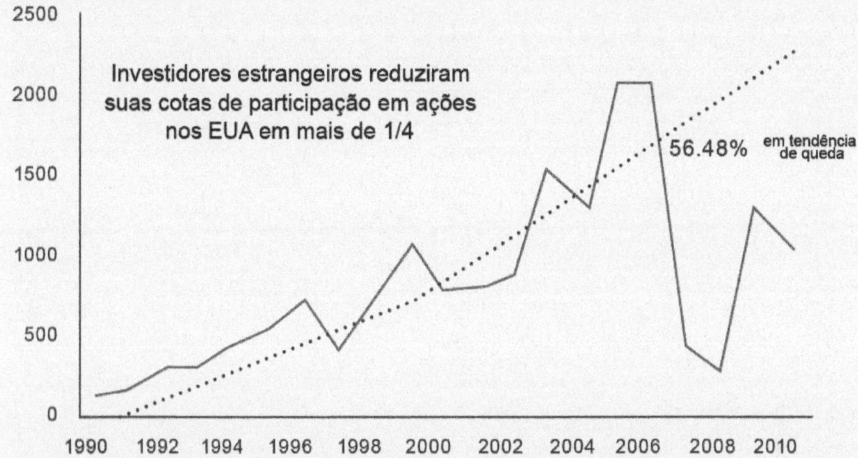

Figura 9.3 Ativos estrangeiros nos Estados Unidos, exceto derivativos (US$ bi). Fonte: US Bureau of Economic Analysis.

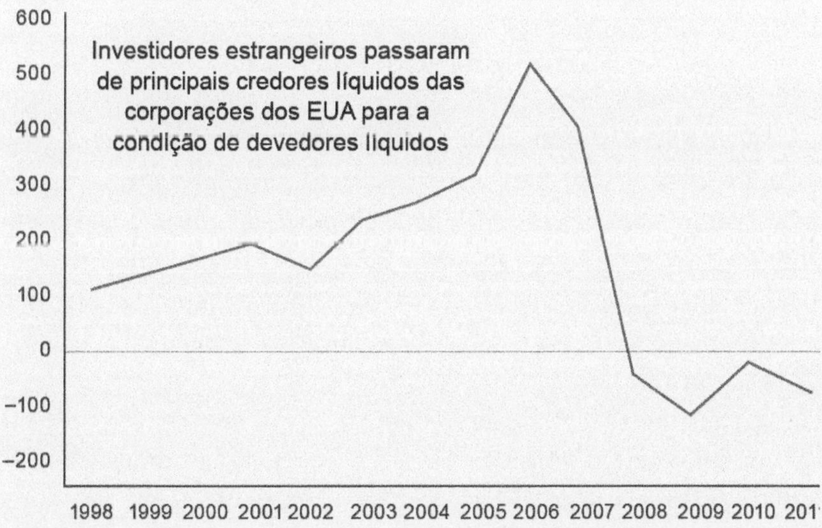

Figura 9.4 Compras de Títulos Empresariais (líquidos) por residentes não-americanos (US$ bi). Fonte: US Bureau of Economic Analysis.

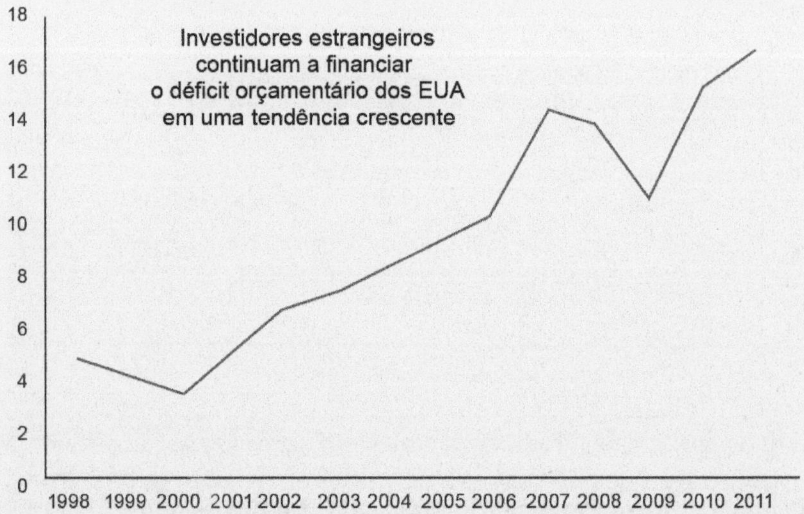

Figura 9.5 Compras (líquidas) de títulos do Tesouro norte-americano por não-residentes (US$ tri). Fonte: US Bureau of Economic Analysis.

A América após o Minotauro

Tendo Wall Street perdido sua capacidade de utilizar os *déficits gêmeos* americanos para reciclar bens e lucros excedentes do resto do mundo, a economia norte-americana teve que acomodar sua atividade econômica em um nível muito inferior. Esta não seria uma coisa ruim por si só, não fosse pelo fato de que as dívidas acumuladas (por exemplo, hipotecas não pagas e muitos empréstimos ruins interbancários) permaneciam como se nada tivesse acontecido.

Um menor nível de atividade econômica teria, sem dúvida, sido aceitável, contanto que o emprego tivesse se recuperado rapidamente e os salários mais baixos tivessem sido capazes, juntamente com preços mais baixos, de preservar um nível de consumo consistente com uma recuperação lenta. Infelizmente, o sucesso do setor bancário em fazer com que a política monetária estivesse sintonizada com os *seus* interesses, assim como nos bons e velhos tempos (pré-2008), garantiu que um crescimento endógeno estivesse fora do alcance da sociedade norte-americana. Quando visto em conjunto com o (a) flerte suicida da Europa com uma austeridade no estilo de Herbert Hoover[102] (numa época em que a metade do continente está mergulhado nas garras de sua própria Grande Depressão) e (b) a falha estrutural da China para estimular a demanda doméstica, não é nenhuma grande surpresa que a crise continue conosco.

Os capítulos 7 e 8 descreveram vividamente *a ascensão da bancarrotocracia*, a maneira como falências bancárias deram a banqueiros quebrados um notável poder político, predatório e extrativista, um poder de extrair grande parte do rendimento nacional em franco declínio, taxas proporcionais aos buracos negros dos seus bancos. Já vimos (ver capítulo 7) a maneira pela qual o povo norte-americano foi traído e enganado pelo Plano Geithner-Summers; como a estratégia do FED não era mais do que uma ostensiva campanha para, incondicionalmente, salvar Wall Street;[103] o irresoluto pacote de estímulos introduzido pelo Tesouro que, haja vista a rápida contração dos gastos do Estado, correspondia a uma gota de financiamento inteiramente inadequado para deter a queda na demanda agregada por produtos e serviços dentro dos Estados Unidos.

Muito rapidamente, a administração Obama perdeu força política. A visão obscena daqueles que tinham tido um papel de destaque na definição do cenário para a Crise (homens como Larry Summers, Tim Geithner e Ben Bernanke) efetivamente retornando à cena do crime como "salvadores", despejando trilhões de dólares recém-emitidos ou emprestados em cima de seus "amigos" banqueiros foi o suficiente para desanimar até mesmo os mais resistentes apoiadores de Obama. O resultado era previsível: tal como normalmente acontece durante um período de deflação (pense na década de 1930, por exemplo), aqueles que vencem politicamente não vêm da esquerda revolucionária; eles vêm da direita fanática. Nos Estados Unidos foi o Tea Party que cresceu por conta de um desdém pelos banqueiros[104], denúncias sobre o FED, uma exigência

[102] Para relembrar o papel do presidente Hoover na Grande Depressão, revisitar o capítulo 2.

[103] Sem nenhum compromisso a favor do cancelamento das dívidas da Main Street e/ou uma maior concessão de empréstimos a consumidores e empresas.

[104] Embora os candidatos do Tea Party não tivessem hesitações acerca do apoio considerável que receberam do Big Business e Wall Street.

pública de dinheiro "honesto", lastreado em metais preciosos[105], e uma repulsa a todo tipo de governo.

Ironicamente, a ascensão do Tea Party aumentou as intervenções do FED, condenadas pelo movimento. A razão era simples: já que a administração Obama estava perdida, e não conseguia aprovar no Congresso nenhuma emenda significativa que pudesse ter estimulado a economia, sobrava apenas uma arma com a qual qualquer um poderia dirigir a macroeconomia dos Estados Unidos – a política monetária do FED. E como as taxas de juros estavam vivendo no submundo da primeira armadilha de liquidez a atingir os Estados Unidos desde 1930[106] (lembre-se do capítulo 2), o FED decidiu que o afrouxamento quantitativa ou QE (na sigla em inglês) – a estratégia que o capítulo 8 descreve no contexto da "década japonesa perdida" de 1990 – era tudo o que restava para separar os Estados Unidos de uma depressão repugnante.

Será que Bernanke teve bons motivos para agir? Certamente que sim! De 1990 até 2008, a demanda agregada nos Estados Unidos[107] oscilava em torno de uma faixa estreita (entre 98% e 104%) de seu nível de tendência a longo prazo. Em 2009 ela caiu vertiginosamente, e até hoje não se recuperou. Atualmente, a demanda agregada se encontra 14% abaixo de onde estaria (segundo o nível de tendência) sem a Crise. Esta é uma enorme lacuna que, em conjunto com (a) dívida sob a qual as famílias estão trabalhando e (b) a relutância dos bancos em emprestar, garante não apenas o desemprego elevado, mas também que muitos norte-americanos sejam excluídos da sociedade, tornando-se permanentemente desempregados.

---

105 Uma das curiosidades desta Crise é que ela deu impulso aos revivalistas do padrão-ouro e prata. Embora seja compreensível que tanto a frouxa política monetária e regulamentar (sob Greenspan e Bernanke) do FED como a experiência da efetiva cunhagem de dinheiro privado de Wall Street acabassem por fazer com que muitos ansiassem por um dinheiro no qual ninguém pode mexer (e imprimir mais, à vontade), é bastante surpreendente que tanta gente inteligente chegue à conclusão de que a solução é atrelar a oferta de moeda à quantidade de algum metal (ouro, prata etc.). É como se a Grande Depressão dos anos 1930 nunca tivesse brotado de um mundo amarrado pelas correntes do... padrão-ouro (ver capítulo 3).

106 O que significa que as taxas de juros já estavam próximas a zero e não poderiam ser reduzidas ainda mais (ver capítulo 2). Além disso, com as taxas monetárias de juros perto de zero, a queda dos preços ameaçava aumentar a taxa real de juros durante um período de recessão (a própria definição de uma armadilha de liquidez).

107 Medida pelo Produto Interno Bruto nominal.

Quando o Sr. Bernanke adotou o QE, em uma tentativa de reestimular um pouco a demanda agregada norte-americana, ele inadvertidamente ofereceu ao Tea Party e, mais tarde, ao *mainstream* republicano, um excelente alvo: era uma oportunidade maravilhosa do QE ser retratado como a tentativa diabólica de corromper a alma da nação; rebaixar sua moeda; dar à uma nação, viciada na droga do endividamento, outra dose que a afundaria ainda mais na dependência do mais cruel instrumento de Mefistófeles – as máquinas de impressão, que podem proporcionar um alívio somente temporário, às custas, no médio prazo, de uma hiperinflação.

É claro que nada disso é verdade. Embora o QE possa ser considerada ineficaz, pelas razões descritas abaixo, a afirmação de que o QE do FED vai empurrar os Estados Unidos para um novo período de preços acelerados, como em 1970, é ridícula. No entanto, a verdade não é a moeda com a qual a recalcitrante direita negocia: é com a aterrorizante impressão (que pode ser utilizada para aumentar a apropriação privada da riqueza produzida publicamente)!

Afrouxamento quantitativo como a mais complexa forma de tomar de *wishful thinking*

Enquanto escrevia este texto, a terceira rodada de afrouxamento quantitativo, QE3, estava no ar. Vale a pena dar uma examinada no que isso significa, porque circula um grande número de interpretações falsas, cujo erro crasso é particularmente instrutivo sobre a natureza da nossa Crise.

De acordo com o próprio anúncio do FED, a cada mês (até segunda ordem) o Banco Central norte-americano vai comprar US$ 40 bilhões de títulos lastreados em hipotecas (os chamados Mortgage Backed Securities, ou MBS). Mas de quem o FED irá adquirir estes títulos? De bancos privados e outras instituições financeiras, é claro. E como o FED irá pagar por eles? Simplesmente transferindo eletronicamente para as contas que essas instituições têm no FED as somas necessárias para tirar estes pedaços de papel (os MBS) de seus balanços. Contudo, este novo saldo de dólares na conta dos bancos no FED *não pode* ser emprestado a clientes ou empresas. Ele só pode ser trocado por outros ativos financeiros pertencentes a outros bancos. Isto é crucial para entender por que o QE *não* é o mesmo que imprimir dinheiro. Apesar do carácter técnico das "operações" envolvidas, vale a pena obervá-la mais de perto.

Quando o FED compra US$ 1.000 em MBS do Banco *X*, retira-se US$ 1.000 da coluna de "ativos" do balanço patrimonial do Banco *X*, substituindo-se por US$ 1.000 utilizáveis mantidos numa "conta de reservas bancárias" que o Banco *X* mantém no FED. A referida conta é chamada de "reserva" por causa das condições que o FED atrela ao seu uso. Para ser preciso, o FED estipula que estes US$ 1.000 só podem ser emprestados a outros bancos ou usados para comprar outros títulos de outros bancos. Assim, a única maneira destes US$ 1.000 em MBS do FED chegarem a ser inseridos na economia é se o Banco *X* quiser comprar algum outro pedaço de papel de outro banco, digamos o Banco *Y*. Mas mesmo que o faça, o dinheiro vai entrar na economia real somente se aquele pedaço de título for novo – por exemplo, se o Banco *Y* tiver acabado de emprestar US$ 1.000 para algum cliente e passado este empréstimo adiante para o Banco *X*. Se o título em questão for uma dívida antiga pré-QE, tudo o que o QE conseguirá será um título no valor de US$ 1.000 que passaria dos balanços de um banco para os balanços de outro. Os US$ 1.000 pura e simplesmente, nunca entrariam no fluxo circular dos rendimentos.

Esta é precisamente a razão pela qual o QE não consegue alimentar a inflação. De fato, é por isso que a taxa da inflação norte-americana de 2012 é inferior ao que era dois anos atrás – apesar dos enormes volumes de QE1 e QE2 que a precederam. Então, qual era a lógica por trás da QE? O intuito declarado de Bernanke é que as compras de MBS pelo FED irão aumentar seus preços, desencadeando a seguinte reação em cadeia:

- o aumento dos preços das MBS empurrará para baixo as taxas de juros que as pessoas exigem destes ativos antes de comprarem papéis de MBS (uma vez que agora irão ostentar um potencial mais atraente de valorização);
- as taxas de juros mais baixas associadas às MBS irão se traduzir em taxas de juros mais baixas para novas hipotecas.
- as taxas de juros mais baixas sobre hipotecas irão estimular a demanda por casas novas;
- a nova demanda por habitação vai aumentar os preços das casas;

• o aumento nos preços das casas irá reduzir o número de famílias americanas cuja casa vale menos do que as respectivas hipotecas, o que as transformou em escravas das hipotecas.

Caso tudo isto aconteça, a próxima esperança é que uma redução na incidência de servidão hipotecária na sociedade norte-americana ("patrimônio líquido negativo" na linguagem dos economistas) fará com que mais famílias gastem com mais prontidão, com que muitas vendam as casas por mais dinheiro e se mudem para uma zona onde possam encontrar trabalho mais facilmente, com que outras diminuam o ritmo em que pagam a dívida existente (e gastem um pouco mais) e, sobretudo, redirecionem os investidores das compras de títulos MBS para títulos empresariais (ou seja, mais empréstimos direto às corporações). Esta é, caro leitor, a heroica teoria de Bernanke, de como sua QE3 irá tirar o país da recessão.

O que há de errado com isso? Há uma omissão simples: para que a roda virtuosa do QE comece a girar, é preciso que exista uma coincidência múltipla de crenças impossíveis:

• João e Maria, que são clientes do Banco *Y*, devem confiar que o mercado imobiliário vai se recuperar no médio prazo e que seus empregos estão garantidos, de modo a ter coragem de pedir uma hipoteca ao Banco *Y*.

• O Banco *Y* deve estar disposto a assumir o risco de aumentar a sua já grande coluna de "ativos", financiando a compra da casa de João e Maria na esperança de que algum outro banco, o Banco *X*, compre dele essa hipoteca arriscada usando sua "conta de reserva" no FED financiado pelo QE.

• As empresas que estão pensando em empregar pessoas como João e Maria (a médio e longo prazo) têm que acreditar que o Banco *X* vai realmente comprar a hipoteca deles do Banco *Y* e, além disso, que este tipo de transação irá aumentar demanda por seus produtos, justificando, assim, mais contratações.

Para encurtar a história, uma grande quantidade de crenças deve materializar-se antes que o QE cumpra sua promessa de promover o emprego e ajudar o mercado imobiliário a se recuperar. Infelizmente, dada o prevalecente estado de pessimismo, esperar que essas crenças inundem as mentes dos diferentes agentes de uma só vez é acreditar em milagres.

Para recapitular, desde que os Estados Unidos tornaram-se ingovernáveis (com a Casa Branca e o Congresso em conflito), o FED foi o único ramo do governo com alguma capacidade de agir sobre a recessão. O QE ajudou em alguma medida a retardá-la, talvez somente porque alguém estava fazendo algo "grande". Era como cortisona que diminui a dor e os sintomas, sem, no entanto, oferecer uma cura. Mas enquanto nada fizer diretamente para reduzir o tamanho das dívidas que as pessoas enfrentam, ou para aumentar os salários, cujos baixos níveis foram (a partir de 1970) uma causa fundamental do problema (lembre-se do capítulo 4), o QE nunca vai funcionar.

Embora os efeitos colaterais do QE não sejam nem de longe tão tóxicos como os ardentes adversários direitistas do FED as descrevem, eles são, no entanto, reais: principalmente, o QE dá aos banqueiros um incentivo para emprestar ao exterior, assim como os QE japoneses na década de 1990 levaram ao *carry trade* que impulsionou o fluxo de capitais para os Estados Unidos. Como resultado, a taxa de câmbio de países em desenvolvimento (o Brasil sendo um caso em questão) aprecia rapidamente, resultando num maior preço das *commodities* (especialmente alimentos), o que agrava as circunstâncias de norte-americanos menos favorecidos e ameaça países em desenvolvimento com fluxos de capitais rápidos; isto (como o Sudeste Asiático, a Irlanda e a Espanha podem testemunhar) transforma-se rapidamente num êxodo que não deixa nada de pé por onde passa.

Talvez a maior tragédia dos Estados Unidos seja, enquanto estas palavras são escritas, que o debate público é encurralado em um beco sem saída. Ao se concentrarem nos QE, nos prós e contras de um novo padrão-ouro, na insustentabilidade da dívida federal, em se a solução encontra-se, talvez, em uma grande redução no padrão de vida, os norte-americanos se desviam do ponto-chave da questão: a causa de sua angústia é o fato de que, pela primeira vez desde a Segunda Guerra Mundial, os Estados Unidos perderam sua capacidade de reciclar os excedentes do planeta. Sem um mecanismo alternativo para executar esta reciclagem, a capacidade da América (e do mundo) para se recuperar está severamente circunscrita.

A Europa após o Minotauro

A *bancarrotocracia*, como o capítulo anterior argumentou, é tanto uma dificuldade europeia quanto uma "invenção" norte-americana. A diferença entre a experiência dos dois continentes é que pelo menos os norte-americanos não tiveram que trabalhar sob as enormes falhas de concepção da zona do euro. Imagine o seu desgosto se os cidadãos de estados norte-americanos duramente atingidos (por exemplo, Nevada ou Ohio) tivessem que se preocupar com um impasse entre a dívida do seu estado e as perdas dos bancos que por acaso operavam dentro dele! Além disso, os norte-americanos foram poupados da necessidade de lidar com um Banco Central completamente amarrado por divisões internas e a propensão do Banco Central alemão (do Bundesbank) para tratar as partes mais atingidas da União (ou seja, a zona do euro) como terras estrangeiras que tinham que ser fiscalmente torturadas até que deixem de obedecer às leis da macroeconomia![108]

Nos últimos dois anos, o debate na Europa tem se centrado exclusivamente nas questões que parecem técnicas e menores, especialmente quando projetadas contra o fundo da história extraordinariamente rica da Europa. Haverá uma "condicionalidade" atrelada às aquisições de títulos italianos e espanhóis recentemente anunciadas por parte do Banco Central Europeu? Os títulos comprados pelo BCE serão tratados na base de algo que os financistas chamam de *pari passu* (em relação aos títulos detidos por instituições privadas)? Será que o BCE irá supervisionar todos os bancos da Europa, ou apenas aqueles "sistêmicos"?

Estas são questões que não deveriam despertar nenhum interesse genuíno em qualquer pessoa senão naqueles com um interesse mórbido pela interface entre finanças públicas e política monetária. E ainda assim estas perguntas (e a maneira como serão respondidas) provavelmente irão se revelar tão importantes para o futuro da Europa como os Tratados de Westphalia, Versailles ou Roma. Pois estas são as questões que irão

[108] Minha afirmação aqui é que a exigência não qualificada de que países como Grécia e Portugal eliminem os seus déficits através de profundos cortes no setor público, em um momento de depressão de espiral de deflação e dívidas, é pedir o macroeconomicamente impossível – especialmente quando esses países não detêm uma moeda cuja desvalorização possa render alguma trégua.

determinar se a Europa se manterá unida ou sucumbirá às cruéis forças centrífugas que foram desencadeadas pela Crise de 2008.

Ainda assim, estas não são questões que valem a pena expor aqui. Elas apenas refletem uma trágica e subjacente realidade que pode ser descrita em termos leigos, simples, sem o uso de qualquer tipo de jargão: *a Europa está* se desintegrando porque sua arquitetura simplesmente não era sólida o suficiente para suportar as ondas de choque causadas pela agonia do Minotauro. O capítulo anterior dedicou várias seções à descrição da construção da zona do euro e todas as suas falhas; a maneira pela qual a versão europeia da *bancarrotocracia* surgiu. Particularmente, a seção sobre os "alpinistas em queda" europeus captura bem o efeito dominó que começou com a Grécia e acabou (após a primeira edição deste livro ser publicada) engolfando duas orgulhosas e imensamente produtivas grandes nações europeias: a Espanha e a Itália.

Com base na análise do capítulo 8, é bastante óbvio que a insolvência de Madri e Roma nada teve a ver com a prodigalidade fiscal (lembre-se que a Espanha tinha uma dívida inferior à da Alemanha em 2008 e a Itália tem déficits orçamentários consistentemente menores) mas tudo a ver com a maneira pela qual a macroeconomia da zona do euro se baseava de forma significativa na demanda de suas exportações líquidas exigidas pelo Minotauro Global. Quando este tombou, em 2008, e o dinheiro privado de Wall Street desapareceu, os dois efeitos deixaram a Europa de joelhos.

Um deles foi o sequencial impasse entre os bancos falidos e os Estados insolventes (começando com a Grécia, passando para Irlanda, Portugal e continuando até que Itália e Espanha fossem despedaçadas). O outro foi o simulacro do Minotauro (veja o capítulo anterior para este esboço metafórico da economia alemã) e sua determinação em manter a opção de sair da zona do euro a qualquer momento, portanto, negando cada um dos planos racionais para recuperar a união monetária de forma sustentável.

Aconteceu qualquer coisa de importância analítica na Europa desde que o capítulo 8 foi escrito há dois anos? Eu posso pensar em três movimentos que a liderança da Europa fez, que valem a pena mencionar, por terem impedido o colapso final da zona do euro, mantendo-o em um estado de lenta desintegração:

1. A decisão do Banco Central Europeu, entre dezembro 2011 e fevereiro de 2012, de imprimir cerca de € 1 trilhão e emprestá-lo aos bancos

insolventes da zona do euro em troca de garantias sem valor. Ao fazê-lo, parte deste dinheiro (não mais que 30%) foi então emprestada pelos bancos para os Estados-membros fiscalmente atingidos (por exemplo, a Itália). Esta operação (conhecida como LTRO) deu à zona do euro mais oito ou nove meses.

2. O perdão parcial da dívida da Grécia, em março de 2012. Infelizmente, este perdão, um perdão formal sob qualquer ponto de vista, foi único na história econômica, pois deixou o país devedor com um nível de endividamento mais pesado no final de 2012 do que aquele que tinha assumindo no final de 2011![109]

3. Depois do reconhecimento em agosto de 2012 pelo presidente do Banco Central Europeu de que a zona do euro estava se desintegrando[110], o BCE anunciou que estaria preparado para comprar títulos italianos e espanhóis de segunda mão, a fim de manter gerenciáveis as taxas de juros pagas por estes dois países. No entanto, como o preço pago para ter o apoio do governo alemão, o presidente do BCE, Mario Draghi, também anunciou que estas "operações" (que são agora conhecidas como Transações Monetárias Definitivas, ou TMD) estariam condicionadas a mais austeridade, avalizada pelos inspetores. Assim, secretamente, o Banco Central da Europa sacrificou, em troca da permissão para permanecer ao "lado direito" da Alemanha, seu princípio mais precioso: a independência do Banco Central.

Muitos leitores podem reclamar que eu deixei de fora da minha curta lista as mudanças significativas do Acordo de Cúpula de junho 2012, segundo o qual os líderes europeus, por insistência dos primeiros-ministros italiano e espanhol, concordaram em separar a crise bancária do continente

---

[109] Enquanto quase € 100 bilhões foram anulados, a Grécia foi forçada a assumir novos empréstimos para pagar seus "credores oficiais" (o trio formado por países da União Europeia, o Banco Central Europeu e o Fundo Monetário Internacional) mais os credores privados restantes. Com uma recessão selvagem a todo vapor, o governo grego foi forçado a aceitar cortes de gastos públicos e terríveis novos impostos que, juntos, causaram um encolhimento tão grande na renda nacional que a razão entre a dívida e a renda nacional subiu a níveis nunca antes atingidos.

[110] Naturalmente, nenhum banqueiro respeitado irá proferir palavras tão francas. A expressão escolhida pelo Sr. Mario Draghi, para sinalizar inequivocamente que ele estava falando sobre o desmantelamento da zona do euro, foi que havia agora um sério "risco de convertibilidade" - querendo dizer que havia um risco de que todos os preços na zona do euro fossem "convertidos" para outras moedas, novas e nacionais (presume-se)!

da crise da dívida. Como esta separação poderia ser alcançada? Unificando os sistemas bancários dos países da zona do euro, injetando-lhes capital do "centro" e desistindo de contabilizar estas injeções de capital como parte da dívida nacional dos países em que os bancos estavam domiciliados. Este acordo, se fosse totalmente implementado, teria sido uma medida importante para interromper a marcha triunfante da crise do euro. Mas não será! Dias depois de ter sido alcançado, a liderança da Alemanha iniciou uma inteligente campanha determinada a sabotá-lo. Eu não tenho nenhuma dúvida de que o acordo mais significativo até hoje foi morto ao nascer e, portanto, não vale nem a tinta em que foi impresso.

A questão central, então, passa a ser: por que tanta resistência, particularmente da Alemanha, para cada ideia que acabaria com a crise do euro? A resposta padrão é que a Alemanha não deseja pagar as dívidas da periferia e vai resistir a todos os movimentos semelhantes a uma federalização (por exemplo, uma união fiscal ou bancária) até que esteja convencida de que seus parceiros irão se comportar de forma responsável com suas finanças sustentadas pelos alemães. Embora isso capte bem a mentalidade de muitos europeus do norte, passa ao largo da faceta mais importante. Considere o seguinte exercício mental, o qual, creio eu, nos ajuda a desvendar um motivo mais profundo.

Imaginemos uma cena em que um envergonhado ministro das Finanças entra no escritório da chanceler em Berlim portando um painel de controle com um botão amarelo e um vermelho e pergunta o que ela deve escolher, explicando o que cada botão irá fazer:

> *O botão vermelho: se você pressioná-lo, chanceler, a crise do euro termina imediatamente, com um aumento geral do crescimento na Europa, um colapso repentino da dívida de cada Estado-membro para abaixo do limite de Maastricht, sem sofrimento para os cidadãos gregos (ou para os italianos, portugueses etc.), nenhuma garantia para as dívidas da periferia (Estados ou bancos) a serem afiançadas pelos contribuintes alemães e holandeses, spreads da taxa de juros*[111] *abaixo de 3% em toda a zona do euro, uma diminuição nos desequilíbrios internos da zona do euro e um aumento global no nível de investimento agregado.*

[111] N. do E.: Diferença entre as taxas de juros pagas pelos Estados-membros da zona do euro.

O botão amarelo: Se você pressioná-lo, chanceler, a situação na zona do euro continua mais ou menos como tem sido há uma década. A crise do euro continua a crescer, embora de forma controlada. Enquanto a probabilidade de uma separação, que será uma calamidade para a Alemanha, continua significativa, há boas chances de que, se você apertar o botão amarelo, a zona do euro não se separe (com uma pequena ajuda do Banco Central Europeu); as taxas de juros alemãs permanecerão extremamente baixas; o euro vai ser bastante desvalorizado ("bom" do ponto de vista dos exportadores alemães); os spreads da periferia serão muito altos (mas não explosivos); a Itália e a Espanha entrarão mais profundamente numa espiral de deflação-dívida que causará uma redução de sua renda nacional de 15% ao longo nos próximos três anos; a França deve cair de forma constante em uma quase-insolvência; o PIB *per capita irá crescer lentamente nos países superavitários e cair vertiginosamente na periferia. Em relação às primeiras nações "caídas" (Grécia, Irlanda e Portugal), elas devem tornar-se pequenas Lituânias, ou quem sabe Kosovo: terras devastadas (após a perda de entre 25% e 40% da renda nacional, um êxodo maciço de sua mão de obra qualificada) nas quais o nosso povo vai passar férias e comprar imóveis baratos. Resumindo, se você escolher o botão amarelo, chanceler, o desemprego na zona do euro permanecerá bem acima dos níveis do Reino Unido e dos Estados Unidos, o investimento será anêmico, o crescimento, negativo e pobreza, em expansão.*

Qual botão você acha, caro leitor, que a chanceler apertaria? E uma outra questão bastante distinta, qual dos dois botões o eleitor alemão de bom senso gostaria que ela (ou ele, nos próximos anos) apertasse?

Sem dúvida, isso é uma pergunta tanto hipotética quanto empírica e ninguém pode respondê-la definitivamente. No entanto, a resposta não é tão simples como seria nos Estados Unidos ou na Grã-Bretanha. Se pensarmos que o botão amarelo não é nem um pouco atraente para o presidente norte-americano ou para o primeiro-ministro britânico, para a chanceler alemã o botão amarelo é uma opção muito mais poderosa. Mesmo que a chanceler queira optar pelo botão vermelho, ficaria aterrorizada com a reação do eleitorado alemão. Livrar os gregos e os italianos, os espanhóis e os portugueses de sua Grande Depressão tão "facilmente" não faria, provavelmente, ganhar muitos votos no leste do Reno e ao norte dos Alpes.

Há dois anos o público alemão está convencido de que a Alemanha escapou do pior das crises por causa de sua devoção virtuosa à frugalidade e ao trabalho duro; em contraste com os sulistas gastadores, que, como o instável gafanhoto, não fizeram nenhuma provisão para quando os ventos do financiamento se tornassem frios e desagradáveis. Essa mentalidade anda de mãos dadas com uma moralidade que implanta nos corações e mentes das pessoas de bem uma propensão a exigir uma punição para os gafanhotos – mesmo que, ao puni-los, também punam a si mesmas (até certo ponto). Ela também vai de mãos dadas com um mal-entendido extremo sobre o que manteve a zona do euro saudável e a Alemanha, superavitária antes de 2008: é, pois, o Minotauro Global, cujas travessuras de geração de demanda por décadas permitiram que países como a Alemanha e os Países Baixos permanecessem como exportadores líquidos de capital e bens de consumo dentro e fora da zona do euro (enquanto importavam demanda de origem norte-americana para seus bens da periferia da zona do euro).

Curiosamente, um dos grandes segredos do período pós-2008 é que a morte do Minotauro afetou negativamente a demanda agregada em países superavitários da zona do euro (Alemanha, Holanda, Áustria e Finlândia) *mais* do que os Estados-membros deficitários (como Itália, Espanha, Irlanda, Portugal e Grécia) – veja a figura 9.6. Embora a súbita retirada de capital dos países em déficit tenha provocado sua insolvência, países como a Alemanha tiveram sua demanda mais gravemente afetada pela Crise de 2008. Este fato, em conjunto com a terrível pressão sobre os salários alemães (discutida no capítulo anterior), explica as causas mais profundas da animosidade em lugares como a Alemanha que tão facilmente se traduz em ira contra os gregos e diversos povos mediterrâneos – sentimentos que são, então, retribuídos, girando novamente a roda da animosidade intra-europeia, favorecendo o aumento da xenofobia, mesmo o nazismo (em países como a Grécia, por incrível que pareça), e, assim, levando a uma prontidão geral para se apertar todos os botões amarelos à vista, em oposição aos vermelhos.

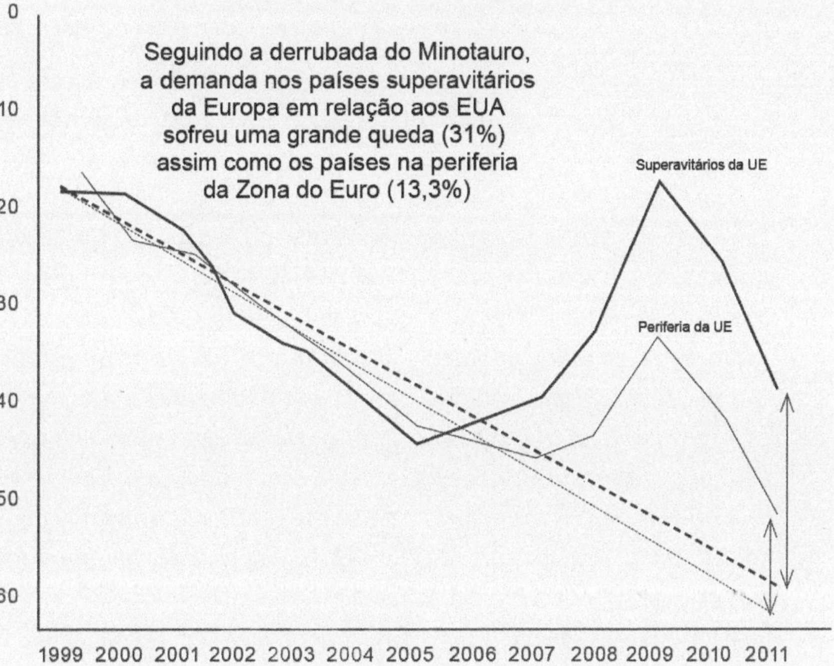

Figura 9.6: Déficit comercial de bens norte-americanos com a periferia da zona do euro (Itália, Espanha, Irlanda, Grécia e Portugal) e com os países superavitários (Alemanha, Áustria, Holanda e Finlândia).

Para recapitular, a reciclagem de excedentes do Minotauro era essencial para a manutenção do defeituoso edifício da zona do euro. Quando ele saiu de cena, a área da moeda comum europeia teria que ser reestruturada ou entrar em um longo e doloroso período de desintegração. A indisposição dos países superavitários para aceitarem que, no mundo pós-Minotauro, alguma outra forma de reciclagem de excedentes é necessária (e que alguns de seus próprios excedentes devem também ser objeto de tal reciclagem) é a razão pela qual a Europa está se parecendo a um caso de alquimia reversa: enquanto o alquimista se esforçava para transformar chumbo em ouro, alquimistas-reversos da Europa começaram com ouro (um projeto de integração que era o orgulho de suas elites) mas vão, em breve, transformá-lo no equivalente institucional ao chumbo.

A China após o Minotauro

O capítulo final da primeira edição deste livro tratou do dragão ascendente à espera nos bastidores, supostamente para tomar o lugar do Minotauro Global. Nessa conclusão, feita em janeiro de 2011, eu escrevi:

> *Para ganhar tempo, o governo chinês está estimulando o crescimento de sua economia e a mantém protegida da apreciação da moeda, na esperança de que seu vibrante crescimento possa continuar. Mas ele vê os presságios. E eles não são bons. Por um lado, a relação consumo-PIB da China está em queda; um sinal claro de que o mercado interno não consegue gerar demanda o suficiente para as fábricas gigantescas da China. Por outro lado, suas injeções fiscais estão causando bolhas imobiliárias. Se estas não forem controladas, podem explodir e assim provocar um desdobramento interno catastrófico. Mas como você desinfla uma bolha sem sufocar o crescimento? Essa foi a pergunta de multi trilhões de dólares que Alan Greenspan não conseguiu responder. Todavia, não está claro se as autoridades chinesas conseguiriam.*

Após essas linhas serem escritas, os acontecimentos confirmaram o padrão projetado. A figura 9.7 revela que a queda da taxa de consumo chinês continua inabalável. Em 2011, de cada US$ 1 da renda produzida, apenas US$ 0,29 entraram nos mercados da China. Com exportações líquidas fazendo uma pequena contribuição anual à demanda doméstica (mesmo que contribuam muito para a capacidade do país de investir e, assim, aumentar a produtividade), o ônus recai cada vez mais sobre o investimento para cobrir a escassez de demanda. Contudo, como sugerido no parágrafo acima, esta ênfase em investimentos é uma faca de dois gumes, pois corre o risco de se perder o controle sobre os mercados imobiliários, onde bolhas têm ameaçadoramente aparecido há algum tempo.

Composição da demanda agregada Chinesa (% do PIB)

	1990	1995	2000	2005	2009	2011
Consumo Privado	49	44	45	40	34	29
Investimentos	35	42	36	42	48	58
Consumo Estatal	12	13	17	12	11	10
Exportações Líquidas	4	1	2	6	7	3

Fonte: Escritório Nacional de Estatísticas da China

Figura 9.7 Composição da demanda agregada chinesa (% do PIB).

Sem dúvida, em 2011, as autoridades chinesas apertaram as condições administrativas para a concessão de novos empréstimos habitacionais na esperança de que tal ação faria com que os investimentos produtivos não fossem afetados enquanto limitavam o financiamento de mais elefantes brancos e blocos de apartamentos vazios (que profissionais chineses de classe média compram, tendo feito pesados empréstimos, mas deixam vazios na esperança de vendê-los por um preço maior mais tarde – uma clássica bolha em formação pronta para estourar).

Infelizmente, enquanto a demanda por habitação caiu, logo apareceram sinais reveladores de que a intervenção do governo estava prestes a desinflar não apenas a bolha imobiliária, mas também a produção industrial. Quais sinais? O nível de produção de eletricidade estacionou no início de 2012. Na última vez que isto aconteceu, em 2008-2009, a taxa de crescimento da produção industrial caiu drasticamente logo depois, fazendo com que Pequim estimulasse a economia a um nível que suprimiu ainda mais a taxa de consumo. Para evitar isso, o governo agora está afrouxando suas restrições para a concessão de hipotecas, aceitando o risco renovado de uma bolha habitacional.

Resumindo, assim como acontece nos países superavitários da Europa, também na China, a redução de um quarto na demanda global ocasionada pela morte do Minotauro impediu qualquer recuperação significativa. Na verdade, ela tornou o mundo em que vivemos mais desigual, porque os remédios oferecidos (o estímulo na China, o QE nos Estados Unidos, a austeridade na Europa) aumentam a probabilidade de que a crise vá gerar apêndices desagradáveis. Isso porque, até que e a menos que surja um mecanismo mundial de reciclagem de excedentes das cinzas do Minotauro para substituí-lo, o mundo continuará a ser um lugar inseguro e deprimente.

Posfácio à nova edição

Atores da história

Agora somos um império e, quando agimos, criamos nossa própria realidade. E enquanto vocês estão estudando essa realidade – judiciosamente, como vocês o farão – nós iremos agir novamente, criando outras novas realidades, as quais vocês podem estudar, e isso é como as coisas irão se desenrolar. Somos atores da história (...) e vocês, todos vocês, vão limitar-se a estudar o que fazemos.[112]

Com estas palavras, um oficial norte-americano de alto escalão captura bem a essência da magnífica audácia da Casa Branca no pós-guerra. Não uma vez, mas duas vezes, os Estados Unidos despedaçaram realidades pré-existentes para criar outras novas. Na primeira vez, eles não tinham escolha. A Segunda Guerra Mundial empurrara os Estados Unidos a assumir o papel de um relutante modelador de realidade. Eles responderam de forma brilhante, com um Plano Global que produziu o melhor momento do capitalismo global. E quando seu Plano Global atingiu o prazo de validade, os Estados Unidos não gastaram nenhum minuto hesitando ou "estudando" a realidade existente.

Em vez disso, eles ativamente buscaram desintegrar a realidade que se degenerava, de modo a causar uma grande crise a nível mundial que geraria uma nova hiper-vibrante realidade: o Minotauro Global. Era a segunda vez em sua história que os Estados Unidos reformulavam o mundo não tanto à sua imagem, mas de uma forma que convertia uma rastejante fraqueza em uma majestosa hegemonia.

A chave para o sucesso de Washington foi o reconhecimento da indispensabilidade de um mecanismo global de reciclagem de excedentes (MGRE). Hegemonia difere de dominação, ou de exploração vulgar, no sentido de que o verdadeiro hegemônico entende que o seu poder deve ser retroalimentado não através de uma maior extração de seus súditos, mas

[112] Estas palavras foram transmitidas a nós por Ron Suskind em seu artigo na *New York Times Magazine*, em outubro de 2004. Embora não seja atribuída, muitos acreditam que elas foram ditas no verão de 2002 por Karl Rove, um importante assessor do presidente George W. Bush.

a partir do investimento em suas capacidades para gerar excedentes. Para manter o poder, ele deve dominar a arte de dar em troca. Para manter o poder, precisa multiplicar seus excedentes; mas, para fazer isso, ele deve redirecionar grandes partes dele aos seus subordinados.

Durante todas as duas distintas realidades globais do pós-guerra que criaram sozinhos, os Estados Unidos foram particularmente cuidadosos em disponibilizar MGRE, sobre as quais esperavam ter controle total. Durante a era do Plano Global, assumiram que seriam o negociador de superávits. Sua hegemonia, assim, girava em torno da reciclagem de grandes partes de seu capital excedente (auferido dos seus superávits comerciais) para o Japão e Europa, do qual, tal como planejado, foi se beneficiando, já que os japoneses e os europeus estavam usando essas transferências para comprar bens e serviços produzidos ou controlados pelos norte-americanos.

Quando os Estados Unidos se viram, involuntariamente, em um grande déficit comercial e orçamentário, eles seguiram em frente. Isso causou um terremoto mundial como um prelúdio para a Era do Minotauro Global; minha alegoria para um gigante MGRE que reverteu o fluxo de comércio e capital global. Os Estados Unidos, daí em diante, viriam a fornecer aos centros industriais estrangeiros demanda suficiente para sua produção, em troca de cerca de 80% de seus fluxos de capital. O fato de a transição violenta ter causado pelo menos uma década de terrível desintegração, crises de dívidas, instabilidade geral e estagflação global foi, para as elites norte-americanas, um preço razoável a se pagar; nada além de um custo de transição cobrado à economia social do mundo e às famílias trabalhadoras da América pelos atores da nossa história – os astutos burocratas de sucessivas administrações norte-americanas.

Autocontenção e os perigos do sucesso

A autocontenção, como sabem os filósofos, é uma virtude rara e desconcertante. É também uma virtude que tende a se desfazer quanto mais poderosos nos tornamos. Neste ponto, assemelha-se à relação entre confiança e sucesso: quanto mais fortes os laços de confiança entre nós, maior nosso sucesso coletivo e individual. Mas o sucesso gera cobiça, e a ganância é um solvente da confiança. Ocorre algo similar com a autocontenção: tê-la pode ajudar a alcançar o sucesso. Contudo, o sucesso representa uma ameaça para a sua própria autocontenção.

Este *paradoxo do sucesso*, no que se refere à autocontenção, comprovou a ruína de ambas as "realidades" globais que os Estados Unidos criaram após a Segunda Guerra Mundial. A primeira vez, o governo dos Estados Unidos foi a vítima de sua engenharia negativa. Na segunda vez, foi o setor privado dos Estados Unidos, particularmente seu setor financeiro. Para ver como estes dois fracassos surgiram a partir de situações de sucesso, vamos considerar duas perguntas, uma relativa a 1971, outra, a 2008.

O que causou o fracasso do Plano Global, fazendo-o perder o seu equilíbrio e entrar em colapso em 1971? A resposta: a incapacidade do governo dos Estados Unidos de exercer a autocontenção em relação à sua própria capacidade de explorar seu exorbitante privilégio original: sua capacidade, enquanto guardião da moeda de reserva mundial, para imprimir dinheiro *público* à vontade.

E o que foi que feriu o Minotauro Global mortalmente em 2008? Novamente, foi uma falha de autocontenção norte-americana. Só que desta vez não foi falha do governo (mesmo que se possa argumentar que aconteceu sob sua supervisão), mas do setor privado em geral e dos bancos em particular: o setor financeiro norte-americano falhou espetacularmente no exercício da autocontenção de sua capacidade de explorar seu novo e exorbitante privilégio: sua capacidade, enquanto guardião da financeirização global, para imprimir dinheiro *privado* à vontade.

Conseguirá o Minotauro sobreviver?

Na primeira edição do livro, expressei sérias dúvidas sobre se o Minotauro conseguirá sobreviver. Dois anos mais tarde, qualquer esperança de uma ressurreição evaporou. A Crise de 2008 bateu tanto no estofo financeiro da economia norte-americana, bem como exauriu de tal forma a energia da financeirização baseada em Nova York, que o poder magnético do Minotauro sobre o capital estrangeiro não tem como se recuperar. Wall Street pode ter sido totalmente ressuscitada, relatando lucros que não fariam feio naqueles contagiantes dias de 2006; o governo dos Estados Unidos está atraindo mais capital estrangeiro do que nunca; os bancos que eram *too big to fail* têm crescido ainda mais (pelo menos em termos relativos). No entanto, a capitalização de Wall Street ainda é escassa demais para atrair o tsunami de capital estrangeiro que manteve o Minotauro forte e saudável.

De fato, em 2012 os banqueiros reclamavam bastante que, apesar de um retorno a níveis de lucro obscenos, não estavam conseguindo proporcionar a seus investidores retornos "suficientemente" elevados, devido à novas regulamentações introduzidas pelo governo.

Na verdade, o que está por trás dos gritos dos banqueiros contra a nova realidade é que seus bancos não podem mais reciclar sozinhos os excedentes mundiais. Além disso, o novo regime que foi estabelecido após 2008-2009, nos Estados Unidos e na Europa – o "sistema" que eu batizei de *bancarrotocracia* –, é introvertido demais e insuficientemente atraente para agir como um atrativo para os fluxos de capital necessários. Não, o Minotauro Global está hoje na fase em que o Plano Global se encontrava depois de 1971: um estado irreversível de degeneração.

Uma economia mundial atordoada

Apesar do bem-vindo crescimento das "economias emergentes", ainda vivemos em um mundo dominado pelo Ocidente. Numa fase pós-Minotauro, isto significa que nossas vidas são governadas pelos serviçais sobreviventes do Minotauro Global: Wall Street, Walmart, o mercantilismo provincial da Alemanha, a pretensão absurda da União Europeia de que uma união monetária possa prosperar sem um mecanismo de reciclagem de excedentes, as desigualdades crescentes nos Estados Unidos, na Europa, na China, e assim por diante. Um mundo sem o Minotauro, mas governado por seus vassalos, é um lugar absurdo e ilógico.

O melhor exemplo desse absurdo é a maneira com a qual o debate público lida com os chamados *desequilíbrios globais*: os superávits comerciais que crescem sistematicamente em alguns países (Alemanha e China são bons exemplos), enquanto são espelhados de forma oposta no aumento do déficit comercial em outros[113]. Todos os comentaristas agora concordam

[113] Quando meu colega Joseph Halevi e eu publicamos um artigo (o primeiro a usar a metáfora do Minotauro Global) em 2003, concentrando-se nos crescentes "desequilíbrios globais" dos Estados Unidos – isto é, seus *déficits gêmeos* – nosso argumento foi ignorado. Já que o Minotauro foi derrubado pela Crise de 2008, todos estão agora reconhecendo que os desequilíbrios globais são um problema, tanto em nível internacional (ou seja, o superávit da China com os Estados Unidos e Europa) quanto na Europa (ou seja, o superávit da Alemanha com o resto da zona do euro).

que a causa da ruptura final em 2008 foram os crescentes desequilíbrios globais. Seria natural que alguém imaginasse, consequentemente, que uma redução dos desequilíbrios mundiais teria sido bem-vinda. Infelizmente, a verdade é o contrário.

Depois de 2008, por causa da profunda recessão dos Estados Unidos, seu déficit comercial encolheu e os desequilíbrios globais então diminuíram. Da mesma forma, na zona do euro, uma periferia devastada se afastou abruptamente das importações e, portanto, os desequilíbrios comerciais internos estão encolhendo lá também. No entanto, tal reequilíbrio está desestabilizando ainda mais a economia mundial, à medida que a queda nos déficits comerciais (dentro e entre regiões) anda de mãos dadas com desequilíbrios *maiores* no âmbito da movimentação de capital. Pior ainda, o reequilíbrio das contas é acompanhado por um aumento mundial em ambas as montanhas de dívidas impagáveis e de poupanças ociosas (que estão com muito medo de se transformar, no longo prazo, em investimentos produtivos).

É, de fato, um mundo estranho que em um momento exorciza os desequilíbrios globais, mas começa a sofrer no momento seguinte, quando eles diminuem. É claro que o quebra-cabeças se dissolve no instante em que começamos a analisar estas questões nos termos da parábola do Minotauro Global; de uma terrível besta que, no entanto, estabilizou um mundo instável preenchendo a lacuna de um MGRE oficial que desapareceu em 1971. E agora que a besta se foi, nosso mundo está em um estado permanente de instabilidade, incerteza crônica de uma queda sem-fim.

O mecanismo que falta

O capitalismo global não pode ser estabilizado com base em mais investimento, melhores dispositivos, ferrovias mais rápidas, inovações mais inteligentes. Este é o erro vulgar de keynesianos que pensam que se o Estado gastasse e investisse com sabedoria, tudo estaria bem. Da mesma forma, o capitalismo global não irá recuperar a sua confiança perdida se bancos centrais se concentrarem na estabilidade dos preços, e se a tarefa de reequilibrar a economia mundial for deixada para as mágicas manobras da oferta e da demanda. Este é o erro ainda mais ameaçador dos liberais. A estabilidade do capitalismo global, mas também do regional, requer um mecanismo mundial de reciclagem de excedentes – um mecanismo que os mercados, não importa quão globalizados, livres e eficientes sejam, não podem fornecer.

Assim, a pergunta é: se os Estados Unidos não podem suprir o MGRE que falta, e a Europa está ocupada demais se desintegrando, quem pode? A China? Infelizmente, não. A China está, evidentemente, trabalhando arduamente, e com um sucesso considerável, na criação da versão chinesa de uma globalização parcial; uma que coloca Pequim no centro de uma vasta rede de acordos de comércio e de investimentos com a Índia, África, América Latina, mas também envolvendo europeus, norte-americanos e multinacionais japonesas. A China tentará conter as autoridades norte-americanas, europeias e japonesas e, em pouco tempo, promoverá a sua moeda própria, o renminbi (RMB), como o principal meio de troca dentro dessas redes. No entanto, essas redes estão condenadas a serem incorporadas numa economia mundial mais ampla, que a China não pode reequilibrar devido a uma incapacidade radical de gerar demanda suficiente para ela própria.

E agora? Em busca de próximos atores da história

Sem um MGRE se materializando em breve, é melhor não pensarmos no futuro. Pois, por um lado, teremos um Ocidente preso às teias venenosas dos serviçais do Minotauro defunto, incapaz de enfrentar os desafios do nosso mundo pós-2008, estagnado, perdendo o senso de realidade, deixando de combinar seus resultados com suas capacidades de criar novas "realidades". Por outro lado, haverá as economias emergentes, cheias de pessoas dispostas a transcender restrições, construir novas "realidades", expandir os horizontes existentes. Tal mundo em crescimento desigual é altamente inflamável, baseado no choque entre aqueles que estão acelerando economicamente e os outros que estão estagnados, mas mantêm um monopólio virtual sobre o poder militar, sobre as reservas monetárias mundiais e sobre as instituições transnacionais do planeta (o Conselho de Segurança da ONU, OTAN, a OCDE, o FMI e o Banco Mundial).

Assim, se um MGRE é condição *sine qua non* para uma economia social estável e globalizada, e, sem ele, corremos o risco de voltar a uma forma pré-Segunda Guerra Mundial de radical precariedade (aliada aos riscos que emanam de meios modernos de destruição em massa), haverá algum futuro alternativo mais inteligente?

Um cenário brilhante seria a formação de uma grande coalizão de países emergentes que forjasse um efetivo MGRE com base em investimento planejado e transferências comerciais entre eles. Por exemplo, em vez da China simplesmente pisar nos antigos calos do Brasil e comprar apenas ativos produtivos brasileiros sem o consentimento das autoridades, imagine um sistema em que os investimentos da China são canalizados com base em algum acordo com o governo do Brasil que envolva fluxos de capital para o Brasil analogamente à venda de bens primários do Brasil para China, bem como a transferência de tecnologia chinesa para o Brasil. Tais acordos entre Brasil, China, Argentina, Índia, Turquia e determinados países africanos poderia agir como um MGRE que promoveria um crescimento estável. O fato de que isto neutralizaria as nossas *bancarrotocracias* ocidentais seria a cereja do bolo.

O segundo e ainda mais inteligente cenário seria se o Ocidente tivesse uma epifania e, finalmente, adotasse a sugestão de John Maynard Keynes sobre uma União Internacional das Moedas; a mesma sugestão que os Estados Unidos rejeitaram em Bretton Woods na conferência de 1944. Um exagero? Com certeza. Mas, novamente, a Crise de 2008 reuniu, sem dúvida, algumas mentes inteligentes. Antes de cair em desgraça, Dominique Strauss-Kahn, o ex-diretor administrativo do FMI, foi perguntado por um jornalista da BBC sobre suas ideias de como a economia global deveria ser reconfigurada após os acontecimentos de 2008. Sua surpreendente resposta foi:

> *Nunca no passado uma instituição como o* FMI *foi tão necessária como hoje (...) Keynes, sessenta anos atrás, já previa o que era necessário; mas era muito cedo. Agora é o momento de fazê-lo. E eu acho que nós estamos prontos para fazê-lo!*"[114]

Claramente, aquilo a que Strauss-Kahn estava se referindo era nada menos do que a criação de um MGRE multilateral, assim como John Maynard Keynes propôs em 1944, na Conferência de Bretton Woods. Isto é, um sistema de reciclagem de excedentes que não dependeria de algumas autoridades inteligentes e do irresponsável setor financeiro de um único

[114] "Inside the IMF – Part Two", BBC *Radio* 4, transmitido em 17 de janeiro de 2011.

país, como dependia o Minotauro Global, mas de uma bem administrada organização global que com consciência e transparência definisse os parâmetros para a reciclagem dos bens, lucros, poupança e demanda.

Dois anos mais tarde, a ousada opinião de Strauss-Kahn aparece mais como "suas últimas palavras" do que um programa genuíno para a mudança de política em escala planetária. Na verdade, a própria imagem de Strauss-Kahn algemado, sendo forçado a entrar em um carro da polícia de Nova York, algumas semanas depois de ter feito essa afirmação para a BBC, é um símbolo delicioso da natureza do pensamento flamejante das elites no pós-2008. Desde então, os políticos dominantes, as cabeças do FMI e do Banco Mundial, banqueiros centrais e privados, em geral, os guardiões do capitalismo mundial, parecem ter optado por desaprender muito rapidamente as lições de 2008. Eles se assemelham a motoristas que, ao serem multados pela polícia pelo excesso de velocidade, dirigem dentro do limite por algumas dezenas de milhas antes de retornar gradualmente à velocidade original, na esperança de que desta vez "vai ser diferente".

Os presságios não são, portanto, bons. Nunca tantas pessoas poderosas compreenderam tão pouco sobre o que a economia mundial necessita para se recuperar. Nunca no passado os atores da história estiveram tão dolorosamente ausentes. Nossa única esperança é que a história forje novas possibilidades num momento em que ninguém parece estar presente. Então, vamos permitir que o otimismo brilhe através da escuridão e colocar a questão: e se o Minotauro Global fosse substituído por um MGRE bem planejado, fruto de um acordo coletivo, que poderia atuar como o agente deste nascimento? Quem irá emergir como ator da história desta vez?

Anteriormente, argumentei que este papel histórico poderia surgir das economias emergentes. No entanto, devo fazer uma confissão, algumas frases antes do fim do livro: eu não acho que assim será. Com a Europa livre de desentendimentos e as nações emergentes maltratadas tanto pela crise como pela falta de tradição inovadora em uma escala global, mais uma vez são os Estados Unidos que devem fornecer, talvez pela última vez, a atuação que falta. Simplificando, eu realmente não consigo ver como um verdadeiro progresso em direção à construção de um saudável MGRE pode ser feito de outro modo.

Naturalmente, o pré-requisito para isto é que os políticos norte-americanos compreendam o significado e a irreversibilidade do desaparecimento do "seu" Minotauro Global e sejam energizados pela distópica perspectiva de uma economia mundial permanentemente propensa à estagnação. Então – e só então – haverá chance de um futuro coletivo racional e estável, e que carregue a gota de esperança para que nossa última Crise tenha permissão de libertar seu potencial criativo.

Embora países emergentes como China, Brasil, Índia, África do Sul e assim por diante *têm que* contribuir como importantes tijolos na construção desse futuro mais brilhante, os Estados Unidos devem, no entanto, liderar. Caso isso aconteça, talvez séculos mais tarde a própria morte de seu Minotauro inspirará os poetas e os criadores de mitos a marcarem sua queda como o início de um novo e autêntico humanismo. Caso isso não aconteça, então a nossa geração pós-moderna da década de 1930 vai durar muito mais do que uma década.

Leitura recomendada

Muitos dos argumentos neste livro são explicados com maior detalhe acadêmico no livro que escrevi em co-autoria com Joseph Halevi e Nicholas Theocarakis: *Modern Political Economics: Making Sense of the Post-*2008 *World* (London and New York: Routledge, 2011). Os leitores podem estar interessados na ampla e relevante bibliografia que ele oferece. Dito isto, deixe-me avisá-lo que é um livro denso e acadêmico; certamente não um para ser levado à praia...

Os interessados nos antecedentes do Minotauro Global podem querer consultar o artigo que Joseph Halevi e eu publicamos sobre o assunto em 2003: "The Global Minotaur", *Monthly Review*, 55 (July–August 2003): 56–74. Este artigo provocou uma série de perguntas e respostas que foi publicada mais tarde como "Questions and Answers on the Global Minotaur", *Monthly Review*, 55 (December 2003): 26–32.

Falando de algo completamente diferente, e muito mais edificante, eu absolutamente recomendo dois livros que vão fazer você sorrir, gargalhar e levantar seu ânimo, graças à sua boa prosa e criativas associações entre as questões financeiras e as questões da vida. O fato deles terem sido escritos por dois romancistas talentosos não é coincidência. Eles são: *Payback – Debt and the Shadow Side of Wealth,* de Margaret Attwood (Massey Lecture, Canadian Broadcasting Corporation, 2008); e *Whoops! Why Everyone Owes Everyone and No One Can Pay*, de John Lanchester (London: Allen Lane, 2010).

E já que recomendei livros literários sobre a Crise, não posso resistir à tentação de sugerir que os leitores que leram *As vinhas da ira* devem se redimir. Nenhum outro livro, especialmente nenhum escrito por um economista, pode transmitir melhor o que uma crise faz com as pessoas – o que realmente significa tornar-se o brinquedo das forças descontroladas da depressão. Então: John Steinbeck. *As vinhas da ira* (New York: Viking Press, 1939).

Antes que eu recomende livros específicos sobre a Crise de 2008, quero citar três livros de James Galbraith que são uma excelente introdução ao período que a antecedeu: *Created Unequal: The Crisis in American Pay* (New York: Free Press, 1998); *The Predator State: How Conservatives Abandoned the Free Market and Why Liberals Should Too* (New York: Free Press, 2008); *Inequality and Instability: A Study of the World Economy just before the Great Crisis* (New York: Oxford University Press, 2012).

Por fim, chamo a atenção para dois livros sobre a Crise de 2008. Dentre uma infinidade de livros que eu poderia ter recomendado, escolhi um de um famoso marxista e um de um famoso financista. É espantoso como seus argumentos são mutuamente consistentes: um sinal claro de que, em tempos de crise, a lógica aproxima pessoas de diferentes ideologias – pelo menos se eles têm fome de verdade suficiente e, assim, estão preparados para ser batizados no choque do drama que se desdobra. Os livros são: Rick Wolff, *Capitalism Hits the Fan: The Global Economic Meltdown and What to Do about It* (northampton MA: Olive Branch Press, 2010); George Soros, *The Crash of* 2008 *and What It Means: The New Paradigm for Financial Markets* (rev. edn, new York: Public Affairs, 2009).

Selo Economia do Comum: Antiausteridade

Assim como o muro de Berlim caiu em ruínas junto com a Cortina de Ferro em 1989, o mundo viu a Crise de 2008 derrubar a muralha de Wall Street. Mais catastrófico do que outras turbulências econômicas, o colapso do setor financeiro rapidamente se transformou em uma crise econômica mundial, tratando de desnudar a aparência de normalidade que reinava sob o pensamento único do neoliberalismo. As mega instituições financeiras foram à bancarrota expondo um sistema assentado em especulações, negociando papéis podres e servindo como o solo pantanoso no qual, afinal, se viu que o edifício global estava construído após a quebra do padrão-ouro em 1971.

A hegemonia do Capitalismo triunfante da década de 1990, que receitava a liberdade absoluta dos mercados, logo mudou de ideia. Rapidamente, a solução da ampla maioria dos governos, EUA e seus sócios minoritários do G7 apoiados pelas estruturas do FMI e do Banco Mundial, foi recapitalizar corporações falidas com dinheiro público. Uma das maiores intervenções estatais que o mundo já viu. Algo não muito diferente que Vladimir Lenin fez após a Revolução Russa em 1917. Só que dessa vez, quem conduzia este processo eram liberais e conservadores. O resultado não podia ser diferente: a "reestatização" dos bancos aplicou um socialismo ao avesso, onde socializavam os prejuízos nas costas dos 99% enquanto capitalizavam os lucros no bolso do 1%. O aumento da desigualdade, do caos e as desastrosas consequências após o colapso deu fôlego a um novo ciclo de lutas e de ativismo a partir de 2011.

A famigerada austeridade econômica tornou-se palatável pelo eufemismo do "ajuste fiscal", e foi apontada como a única saída para o colapso segundo a cartilha liberal, sendo exportada para o mundo quando os países se viram diante do tsunami causado pela crise. Apesar das diferenças econômicas entre os países o lema continuava sendo o mesmo: todos perdem, mas os bancos continuam ganhando. A destruição do estado de bem-estar social com cortes de direitos sociais e políticas de incentivo à produção e ao emprego aprofundaram ainda mais a recessão. O plano da austeridade fez com que a crise econômica se tornasse, ela própria, uma economia de crise. A descrença na política institucional que traíra o povo exigia agora a reinvenção da democracia.

Dentro deste contexto, a editora Autonomia Literária traz a ideia do Selo Economia do Comum: Antiausteridade para debater os grandes problemas econômicos contemporâneos, sobre um viés de crítica profunda, sem concessões e, sobretudo, sem dogmas. Confrontar o amargo remédio da austeridade no labirinto do caos deflagrado pela crise é pensar nas chaves para a construção de uma nova economia, desta vez a serviço dos dos 99%, do meio-ambiente e do bem-estar - em um momento de franco ataque aos direitos fundamentais aqui e mundo afora.

OUTROS TÍTULOS DA EDITORA AUTONOMIA

A ORIGEM DO ESTADO ISLÂMICO, O FRACASSO DA GUERRA AO TERROR E A ASCENSÃO JIHADISTA.

AUTOR: Patrick Cockburn
PREFÁCIO: Reginaldo Nasser
TRADUÇÃO: Antônio Martins
PÁGINAS: 208
ISBN: 978-85-69536-00-0

A primeira e mais completa obra sobre o surgimento do Estado Islâmico. Patrick Cockburn foi considerado o Melhor Jornalista Estrangeiro pela British Journalism Awards e premiado como Melhor Repórter do Ano pela The Press Awards.

Em A Origem do Estado Islâmico, o veterano jornalista Patrick Cockburn descreve o dramático conflito por detrás dos acontecimentos desencadeados pela política externa dos Estado Unidos. Cockburn demonstra como o Ocidente criou as condições ideais para o explosivo sucesso do ISIS, ao fracassar na "Guerra ao Terror" no Iraque e fomentar a guerra civil na Síria. O Ocidente – EUA e OTAN em particular – subestimou o potencial das milícias até as últimas evidências e falhou em impedir que os principais patrocinadores do 11 de Setembro continuassem amparando grupos jihads através da Arabia Saudita, Turquia e Paquistão. A volta da ameaça dos jihadistas está apenas recomeçando.

POR QUE OCUPAMOS?

AUTOR: Guilherme Boulos
PREFÁCIO: Plínio de Arruda Sampaio
FOTOS: Mídia Ninja
3ª Edição revisada e ampliada
PÁGINAS: 128
ISBN: 978-85-69536-01-7

Fruto da experiência de Guilherme Boulos durante anos de militância no MTST, Por que ocupamos? sistematiza informações e pontos de vista que deveriam ser de conhecimento obrigatório para quem se propõe a discutir a questão habitacional brasileira. Aqueles que se limitam a ofender os sem-teto devido às ocupações de prédios e terrenos, antes de sequer ouvir seus motivos, encontrarão no livro um desconhecido e surpreendente território a ser desbravado pela reflexão. Leitores já familiarizados com os movimentos sociais terão a oportunidade de consolidar posições e fortalecer argumentos – pré-requisitos para fazer avançar a luta pela moradia, cada vez mais necessária frente aos abusivos preços dos aluguéis e crescente déficit habitacional nas grandes cidades do país.

O BEM VIVER

AUTOR: Alberto Acosta
PREFÁCIO: Célio Turino
TRADUÇÃO: Tadeu Breda
PÁGINAS: 264
ISBN: 978-85-69536-02-4
EDITORA AUTONOMIA LITERÁRIA E EDITORA ELEFANTE

O livro de Alberto Acosta tem um objetivo didático: explicar as principais características do Bem Viver, conceito que nasce da visão de mundo dos povos indígenas, mas vai muito além. É um princípio característico do século 21, quando os limites ecológicos do desenvolvimento capitalista entraram com força na agenda global. Ao incorporar o Buen Vivir à sua Constituição, o Equador saiu da jaula da dependência e do subdesenvolvimento político e ideológico: afirmouse como uma nação em pé de igualdade com as demais, decidida a compartilhar as causas pelas quais vale a pena lutar caso realmente haja futuro. A complexidade do Bem Viver atravessa todo o livro, e Acosta analisa suas propostas sob vários ângulos: como uma alternativa ao desenvolvimento; como uma dimensão dos Direitos da Natureza; como a matriz de uma nova economia solidária e plural de vocação pós-extrativista e pós-capitalista; e como uma semente que só germinará em um novo tipo de Estado, o Estado plurinacional, que é construído com a participação dos cidadãos, dos povos e das nacionalidades, por meio de diferentes formas de democracia – o_que eu chamo "demodiversidade". Acosta mostra ainda que o Bem Viver não é uma entidade exótica ou sem precedentes. Pelo contrário, é parte de uma problemática muito mais ampla, de uma conversa da Humanidade, em que estão participando intelectuais e movimentos sociais de Norte a Sul, do Ocidente ao Oriente. São questões controversas, que podem ser objeto de um debate muito enriquecedor. Aliás, o melhor que pode acontecer com este livro é justamente estimular discussões veementes e democráticas. *(Boaventura de Souza Santos)*

A publicação deste livro contou com o apoio da Fundação Perseu Abramo, instituída pelo Diretório Nacional do Partido dos Trabalhadores em maio de 1996.

Fundação Perseu Abramo
Instituída pelo Diretório Nacional do Partido dos Trabalhadores em maio de 1996.

Editora Fundação Perseu Abramo

Coordenação editorial: Rogério Chaves
Assistente editorial: Raquel Maria da Costa

FUNDAÇÃO
Perseu Abramo
Partido dos Trabalhadores

Fundação Perseu Abramo
Rua Francisco Cruz, 234 Vila Mariana
04117-091 São Paulo – SP
www.fpabramo.org.br

Wall Street Bubbles - Always The Same (1901). Desenhado pelo artista Udo J. Keppler.

Este livro foi composto em adobe garamond pro e impressa em papel avena para a editora autonomia literária, em março de 2016